世界银行课题项目"国际视域中大国治理现代化的财政战略主动研究"（项目号：176001000000160032）

地方政府债务治理工程与可持续评估

Local Government Debt Management Project and Sustainable Evaluation

李建强　张淑翠/著

中国财经出版传媒集团

经济科学出版社

Economic Science Press

图书在版编目（CIP）数据

地方政府债务治理工程与可持续评估／李建强，
张淑翠著．—北京：经济科学出版社，2017.12
　ISBN 978 - 7 - 5141 - 6493 - 0

　Ⅰ.①地…　Ⅱ.①李…②张…　Ⅲ.①地方政府 -
债务管理 - 研究 - 中国　Ⅳ.①F812.7

中国版本图书馆 CIP 数据核字（2017）第 288454 号

责任编辑：孙怡虹　何　宁
责任校对：靳玉环
版式设计：齐　杰
责任印制：王世伟

地方政府债务治理工程与可持续评估

李建强　张淑翠　著

经济科学出版社出版、发行　新华书店经销

社址：北京市海淀区阜成路甲 28 号　邮编：100142

总编部电话：010 - 88191217　发行部电话：010 - 88191522

网址：www. esp. com. cn

电子邮件：esp@ esp. com. cn

天猫网店：经济科学出版社旗舰店

网址：http://jjkxcbs. tmall. com

北京季蜂印刷有限公司印装

710 × 1000　16 开　13.75 印张　260000 字

2018 年 1 月第 1 版　2018 年 1 月第 1 次印刷

ISBN 978 - 7 - 5141 - 6493 - 0　定价：39.00 元

（图书出现印装问题，本社负责调换。电话：010 - 88191510）

（版权所有　侵权必究　举报电话：010 - 88191586

电子邮箱：dbts@ esp. com. cn）

前　言

美国 2008 年经济危机肆虐全球，引发世界经济持续震荡，置身于全球化的中国经济也难以独善其身。尤其是，近年来，随着中国新型城镇化战略深入推进、民生保障的提升、社会福祉的高攀，地方政府事权不断扩大等多重因素交织叠加影响下，中国地方政府债务规模也在不断飙升，需要引起高度重视。

从全球视野看，债务不可持续与债务危机爆发天然相伴而生。显然，无论涉及主权债务还是地方政府债务，债务可持续性分析都是判断负债主体债务状况及信用水平的关键所在。政府债务水平是否可持续，既是对政府债务负担与偿债能力的评价，也是对国家财政存续状态和能力的判断。当一个国家财政空间存在甚至较大时，不需要任何政策调整，财政都有足够能力安排未来支出和清偿债务，即政府偿债能力具有可持续性。如果一国政府通过提高税率、接受外部援助、减少不必要开支、从国民或国外借款以及增加货币供应等方式来创造财政空间，必然导致财政空间不足或已无，政府债务直通债务上限，面对未来不确定性冲击可能有较大概率面临债务违约。

也就是说，政府债务可持续性就是排除债务违约可能性的财政状态，在这种状态下，政府完全具备清偿债务能力，不需要改变财政立场或对其未来的收支平衡表进行重大调整（增加税收或削减预算支出），就能通过未来盈余完全覆盖债务，避免债务危机。由此可见，政府债务可持续性涵盖了偿付能力和流动性概念，从偿付能力角度看，债务可持续暗示政府必须有能力创造长期内足以涵盖其偿债义务的基本盈余；从流动性角度看，可持续性要求政府必须在每一期都有能力进行债务展期，筹集足够资金，以弥补任何融资缺口。

当然，债务可持续性不仅表现在债务规模可控，而且债务的结构性和债务管理的体制性问题对债务可持续的影响可能更深远更持久。债务的结构性优化有助于改善政府债务状况，但存在一定时滞；财务救助有助于缓解政府债务暂时压力，争取更多调整时间，但无法提高政府偿债能力。

评估债务风险固然重要，但架构良好的债务治理框架更是债务研究的要义所在。政府债务治理事关经济发展全局。党的十八届三中全会明确提出，"财政是国家治理的基础和重要支柱"的科学论断。物有本末，事有终始，知所先后，则近道矣。厘清政府债务产生的"源"，演化的"径"，影响的"果"，是政府债务治理的"本"。从财政工程理论出发，债务治理不同于债务管理，而是财政治理的一部分，既强调建立健全政府债务激励约束机制的重要性，重塑债务规则，摒弃债务管理的随意性；又着眼于地方政府债务体制的整体性、系统性改革，打破债务管理的碎片化思维。

国际经验表明，无论何种体制国家，在地方政府债务治理上无不采取系统、综合、多方、协同治理方案，但基于国情差异，各国债务治理方案各有千秋。这说明地方政府债务问题从根本上来说与经济增长体制、财税制度以及金融市场结构跟不上产业经济结构的变化密切相关。相应地，地方政府债务风险化解自然也需要多管齐下。

货币经济发展的高级阶段就是信用经济，人类社会当前已进入信用社会时期，亟须遵循信用经济社会发展规律，以政府信用引领社会信用，推进以信用管理为基础的社会治理发展。在信用社会化日益深入发展在背景下，与政府信用密切相关的债务治理也随之进入新时代，亟须以国家信用体系建设为重点，通过体制机制建设强化政府债务治理，鼓励守信、惩戒失信，形成良好的地方政府债务治理机制，全方位架构地方政府债务治理体系。随着地方政府债务风险日益增加，国家治理复杂性不断加深，研判中国地方政府债务可持续性，构建一个科学、规范的地方政府债务治理框架势必成为财政治理夯实国家治理基础的重要抓手。

那么，在国家治理现代化战略下，如何科学客观地界定中国政府债务上限？如何建立科学规范的地方政府债务治理框架？这些都是亟待回答并解决的问题，对识别、控制和防范地方政府债务风险，推进新型城镇化战略以及建立健全现代国家治理结构都至关重要。从维护金融和经济稳定角度看，需要加强金融与财政的债务治理协同，通过引入激励相容机制来增强地方政府债务融资的风险约束力，构建一个科学规范的地方政府债务治理框架。

Foreword

The economic crisis in the United States in 2008 raged all over the world and caused the global economy to continue to fluctuate. It is also difficult for China's economy to be globalized. In particular, in recent years, due to the combination effects of multiple factors, such as the China's new urbanization strategy has been further promoted, the protection of people's livelihood has risen, the social welfare has surged, and the power of local governments is constantly expanding, the scale of local government debt in China is also constantly rising, it should need to caused great attention.

Globally, unsustainable debt comes naturally associated with the outbreak of the debt crisis. Obviously, whether it involves the sovereign debt or the local government debt, the debt sustainability analysis is the key to determine the liability status of the debtor and the credit level. Whether the level of government debt is sustainable is not only an assessment of the government's debt burden and solvency but also a judgment on the state and ability of state finances. When a country's fiscal space exists even larger, there is no need for any policy adjustment. The fiscal authorities are capable of arranging future expenditures and liquidating debts. That is, the solvency of the government is sustainable. If a country's government creates fiscal space by raising tax rates, accepting external aid, reducing unnecessary expenses, borrowing from nationals or abroad and increasing money supply, etc. , it will inevitably lead to insufficient or no fiscal space. Government debt will pass through the debt ceiling. Future uncertainty impact may have a greater probability of facing debt defaults.

In other words, the sustainability of government debt is the financial status that ruled out the possibility of debt default. In this state, the government is fully capable of paying off debts and does not need to change its fiscal position or make major adjustments to its future balance of payments. Increase taxes or reduce budgetary expenditures, the debt can be fully covered by future surpluses and the debt crisis avoided. Thus, the sustainability of government debt covers the concept of solvency and liquidity. From a solvency perspective, debt sustainability implies that the government must be able to create a basic surplus sufficient to cover its debt-service obligations in the long run. From a liquidity point of view Sustainability requires that governments have the ability to roll over debt at each issue and raise enough funds to cover any funding shortfalls.

Of course, debt sustainability is manifested not only by the controlled scale of debt but also by the institutional problems of debt and the sustainability of debt management that may have far-reaching and lasting effects on debt sustainability. The structural optimization of debt helps to improve the state of government debts, but there is a certain time lag. Financial aid helps ease the temporary pressure on government debts and strive for more adjustment time, but it can not improve the government's solvency.

While assessing debt risk is very important, but a well-structured debt governance framework is even more important for debt research. Government debt governance is related to the overall economic development. The Third Plenary Session of the 18th CPC Central Committee made it clear that "science is the scientific foundation on which finance is the foundation and an important pillar of state governance." Things are the end of the story, things have the end, the knowledge has, then the road carry on. To clarify the "source", the "path" of evolution, and the "fruit" of the government debt, is the "present" of government debt governance. From the financial engineering theory, debt management

International experience shows that no matter what kind of system country, the local government debt governance all take a systematic, comprehensive, multi-party and collaborative governance programs, but based on national conditions, national debt governance programs have their advantages and disadvantages. This shows that the issue of local government debt fundamentally speaking and economic growth system, tax system and financial market structure can not keep up with changes in the structure of the industrial economy is closely related. Accordingly, the local government debt risks to dissolve naturally also need to be multi-pronged approach.

The advanced stage of the monetary economy is the credit economy. Human society has entered the period of credit society. It is urgent to follow the law of credit economic and social development, lead the social credit with government credit, and promote the development of social governance based on credit management. In the context of deepening credit socialization, debt governance, closely related to government credit, has also entered a new era. It is imperative to focus on the construction of national credit system and to strengthen government debt governance, encourage trustworthiness and disciplinary dishonesty through institutional mechanisms, Forming a good governance mechanism for local government debts and building an all-round local government debt management system. With the increasing risk of local government debt and the deepening complexity of state governance, judging the sustainability of local government debt in China and building a scientific and standardized local government debt governance framework will surely become an important starting point for fiscal governance to consolidate the foundation of state governance.

So, under the strategy of national governance modernization, how to scientifically and objectively define the Chinese government debt ceiling? How to establish a scientific and standardized local government debt governance framework? These are all problems to be answered and resolved urgently. They are crucial to identify, control and prevent local government debt risks, promote new urbanization strategies and establish and improve the modern state governance structure. From the perspectives of maintaining financial and economic stability, it is necessary to strengthen the financial and financial debt governance synergies and establish a scientifically-regulated local government debt governance framework by introducing an incentive-compatible mechanism to enhance the risk binding of local government debt financing.

目　录

| 第一章 |
问题提出

目前，债务可持续性问题受到越来越多关注。不可否认的是，政府债务不可能无限度增长，这已成为困扰发达国家和发展中国家的全球性热点问题。谈到中国经济，地方政府债务同样是一个绕不开的话题。2015 年麦肯锡全球研究院的《债务与去杠杆化》报告指出，中国政府债务占 GDP 的比例为 55%，按国际标准衡量，仍然属于较低水平。但值得关注的是，中国政府债务有一半以上为地方政府债务。2007 年起，中国地方政府债务每年增加 27%，增速是中央政府债务增速的 2.5 倍，已成为政府债务增长的关键推动因素。目前，中国地方政府债务占政府债务总额的 51%，是经济发展的一大潜在风险。在此背景下，中国地方政府债务问题引发市场关注更是情理之中的事情。中国地方政府债务究竟可持续与否，还是已危及中国经济整体健康？若不是，地方政府债务增速有无失控，是否已接近债务上限？如果地方政府债务越过债务上限，后续应采取怎样的治理措施？回答这些问题成为本书写作初衷。

第一节　研究背景与选题意义

一、研究背景

从国际上看，在欧债危机愈演愈烈、美国"财政悬崖"的全球经济背景下，许多国家政府债务规模增长迅速，更是将政府债务可持续问题推到"风口浪尖"。据国际货币基金组织（IMF）统计，发达国家政府债务规模由 2001 年末的 18.41 万亿美元飙升至 2014 年末的 49.79 万亿美元，年均增速为8.46%；新兴和发展中经济体政府债务规模由 2001 年末的 3.54 万亿美元飙升至 2014 年末的 12.24 万亿美元，年均增长速度为 10.37%。如何应对金融经济危机过程中的政府债务可持续性问题，即不引发财政危机的政府债务水平或路径的研究，已成为世界各国政府广泛关注话题。债务危机告诫人们不要只关注政府债务的经济效应，还要考虑政府债务运转的可持续性，否则适得其反。实际上，这种负面影响已初步显现：一是高债务水平增加债务风险，提高借贷成本；二是高债务会限制政府将财政政策作为反周期工具的能力；三是高债务导致的高利率对产出增长和生产率具有负面冲击。

从国内看，近年来中国地方政府债务问题也逐渐引起社会各界高度关注。在城镇化进程陡然提速的大背景下，各级地方政府承担着大量城乡基础设施以及与之匹配的经济项目建设，势必将产生规模庞大的建设资金需求。但各级地方政府财力相对有限，又受原《中华人民共和国预算法》限制不能列赤字预算，也不能发地方债。于是，地方政府绕开相关法律法规，纷纷出资设立具有独立法人资格的投融资平台，并通过提供兑付承诺、回购建设项目等直接或间接方式为平台增信，进而获取银行贷款、发行债券或信托产品。但问题的关键是，由融资平台作为地方政府的承债主体，不仅不能很好地约束地方政府债务融资行为，还导致地方政府普遍存在"重融资、轻偿还"的债务观念。如果这样的话，债务风险将滋生蔓延，存在由财政领域向金融领域传染的问题，而且也加剧了地方政府短视行为盛行，使得政府债务风险问题积重难返。

除了地方债务融资方式不可持续外，地方债务规模和偿债能力也暴露出不可持续的苗头。2008 年国际金融危机爆发后，地方政府投融资平台数量和债务规模急剧膨胀。据中国人民银行《2010 年中国区域金融运行报告》的统计结果显示，2010 年末全国地方政府投融资平台超过 1 万家，全国仅有 54 个县级政府没有举借政府性债务，地方政府举债行为之普遍可见一斑。中国社会科学院研究报告《中国国家资产负债表 2015》显示，目前中国地方政府杠杆率为 42.7%，几乎是中央政府杠杆率 15.1% 的 3 倍。另据中华人民共和国审计署 2013 年 12 月《全国政府性债务审计结果》报告，地方政府将有 1.9 万亿元负有偿还责任的债务在 2015 年到期，包括担保责任的债务 3198 亿元和一定救助责任的债务 5995 亿元。但考虑到由于信息不对称，也有些学者指出地方领导在政绩考核升迁驱使下，抱有隐瞒部分债务规模的侥幸心理，实际地方债务总规模可能要高于中华人民共和国审计署之前公布的结果。

经济增长是地方政府增收的最大后盾，但在宏观经济下行压力较大的背景下，地方税收增长幅度开始放缓。尽管土地出让金一直是许多地方政府收入的最大来源，但房地产市场已告别疯涨阶段，土地出让金的增幅也开始下降。据中华人民共和国财政部统计，2014 年地方政府土地出让金收入的决算数虽然再创新高，但仅为预算数的 117.6%，对比 2013 年决算数为预算数的 152.6%，相关增幅已经明显回落。实际上，地方政府一味依赖土地出让收入在不足以永续支撑地方债务融资同时，还会限制地方经济增长方式，形成粗放使用土地、规划不尽合理局面，甚至引发地价上涨推高房价，成为楼市调控的"拦路虎"。况且，真正可供开发使用的土地资源毕竟有限，导致土地资产成为政府债务担保或偿债资金来源将举步维艰。

二、选题意义

新型城镇化建设既是中国现代化建设的重要历史任务，也是扩大内需的最大潜力所在。据有关预测，到 2030 年中国城镇化率将达 65% ~ 70%。关于未来新型城镇化引致的地方公共投资规模，许多研究机构都进行了估计，其中中国财政科学研究院的研究表明，每提升 1 个百分点城镇化率，将直接带动地方政府公共投资需求增加 5.9 个百分点。照此推算，"十二五"期间城镇化进程将催生达 30 万亿元的地方政府公共投资需求。显然，随着新型城镇化发展、地方政府事权不断扩大，地方仍有债务负担不断增加之势。实际上，未来新型城镇化的速度与质量将更多地取决于地方政府债务可持续性。如果不能有效地提高地方政府的债务治理能力，找不到城镇化可持续的有效融资机制安排，就很难摆脱对"土地财政＋融资平台"的依赖，一旦到了债务不可持续的地步，财政风险与金融风险就有交叉传染甚至集中爆发的可能。因此，新型城镇化融资机制安排的一个重要方面就是确保地方政府债务的可持续性，核心是构建科学规范的地方政府债务治理框架，有效防控和化解地方债务风险。从国际经验看，无论是主权债务还是地方政府债务，债务可持续性分析都是判断负债主体债务状况及信用水平的关键所在。巴西等新兴经济体国家先后经历了整治地方政府债务危机和加强地方政府债务治理过程，以希腊为代表的欧洲主权债务危机以及美国财政悬崖问题更是凸显地方政府债务可持续性的重要性。

总而言之，如何科学客观地界定中国政府债务上限，研判各种关键性经济因素对政府债务上限的影响机制，进而重新审视中国地方政府债务可持续性，都是亟待回答并解决的问题。特别是在中国加快推进新型城镇化建设过程中，研判地方政府债务可持续与否，不仅对识别、防范和化解地方政府债务风险具有重要意义，而且也有利于新型城镇化战略顺利推进。总体上，如何建立一个科学规范地适合中国国情的地方政府债务治理框架，既能解决城镇化巨大融资需求问题，又能强化地方政府债务约束，保障地方债可持续性，就显得尤为迫切和必要。

第二节　债务可持续评估文献综述

政府债务是否可持续是一个古老而又有新意的话题。20 世纪 30 年代经济大萧条后，各国普遍摒弃"量入为出，略有盈余"的预算原则，采取凯恩斯经济理论指导实践。凯恩斯认为市场"这只看不见的手"不能保证充分就业，在相对较长时间内，如果私人投资不足，就有必要借助政府"这只看得见的手"弥补需求缺口，拉动经济增长。在凯恩斯经济思想盛行的背景下，财政在经济运行中的作用日益受到重视，通过政府对经济的宏观调控，许多国家走出经济大萧条阴影，但也为财政收支缺口埋下了伏笔，政府债务占 GDP 比重在不断上升，进而可能演化为债务危机，这引发人们对政府债务可持续的反思。对新兴市场国家和发展中国家而言，政府债务率变化主要源于其财政基础不稳固。尤其是那些外债率较高或外部经济依存度较强的国家，在面对国际商品波动，国际资本异常流动或汇率冲击时，债务水平可能出现急剧升高，并有可能在短时间内触及债务上限，最终演变为危机；而在大多数发达国家，债务升高则主要受到人口老龄化影响。养老支出的"断崖式"增加将导致财政政策不可持续，并使债务规模逐步触及债务上限。与新兴市场国家相比，发达国家债务率升高往往更缓慢、更具隐蔽性，对宏观经济的影响也更复杂。

国际上，关于政府债务可持续的研究，其理论观点与评估方法虽然零散但具有一致内在逻辑。就债务可持续研究方法而言，与其说是一门科学，不如说是一门艺术，它涉及大量替代方法。归纳起来，主要有可持续指标分析和可持续检验两条思路①。可持续指标分析主要侧重展望视角，根据当前政府债务状况和对财政收支的未来预期，来估算符合政府债务可持续的适当指标。而可持续检验主要立足回顾视角，针对政府债务的历史经验数据，采用各种经济计量方法来检验政府债务可持续与否。相比而言，可持续指标分析比较灵活，但欠缺比较一致性。而可持续检验稳健性受限于样本容量，一旦样本观测值发生突变后很难进行相应调整，但也不排除借助区制转变模型得到稳健性结论。

一、债务指标分析法

在实践中，一些国际组织根据"拇指法则"（Rule of Thumb）直接使用反映宏观经济和政府债务规模的统计指标来反映政府债务健康状况，如欧盟《马斯特里赫特条约》设定的财政赤字或债务水平阈值，已成为国际公认的警戒指标。《马斯特里赫特条约》规定当年政府债务余额占当年国内生产总值 GDP 比重，即负债率不得高于 60%；当年政府财政赤字占当年国内生产总值 GDP 比重，即赤字率不得高于 3%。此外，还有一些常用的债务风险预警指

---

① 关于政府债务可持续性分析的文献很多，但基本框架与方法都可归纳为这两类。

标，如债务率、偿债率、债务依存度等①。如果这些指标急剧恶化，发生主权债务危机的概率就非常大。

不可否认，在欧盟成立之初，《马斯特里赫特条约》债务规则起到了一定积极作用。但由于各个成员国经济状况的不平衡以及所面临经济危机冲击的不对称，2008 年国际金融危机后，在随之而来的欧洲主权债务危机中，这些债务标准都被证明是远远不够的。一些国家已经违背《马斯特里赫特条约》债务标准却没发生债务危机，而另一些满足《马斯特里赫特条约》债务标准的国家却受到了债务危机冲击。特别是西班牙债务占 GDP 比重和预算赤字远低于这些条约规定阈值，但仍陷入主权债务危机泥潭。这些例子都说明，不存在"放之四海而皆准"的政府债务可持续评价指标。这是因为，同一国家在不同发展阶段往往具有不同的经济特征和债务承受能力，更何况不同国家受限于各自国内经济环境差异，故仅关注债务规模指标自然无法对政府债务可持续性做出客观准确评估，常用的政府债务可持续衡量指标如表 1 – 1 所示。

表 1 –1   常用的政府债务可持续衡量指标

指标	公　式	参考值
负债率	年末政府债务余额/当年 GDP	《马斯特里赫特条约》规定负债率不得高于 60%
赤字率	当年政府财政赤字/当年 GDP	《马斯特里赫特条约》规定赤字率不得高于 3%
债务率	年末政府债务余额/当年政府综合财力	国际货币基金组织确定的债务率控制标准参考值为 90% ~150%
偿债率	当年债务还本付息总额/当年财政收入	《马斯特里赫特条约》规定偿债率不得高于 15%
债务依存度	当年债务收入/当年财政支出总额	国际公认的标准一般是控制在 15% ~20%

资料来源：笔者整理。

另一个重要的债务指标分析当属国际货币基金组织（IMF）的"融资脆弱性指标分析"。2013 年，IMF 将成员国分为"低度审查"国家与"高度审查"

---

① 美国、新西兰等国家就将其作为对地方债发行规模进行控制的监管指标，IMF 与 FSB 推行的早期预警测试也使用了这些指标，日本设置的早期预警和财政重建计划以及哥伦比亚的"红绿灯"预警系统都使用了这些指标。

国家两类。成员国的债务水平、融资需求及是否向 IMF 申请特殊贷款① （exceptional access）是 IMF 判断审查程度的基础指标。除了上述三个基础指标外，IMF 同时也参考其他指标判断审查程度，如融资脆弱性指标。IMF 对主权债务违约还是重组进行分类，主要通过评估其成因是"流动性不足"还是"资不抵债"来区分。流动性不足是指主权国家短期内不具备充分金融工具进行债务展期，而资不抵债是指一国整体债务负担已不可持续，未来基本盈余将不足以偿付债务，就有必要通过包括债务削减和债务重组来恢复偿付能力，债务融资脆弱性指标如表 1 - 2 所示。

表 1 - 2   债务融资脆弱性参考指标

指　　标	发达经济体	发展中经济体
3 年累计初级财政余额占 GDP 比重（%）	>2	>2
经济增长变异系数	>1	>1
债券收益率利差（基点）	>600	>600
外部融资需求占 GDP 比重（%）	>25	>15
公共债务中非居民持有比重（%）	>45	>45
公共债务中非居民持有比重（%）	—	>60
公共债务中短期债务比重的年度变化值（%）	>1.5	>1.0

资料来源：IMF，"Staff Guidance Note for Public Debt Sustainability Analysis in Market - Access Countries"，IMF Policy Paper, 2013.

二、跨期预算约束法

多马（Domar，1944）最早运用局部均衡分析法，论证了政府债务可持续的一个必要条件是，债务负担率应收敛于某一确定有限值。这意味着政府债务占 GDP 比重的增长应具有边界，而不是"野蛮"增长。为使这个笼统定义更具有可操作性，许多研究者从跨期预算约束角度对可持续进行更宽泛的定义。

① 当成员国向 IMF 提出援助申请后，IMF 首先为受援国提供普通贷款（normal access）。如果受援国申请贷款的额度超过普通贷款额度，IMF 将对成员国进行债务可持续性分析，并依据结果选择援助方式：如果受援国债务可持续性高且同时满足其他一些条件，IMF 倾向于提供特殊贷款，如果受援国债务可持续低，IMF 倾向于要求债务国债务重组。因此，债务可持续程度是 IMF 选择援助手段的重要标准。

麦卡勒姆（McCallum，1984）指出，从债务基本会计核算角度出发，可推断出如果未来政府基本财政盈余的贴现值不小于目前政府债务水平，那么政府债务水平就是可持续的。随后，汉密尔顿和弗莱文（Hamilton and Flavin，1986）通过实证检验，把满足"非蓬齐条件"作为政府债务可持续条件，认为如果政府采用蓬齐策略①，最终政府必将违约。巴罗（Barro，1986）推导了当期政府预算约束条件，这为日后研究提供了新思路。哈克欧和拉什（Hakkio and Rush，1991）把国债相对规模作为一个重要指标对基本预算约束条件进行可持续性检验，结果表明如果债务和基本财政赤字是协整，债务也是可持续的。尤克特姆和威克斯（Uctum and Wickes，2000）假定一个时变贴现率，研究发现带有零均值的基本财政平衡的平稳性是债务可持续的充分条件，并分别运用单位根和协整检验方法来验证政府债务水平是否满足非蓬齐博弈（No-Ponzi Game）条件。如果满足，政府债务水平就是可持续的，否则就不可持续，这从经验上支持了基本会计核算法衡量政府债务可持续的有效性。

实际上，这些研究对政府债务是否可持续赋予了一个基本评判标准：如果一个政府债务水平的运行轨迹，满足预期的基本财政盈余贴现值等于初始债务总量的条件，那么政府债务可持续。显而易见，这些研究都基于政府跨期预算约束条件。但问题的关键是，在判断政府债务水平可持续与否方面，政府跨期预算约束条件是否具有强制约束力，仍存在较大争议。康内尔和策尔特（Connel and Zeldes，1998）表示，政府跨期预算约束是一个无限时间域概念，那么即使政府在较长时间内存在相当大赤字，仍可满足跨期预算约束条件，这与可持续事实不吻合。阿尔提斯和马塞利诺（Artis and Marcellino，2000）指出，政府债务水平可持续是一个"有限时间域"概念，主要衡量在有限期内，政府在现行政策下达到预期债务负担率的可能性。巴格纳伊（Bagnai，2004）强调，政府跨期预算约束条件可能存在过度容忍政府债务负担水平，如果这样，即使满足政府跨期预算约束条件，政府债务水平"不可持续"的路径也将永远不会被观察到，政府债务的偿付能力总被视同满足。艾莱斯·克瑞杰都（Ales Krejdl，2006）认为，将政府债务负担率能否收敛到初始政府债务水平作为判断政府债务水平可持续与否的条件是具有主观随意性的。这种主观随意

---

① 蓬齐策略是指债务人的现金流既不能覆盖本金，也不能覆盖利息，债务人仅靠不断借新债来履行支付承诺。

性至少表现在两方面：首先，政府债务稳态水平与初始水平是两个不同的概念。并没有什么经济理论可证实政府债务负担率一定要收敛于初始政府债务水平，而不是比其更高或更低的政府债务稳态水平；其次，也忽视债务动态性。客观存在政府债务负担率先上升至被视为过度负债水平，随后又重返"安全"水平的事实。伯南克（Bernanke，2011）认为，可持续的政府债务是指政府债务负担率在长期内趋于稳定或下降，而不是一定要返回初始水平。

三、财政反馈函数法

乔克（Chalk，2000）指出，只关注政府债务水平发展的时间路径，而忽视政府债务自身规模合理与否的检验，可能得出与客观事实不吻合的结论。例如，根据政府跨期预算约束条件，不论当前政府债务规模多么高，似乎只要预期的基本财政盈余能够保障债务清偿，政府债务水平仍可视为可持续。博恩（Bohn，1995；1998；2005）研究指出，实际上跨期预算约束条件是债务可持续的一个必要非充分条件，债务是否稳定的测量不足以应对不确定性和风险厌恶带来的利率影响，而且代际预算约束很难在一个随机动态的经济环境中应用。正应如此，尽管财政变量之间不存在协整关系，但只要基础财政盈余对政府债务变化有反馈，同样可以满足政府跨期预算条件。于是，他提出用财政反馈函数法检验政府债务是否可持续，即通过引入线性的财政对债务率响应函数，放松财政变量之间存在协整关系的假设条件。实际上，博恩的财政反馈函数法充分地刻画了政府主动调整财政收支以保证债务可持续的事实。根据博恩线性财政反馈函数，基本财政盈余与政府债务是协同上升，只要债务增长，基本财政盈余就增加，似乎存在无限财政空间，这显然是不合理的，因为在某点上基本财政盈余可能超过 GDP，而政府债务调整能力是有限的。

事实上，出于政治、经济和社会等因素考虑，政府基础财政盈余对债务的反馈存在一个上限，不会无限制地增加税收和削减支出来保障债务可持续性。为解决这个问题，博恩（2007）通过在财政反馈函数中增加高次多项式建立一个非线性模型后发现，当债务率较高时，基础财政盈余会有更强反应，这说明债务风险增大，财政政策会有更积极反应，这种非线性反应可看作是"财政巩固"（Fiscal Consolidation）。IMF（2003）以工业化国家为样本研究发现，在发达经济体中的确存在"财政巩固"现象，即基本财政盈余对高债务水平的反馈将更强烈。当然，一些学者①也以新兴经济体为样本，研究发现当债务水平超过 GDP 的 50% 时，财政反馈会削弱。奥思特锐等（Ostry et al.，2010）对工业化经济体研究发现，财政反馈函数能被三次函数更好刻画，即债务水平低时，基本财政盈余对债务增加几乎没有反应；一旦债务率超过 40%，基础财政盈余对债务增加的反应强度逐渐变大；随着债务率的继续攀升，财政反应强度逐渐减小，直至出现负向反馈，这种现象被称为"财政疲劳"（Fiscal Fatigue）。他们认为，财政疲劳现象证实了政府进行财政整顿是需要付出代价的客观事实。也就是说，较高的政府债务偿还势必要求政府采取一系列财政整顿措施，包括大幅度提高税率和削减预算支出，这意味着国民福利水平的大幅降低，容易引发社会民众的抵触情绪和游行反对，进而削弱执政当局的政治支持和民意基础。戈什等（Ghosh et al.，2012；2013）研究认为，"财政疲劳"说明政府调整基础财政盈余能力也是有度的，超过这个极限就会出现基础财政盈余无法按照跨期预算约束要求来改善政府债务的问题，导致政府债务持续恶化。受奥思特锐等（2010）研究启发，戈什还提出财政空间测算的方法，即在博恩的财政反馈函数基础上，结合违约概率进一步测算政府债务上限与现有债务的差额，将其作为判断当前政府债务离可持续状态还有多少程度的一个衡量指标。

与财政反馈函数方法相比，财政空间测算方法有以下改进：一是除了衡量政府债务是否可持续，也定量揭示政府债务可持续程度大小；二是对于不同国家政府债务可持续程度的比较提供了理论基础；三是捕捉了不同外生经济变量对政府债务可持续性的影响。当然，也有些研究指出，财政反馈函数方法是基于历史数据进行评估政府债务水平是否可持续，从根本上说这是对过去事实的研究，属于回顾（Backward Research）研究。由于回顾研究是假定所有变量都具有确定路径，没有充分考虑未来经济波动、自然冲击带来的不确定性，导致政府债务发生重大变化。故任何依赖这种通过历史数据研究的方法，都不能准确预测未来政府债务水平，也就谈不上对政府债务水平可持续与否的衡量。

---

① 诸如阿比艾德和奥斯特锐（Abiad and Ostry，2005）、杰拉松和康（Celasun and Kang，2006）以及门多萨和奥斯特锐（Mendoza and Ostry，2008）等。

四、随机模拟分析法

无论是跨期预算约束检验，还是财政反馈函数检验，都假设经济环境是确定的。各种随机因素的存在，完全有可能使得在确定环境下可持续的政府债务因不确定冲击变得脆弱而不可持续。也就是说，即使满足确定性假设条件下的政府债务可持续性条件，仍有可能受到外部不确定因素影响而表现出政府债务不可持续状态。尽管也有一些学者认识到不确定性因素对政府债务可持续性研究的影响，但处理方法不够科学，显得随意武断。对此，后来的研究者普遍采用随机模拟来克服这些研究缺陷。随机过程的实现主要运用动态仿真和稳态一致性方法，而对于其他因素带来的影响，可用一个随机项来体现。为了消除或削弱随机项带来的不确定性，采用压力测试[①]和随机模拟[②]。其中，卡拉松、德博润和奥思特锐（Calasun，Debrun and Ostry，2006）利用概率统计扇形图，给出未来给定时点上政府债务规模的概率分布，进而研究政府债务可持续与否问题。卡拉松等（2007）采用蒙特卡罗模拟技术测算政府债务水平可持续的赤字水平，认为基本赤字（Primary Deficit）不大于可持续值，政府债务水平是可持续的，否则就需要调整政府债务水平。妮娜布迪娜、斯韦德和范·温伯根（Nina Budina，Sweder and van Wijnbergen，2008）以世界银行 DSA 分析框架为基础，对土耳其进行相关研究，主要采用动态预期、压力测试以及随机模拟等技术，分析稳态下债务可持续性，得到债务负担率的未来分布，并估计维持这个比例所需的财政调整。弗兰克和莱伊（Frank and Ley，2009）规避使用财政反馈函数，更关注于债务稳定时的盈余。他们通过对区制转换的 VAR 模型残差，采用蒙特卡罗模拟抽样技术来捕捉不确定冲击的经验分布，从而获得更多"不可知"的债务预测。

另一种引入不确定性的方法就是利用动态随机一般均衡模型，通过对不同冲击刻画来反映未来潜在的各种随机性对政府债务路径变化的动态影响。其中，萨金特和华莱士（Sargent and Wallace，1981）认为如果政府赤字没有受

---

① 压力测试是验证对特定经济冲击所得预测的有效性。
② 随机模拟是将影响债务的主要因素利用计算机生成随机过程，然后考虑他们的方差和协方差结构，得到未来债务的条件分布，从而判断经济是否处于危险区。

到财政纪律约束，通过铸币税来弥补财政缺口，那么即使中央银行采取盯住名义利率的货币规则，财政政策的相对任意性也会造成政府债务水平不可持续的同时，带来物价不稳定。于是，他们将全社会的总储蓄规模作为政府举债上限，并以此估计可能的债务上限。在他们模型中存在两种体制，货币与财政盈余增长外生，政府举债以应对增加的财政支出。在初始状态下，财政与货币政策都采用主动策略。当债务水平达到上限，货币政策将在财政的主导下被迫调整以稳定债务。阿吉亚尔和戈皮纳特（Aguiar and Gopinath，2006）、阿雷拉诺（Arellano，2008）、门多萨等（Mendoza et al.，2012）以及德都等（Durdu et al.，2013）应用动态随机一般均衡模型（Dynamic Stochastic General Equilibrium，DSGE）模拟主权违约风险。与此不同，戴维等（Davig et al.，2010）和比（Bi，2012；2013）构建封闭经济模型，侧重模拟国内债务问题。比（2012）将债务上限定义为未来所有时期内基本财政盈余贴现之和。通过计算税收收入最大化的税率，即拉弗曲线极值点推算出债务上限。比（2013）用新凯恩斯框架重新讨论削减支出、增加税收等财政整顿对政府债务动态影响。戴维等（2010）定义债务上限为税率达到最大水平时所能支持的债务占 GDP 的稳定水平。

五、债务拉弗曲线法

已有理论研究表明，为了解决财政收入与财政支出在规模、时间等方面不平衡与不一致，政府往往借助发行债券来调解平滑，进而形成债务存量，但随着债务水平日益升高，一定存在政府债务承受力的上限。从这个角度看，财政可以承担的债务极限应该等于未来所有最大财政盈余的贴现总和。如何从数量上直接测算债务上限规模并不容易，其中一种重要方法就是利用拉弗曲线对债务上限进行测算，这类研究主要从最大税率角度进行展开。戴维、利珀等（2010；2011）提出，随着扭曲型税率提高，经济主体提供劳动、储蓄以及投资等活动积极性将下降，导致收入和产出下降，而税收收入也将出现先升后降变化，即"拉弗曲线"效果。与"拉弗曲线"顶点相对应的税率即为最大税率，在未来政府财政支出不变的条件下，与最大税率对应的是最大财政盈余收入及相应的债务上限水平。

最大税率引入，提供了从经济运行角度测算债务上限的有效办法。但正如前面提及的那样，财政政策受政府体制、政治因素等影响较大。迫于政治压力，政府很难将税率提高至最大水平。拉弗曲线最大税率的方法并未将政府意愿和政治因素考虑在内。尤其在发达国家，这种影响将更加明显。据卓班德特·乌利希（Trabandt Uhlig，2009）估计，美国及大部分欧洲国家平均税率（包括工资税、资本税以及消费税率）均低于拉弗曲线最大税率。即便面临明显财政压力的国家，政府也没有动力将税率提高至最大税率水平。在税制体系尚不健全的新兴市场国家及发展中国家，平均税率将更难提升到最大水平。可见，经济因素与政治因素对债务上限的计算都很重要。戴维、利珀、沃克（2010；2011），戴维、利珀（2010）以及里克特（Richter，2011）构建了考虑政治因素的模型，把政治容忍程度对债务上限的影响进行了分析。他们认为，随着税率提高，政治压力将明显上升。政治不满增加将极大地提高触及债务上限的可能性。图1-1以逻辑曲线描述了税率变化与触及债务上限的关系。将债务上限视为随机变量，其分布为逻辑曲线，而且债务上限的变化将依赖于财政政策、宏观经济环境以及政治环境等因素。

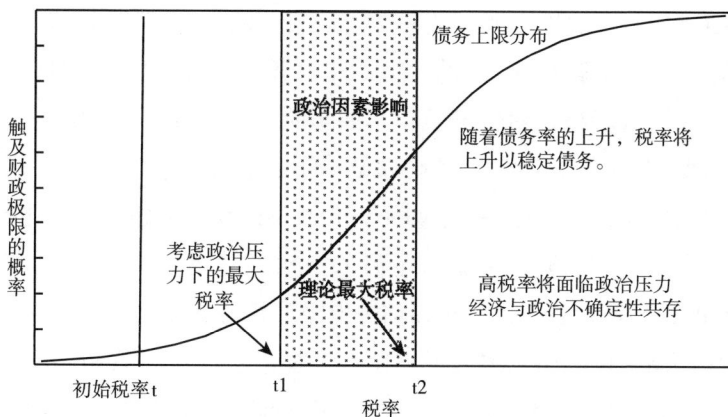

图1-1 债务上限分布

相比国外债务可持续研究而言，国内研究起步较晚。其中，余永定（2000）研究认为，立足经济增长视角看，即使政府财政收支不平衡，但只要能通过发债弥补财政缺口，财政就依然是可持续的。刘尚希（2004）则从财政不可持续的表现方面对其进行定义，认为在未来某个时点，政府收入不足以履行其应尽职责，从而使社会发展受到损害就是财政不可持续。郭庆旺等（2003）、李美洲和韩兆洲（2007）、周茂荣和骆传朋（2007）以及涂立桥

（2008）分别根据政府跨期预算约束条件，对中国财政收支是否存在长期均衡关系进行协整检验，进而做出财政可持续性与否的结论。陈建奇（2006）研究认为，在经济动态无效的背景下，如果政府债务负担率不高于债务可持续上限时，政府债务水平不仅是可持续的，而且也能提高社会福利，符合帕累托改进状态。尹恒（2008）研究强调，如果政府并没有根据预期的未来基本财政盈余来安排当期债务规模，或者市场投资者也没有认识到政府债务可持续性，那么政府跨期预算约束条件势必被忽视了。

随着近些年地方融资平台带来的地方政府性债务扩张，政府债务可持续问题已成为国内热议话题，中华人民共和国审计署先后3次对全国地方债务进行摸底统计。杨宇和沈坤荣（2011）在非税收、铸币税和一般税收等不同情形下，对中国财政可持续性进行协整检验，结果发现纯粹依靠税收时财政是不可持续的，考虑非税收后财政呈弱可持续，再引入铸币税后财政呈强可持续。王志刚（2012）利用伯恩赛德（Burnside，2005）《财政可持续性的理论与实践手册》一书中介绍的方法，分析不同情境下通胀、经济增长、利息支付、铸币税等因素对可持续性财政赤字率的影响。姚东昊等（2013）、王亚芬（2013）按照卡拉松等（2007）的思路，模拟未来中国政府债务路径，利用压力测试方法关注极端事件对债务负担率的影响。姚东旻等（2013）从布兰查德等（Blanchard et al.，1990）的财政缺口分析框架出发，测算中国未来30年财政缺口规模和比例。在基本假设下，预测中国债务负担率的变化趋势，研判中国政府债务可持续性存在一定风险。唐文进等（2014）借鉴戈什等（Ghosh et al.，2013）提出的一种以债务上限为核心的政府债务可持续性评价方法，将居民储蓄存款引入财政反馈函数，提出了政府财政调整的"储备渠道"并测算了现阶段中国政府债务上限，基于前瞻性的情景模拟法分析中国政府债务及其上限在2013～2030年的变动趋势。贾彦东和刘斌（2015）利用比（2012）构建了一个含体制转换的简单 DSGE 模型，将政府债务变化、财政政策预期与财政极限的讨论都纳入一个统一框架。在不确定环境下，通过对未来财政盈余的贴现，得到一般均衡框架下政府可承受债务水平的极限。结合中国实际债务状况，对地方政府面临的债务上限进行研究。

总体而言，关于政府债务可持续性很难有一个绝对的衡量标准。各国的征税能力、融资条件以及经济增长潜力不同，导致所能支持的债务负担自然有差异。况且，目前还没有对政府债务可持续性形成一个普遍共识的指标，更谈不上一套科学客观的政府债务可持续评价体系。这就使得在政府债务水平可持续性研究指标选择上，仁者见仁、智者见智，立足不同指标往往得出结论各异，甚至完全相悖。随着经济金融不断创新，经济变量之间关系日益复杂，仅关注财政预算平衡的政府跨期预算约束条件，显然已不能全面揭示政府债务可持续与否以及背后深层次的因素。经验研究方面，也需要大量样本数据支撑，而实践中又往往很难获得，这些或许都是未来研究亟须突破的难点。但不可否认的是，各种有关政府债务可持续的理论和衡量方法，实际上都具有一致的内在逻辑，这为下一步深入研究政府债务可持续提供了坚实的基础理论依据。

第三节　基本概念界定

概念界定是研究讨论的前提和基础，规范的研究讨论往往需要在统一定义下进行，没有统一定义就失去了讨论的共同基础，除了对定义本身的讨论外。因此，不论是为了从实践上对事物作出判断以及依据判断进行决策，还是为了从理论上进行研究讨论，都应有一个关于某一事物的科学、统一的基本概念界定。故为明确本书所涉及的研究范围，非常有必要对关键性概念加以说明。

一、地方政府债务

就中国而言，地方政府债务可分为两个层次：一是地方政府直接举借的债务，包括债券和贷款等；二是除了政府自身举借债务，还包括地方政府机关、事业单位及其成立的融资平台公司因公益性和基础性项目建设而直接借入、拖欠或因提供担保而形成的地方政府性债务（赵全厚，2011）。可见，地方政府债务是衡量债务存量的最小口径，仅涉及地方的公共债务。根据中国特有国情，若要理解中国地方政府债务，非常有必要将其内涵扩充至地方政府性债务。故如无特别指出，本书将地方政府性债务统称为地方政府债务。

但需要强调的一是与地方政府债务相比，地方政府性债务是更为宽泛的地方债。对于不允许地方政府直接举债的国家，地方政府负有偿债责任、担保责任或救助责任的债务都可称为地方政府性债务。二是国外以债券形式举借的地方政府债务也被称为市政债券或地方政府债券。三是中华人民共和国财政部代理地方政府发行或地方政府自行发行的债券都冠以"地方政府债券"名称，但尚不是真正意义上的"市政债券"。

二、债务治理与债务可持续

（一）债务治理

党的十八届三中全会明确提出财政是国家治理的基础和重要支柱的科学论断。这是在新的历史条件下对财政的一种新认识，这种认识已突破了传统经济学中财政被过度工具化的思维① （刘尚希，2013）。作为财政治理的重要组成部分，政府债务是否可持续实际上也直接反映着财政过度工具化与否。正因如此，在西方国家，财政被过度工具化，政府债务规模不断膨胀的趋势很难逆转，最终只能通过债务危机收敛。从这个角度理解，债务治理不同于债务管理，而是财政治理的一部分，既强调建立健全政府债务激励约束机制的重要性，重塑债务规则，摒弃债务管理的随意性；又着眼于地方政府债务体制的整体性、系统性改革，打破债务管理的碎片化思维。创新和完善地方政府举债融资机制的同时，保障符合条件的在建项目后续融资，防范和化解风险隐患，促进经济可持续发展。

（二）债务可持续

债务治理的终极目标就是达到债务可持续。现有文献中关于政府债务可持续性（debt sustainability）评估有很多不同表述，且常常与"财政可持续性"联系在一起。政府举债重要原因之一就是财政收不抵支，因此财政可持续是与公共债务偿付问题天然相伴而生的②。政府债务水平是否可持续，既是对政府债务负担与偿债能力的评价，也是对国家财政存续状态和能力的判断。当然，也有人认为财政可持续性（fiscal sustainability）范畴更广，内含政府债务可持

---

① 刘尚希（2013）强调财政被过度工具化是指财政被视为政府政策工具箱里类似扳手、钳子之类的工具，凭着施政者喜好，随取随用，随用随取，缺乏稳定性和权威性。

② 财政收入来源无非就是一般性收入（通常是税收）和债务收入。如果税收能够完全覆盖支出，不存在可持续与否问题。如果预算收支不等，弥补财政缺口的债务偿还问题就涉及可持续问题。

续性。但就现有文献的研究思路和方法而言，这两个概念并没有什么实质性差异，故本书不加以区分。

如何界定债务可持续？尚无一致且被广泛接受的说法。比较有代表性的有：一是从债务清偿角度看，国际货币基金组织（IMF，2002）指出，如果未来不需要对财政收支缺口进行大幅调整下，政府仍能如约按时偿还债务，那么政府债务是可持续的。二是从经济增长角度看，联合国贸易发展会议和联合国发展计划署（UNCTAD and UNDP，2006）认为，在可接受的经济增长率下，如果政府能够完全履行债务合约，而不需要任何债务减免或重组，就能消化存量债务，避免债务积压，那么政府债务是可持续的。三是从政策稳定性看，政府债务可持续性是指在不断偿付债务的同时能够无限期地保持同样一套政策（Brunside，2005）。

总体上，政府债务可持续性就是排除"庞氏游戏"和债务违约可能性的财政状态，在这种状态下，政府完全具有清偿债务能力，不需要改变财政立场或对其未来的收支平衡表进行重大调整（增加税收或削减预算支出），就能通过未来盈余完全覆盖债务，不引发债务危机。可持续性涵盖了偿付能力和流动性概念，从偿付能力角度看，债务可持续暗示政府必须有能力创造长期内足以涵盖其偿债义务的基本盈余。从流动性角度看，可持续性要求政府必须在每一期都有能力进行债务展期，筹集足够资金，以弥补任何融资缺口。需要注意，尽管政府缺乏清偿债务的能力，以债务违约或征铸币税等方式弥补债务缺口，可能引起公共债务危机。但是，政府是否具有偿债能力不能完全等同于政府债务可持续与否，这是因为债务可持续不仅强调政府"财务健康"，更关注现行财政政策实施的连续性和一致性。

三、债务上限与财政空间

（一）债务上限

博恩（1998；2008）认为，债务上限是指不需要政府额外的财政努力，一国政府债务按照历史轨迹所能承受的最大债务水平，任何超出这个限度的债务增量都将导致债务不受约束的增加。戴维和利珀（2010；2011）认为，债务上限是债务率的一个水平或临界状态。当政府实际债务规模达到该水平时，政府将不可能通过提高税率获得更多税收收入为其债务融资。为了稳定债务水平，货币政策或财政政策将不得不进行调整，即货币政策与财政政策立场将被迫出现由"主动"到"被动"的调整和变化。因此，本书认为，债务上限（debt limit or debt ceiling）也称债务极限或财政悬崖，债务上限定义了一个关键债务门槛，超越债务门槛后一国债务偿付能力将处于危险，债务水平将发生爆炸式增长，无法返回或收敛到稳定水平，财政对债务增长的历史常规反应变得不足以维持债务可持续，政策制定者必须打破常规做法，否则将面临债务违约。因此，只有在债务上限之下的政府债务水平才是可持续的。

不少实证研究也证明，当总体公共债务超过 GDP 的 80% 时，经济下行风险上升，平均增长率将下降。如果考虑到外部不确定冲击需要一个缓冲，债务水平目标值应远在债务上限之下。虽然关于选取债务水平目标值没有一个明确有效的准则，国际清算银行（BIS）的 2013 年年报估算一个比较安全的债务目标值是：发达经济体为 GDP 的 60%；新兴市场经济体为 GDP 的 40%。这至少意味着债务上限不是绝对的和一成不变的，但确实定义了一个关键转折点，一旦政府债务超越了债务上限，面对不断增长的债务规模，财政巩固不足以维持债务可持续性。

（二）财政空间

另一个与债务上限有紧密联系的概念就是财政空间。所谓财政空间（debt space）是指在不影响政府财务状况或经济稳定可持续发展空间的前提下，政府预算能够为预期目标实现提供资源的程度（Peter Heller，2005）。也就是说，为确保经济稳定和财政可持续性，在短期或长期内，政府都会留有一定财政额度来安排支出和清偿债务。一般而言，在债务可持续条件下，财政空间表示政府实际债务水平与由历史上财政调整决定的债务上限理论值之间的差额，超越债务上限后，该国将违约，除非政策制定者采取非常规财政措施。因此，财政空间可以被用来反映政府是如何接近债务上限。

财政空间与债务可持续性紧密相关。当一个国家财政空间存在甚至较大，就意味着不需要任何财政调整，财政有足够余地安排未来支出和清偿债务，政府债务是可持续的。相反，如果一个国家政府通过提高税率、接受外部援助、减少不必要开支、从国民或国外借款以及增加货币供应等方式来创造财政空间，必然暗示着财政空间不足或已无，政府现有债务水平已接近债务上限，面对未来不确定性冲击可能有较大概率超越债务上限，影响债务可持续。需要注意，财政空间不足并不意味着某种形式的财政危机迫在眉睫，但它确实强调了财政整顿的必要性。

四、财政疲劳

财政疲劳（fiscal fatigue）描述的是政府债务水平超越债务上限后，通过改善基本财政盈余来应对不断积累债务的财政调整行为出现"力不从心"的症状，即随着政府债务增加，财政基本盈余反应强度由较强逐渐减弱甚至发生反向变化。这主要由于政府财政整顿成本越来越大，不足以支撑和将政府债务重新调整到可持续路径上。

唐文进等（2015）指出，从某种意义上说，财政疲劳概念的提出是对现有政府债务可持续研究的一项重要改进：过去政府债务可持续研究主要分析跨期预算约束的理论路径，而"财政疲劳"则对理论路径施加了一个现实能力的约束，从而将研究重点从检验理论的无限期限预算约束转移到分析现实财政经济现状上来。实际上，无论发达国家还是发展中国家，都会在某种条件下出现"财政疲劳"，历史上美国的"财政悬崖"危机、欧洲的主权债务危机和拉美的外债危机，都已清楚地表明政府财政调整能力有限。当然，债务风险事件发生时，各国债务率水平差异很大，也说明各国出现"财政疲劳"的条件不尽相同。例如，面对"财政悬崖"的美国政府债务率约为100%，欧债危机爆发时"欧猪五国"（PIIGS）债务率均超60%，而拉美发生外债危机时的平均债务率仅有45%。因此，制定普适性的政府债务率警戒线往往意义不大，只有具体分析某国所处的经济状况和政策环境，探讨该国"财政疲劳"发生机制和债务承受能力，才能准确地评价其政府债务的可持续性。

第四节　研究逻辑框架

一、研究思路

世界银行经济学家汉娜·布里克西（Hana Brixi）提出了政府债务风险分

析矩阵，除了关注传统意义上的显性和确定的债务，也包括其他类型政府债务。但问题的关键是，债务风险分析矩阵并没有明确地将债务存量与流量关系反映出来，更无法分析政府债务对财政压力大小和重要性以及影响政府债务负担的关键性因素。与此不同，债务可持续性分析可将地方政府长期和隐性债务成本显性化，并将债务风险分析矩阵所揭示的政府债务水平与政府未来预期的基本财政盈余加以比较，这对债务治理发生时点和力度的判断更具有操作性意义。

因此，在债务风险分析矩阵基础上，本书试图就中国地方政府债务是否可持续以及如何治理地方债务展开深入研究。整体上，本书研究可分为以下几部分：第一部分是政府债务治理工程观；第二部分是政府债务可持续的分析框架；第三部分是中国地方政府债务状况的总体分析；第四部分是中国地方政府债务可持续的实证评估、影响因素与政策调整分析；第五部分是地方政府债务治理的国际经验与中国地方政府债务治理框架，如图 1 - 2 所示。

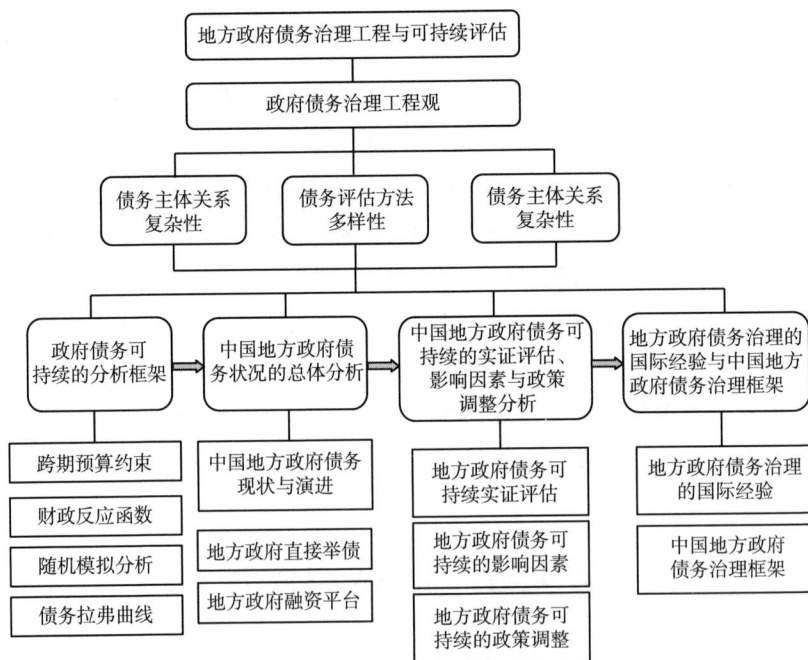

图 1 - 2　研究逻辑路线

二、结构安排

按照图 1－2 显示的研究逻辑路线，本书可分七章内容，结构安排如下。

第一章是问题提出。本章简要介绍了研究报告的结构安排和研究逻辑框架，主要包括选题意义、研究背景以及关键概念界定等，并对相关的前沿研究文献进行系统梳理，为后续研究提供基础。

第二章是政府债务治理的工程观。本章主要从系统工程角度提出，政府债务治理并非简单的"碎片化"债务治理，也不是所谓的杂乱无章的政策组合，而是一项非常复杂的债务治理工程。债务治理工程的基本特点体现在债务主体关系复杂性、债务评估方法多样性以及债务治理措施的综合性。这些债务治理特点决定债务治理工程系统实施中需要关注重点，决定债务治理的成功与否。

第三章是政府债务可持续的理论分析框架。本章主要围绕债务上限核心概念从五方面展开，一是侧重从政府跨期预算约束角度估算债务上限，阐述政府债务可持续的识别条件；二是侧重从财政反馈函数角度估算债务上限，阐释财政疲劳、债务上限与财政空间之间的关系；三是侧重从黄金法则角度估算债务上限，说明债务上限与经济增长之间的内生关系；四是侧重从债务拉弗曲线角度估算债务上限，解释政府债务积压产生的拉弗曲线效应；五是侧重从财政缺口角度估算债务上限，揭示政府债务的调整成本。

第四章是中国地方政府债务的生成逻辑、发展路径和现实状况。本章阐述政府性债务与政府债务的区别和中国地方政府债务的分类，在此基础上，回顾了中国地方政府债务的历史演进和现状。此外，具体描述并分析中国地方政府债务的两种类型：一是地方政府债券；二是地方政府融资平台。

第五章是中国地方政府债务可持续性实证评估。本章首先采用《马斯特里赫特条约》规定的债务警戒指标，对中国地方政府债务的可持续性进行静态评估。其次，在理性预期框架下，构建了一般动态均衡模型，试图将中国政府债务变化、债务上限与宏观政策协调纳入到一个统一框架中予以考虑。对地方政府的债务上限进行实证估计，并分析债务水平变化的宏观经济影响，不同债务环境下宏观政策协调等问题。

第六章是地方政府债务可持续的影响因素与政策调整。本章分别重点分析了地方政府债务可持续性的结构性和体制性影响因素，前者包括偿债资金结构、债务期限结构、发债主体结构、债务认购主体结构以及债务投向结构；后者包括中央地方财政间关系、地方政府举债冲动以及软预算约束。在此基础上，借助第四章 DSGE 模型进行政府债务可持续的影响因素情景分析，并财政整顿、财务救助以及结构性改革等债务治理手段进行理论阐释。

第七章是保障政府债务可持续的债务治理国际经验。本章分别总结了发达国家美国、德国和澳大利亚以及新兴经济体巴西等地方政府债务治理的成功经验和失败教训，并得到一些有益启示。

第八章是建立中国地方政府债务可持续的债务治理框架。本章围绕前面章节研究基础和已公布的《国务院关于深化预算管理制度改革的决定》和《国务院关于加强地方政府性债务管理的意见》文件精神，结合国际经验，提出构建科学、规范的地方政府债务治理框架的构想。

第二章

政府债务治理的工程观

政府债务治理是财政治理的基础，事关发展全局和经济金融稳定。债务可持续与经济社会发展、资源配置效率、历史文化背景以及政治民主化进程等目标和依赖条件高度相关，内在目标是多元的，外部约束是综合的，并非简单债务偿还与清算，而是一项复杂的治理工程。

第一节　债务治理工程的思想

物有本末，事有终始，知所先后，则近道矣。厘清政府债务产生的"源"，演化的"径"，影响的"果"，是政府债务治理的"本"。从系统工程论角度看，债务治理涉及因素众多、结构复杂，很难事前明确给定目标，分析制定评价标准并据此设计出最优治理方案。相反，却更像一个复杂系统工程，从一个开始比较模糊、通过对系统信息不断积累和分析后才能逐步明确的过程，并不断揭示债务系统背后各因素之间相互联系、制约的内在逻辑关系。在研究对象范围和方法论方面，债务治理工程又有自身一些特点。从研究对象范围来看，政府债务治理工程是一个多层次、多目标大系统，它涉及各个部门和各种层次目标和利益，需要利用分解和协调技术以及多目标决策、群决策、冲突分析等定性分析技术对债务背后关系进行梳理，不只是简单的选优过程，而是不断进行权衡的过程。从研究方法来看，债务治理工程模型既有定性的概念模型，又有定量的数学模型。同一债务系统不仅可以建立不同模型分析，而且也可以综合应用各种模型分析对比，以求得符合实际、贴近最优的结论。从某种意义上说，债务治理工程也是不断比较和学习的过程。

债务治理工程是对政府债务系统实现最优控制或次优控制，主要应用经济数学模型来分析和研究政府债务的动态过程和结构特点，预测债务变化规律，制定最优治理方案，促进经济金融可持续发展。在中国经济步入"新常态"和供给侧改革大背景下，如何从系统工程角度重新审视和研判地方政府债务治理所涉及的错综复杂、盘根错节的关系，构建多元化地方债务评估方法体系，全方位提高地方债务治理水平，已成为地方政府债务治理工程"重中之重"，也是未来一段时期深化财税改革的重要任务之一。

第二节　债务主体关系复杂性

从系统工程角度看，债务工程问题出现在一定程度上反映出债务主体关系复杂性。有关地方政府债务背后的不同主体，在追求各自利益的同时，没有顾及社会环境以及社会系统整体承受能力，在这些经济关系嵌入社会系统中进行利益表达和转化的过程中，社会系统与债务系统之间不断摩擦修正和互为反馈，债务风险逐渐显性化并最终转变为债务风险形成的现实压力。追本溯源，解决债务工程的关键是厘清这些错综复杂的债务主体关系。综合来看，债务主体关系主要表现在三方面，一是政府与市场分工关系，二是中央与地方财政关系，三是地方财政与金融关系。

一、政府与市场分工关系

城镇化背景下，地方政府债务问题是中国转轨经济条件下政府与市场关系的真实写照。虽然大多数与城镇化有关的基础设施具有一定公益性，但这并不意味着都要由政府直接投资或提供。按照公共产品特性差异，营利性项目可以通过市场配置资源，鼓励私人资本投资经营。非经营性项目和部分准经营性项目则要由政府提供，或由政府提供一定资助、政策优惠维持营运，或通过干预定价等方面实施监管。理论上，只要公共品在生产上可分割，通过一定价格机制，使生产能够处于边际效益等于边际成本的资源配置最优条件，市场提供就有可能。科斯定理表明，通过一系列制度安排，公共产品消费的外部性可以部分得到解决，其生产成本能够得以补偿，私人生产和提供是可行的。在大数据和"互联网＋"等技术进步下，过去的公共产品消费行为能够被准确计量，而且在一定技术条件下，可以通过市场定价方式降低消费成本，将"免费搭乘"排除在公共产品消费范围之外，使越来越多的公共产品被纳入市场供给范围。相反，政府直接提供公共产品，往往质量和效率相对较低。市场机制虽有逐利特点，但能通过引入竞争降低产品价格，改善服务质量和效率。正因如此，公共物品的提供需要政府和市场的合理分工。

在城镇化建设进程中，为招商引资创造硬件环境，地方政府投资收益性逐步增强的城市基础设施项目，热衷于投资建设各类经济技术开发区，并没有从竞争性领域中完全退出，更多关注教育、卫生等基本公共服务，如此这样，地方政府债务负担必然加重，不得不通过各种渠道变相负债融资。实际上，考虑城镇建设项目资金投入和未来投资收益基础上，通过政府和私人投资合作和管理，可在城镇化建设中引入民间资本并强化竞争，减少城镇化发展政府直接承担的项目建设，既可广泛动员社会资金和提升资金使用效率，开拓城镇化建设的融资渠道和提升资金使用效率，改善公共服务质量，也有利于克服政府片面追求 GDP 的投资冲动，推动政府职能从直接从事基础设施投资，逐步向提供养老、医疗、教育等基本公共服务转变，同时也有利于完善政绩考核机制，增强资源、环境、债务等约束性指标的考核力度，最终把地方政府债务关进预算制度的"笼子"里。

因此，从某种意义上说，地方政府债务问题内置于政府与市场之间错误分工。没有厘清政府与市场的职能边界，政府和企业在城镇化中的事权。事实胜于雄辩，只要政府做好规划引导和健全市场准入和竞争规则，大多数项目都可由企业投资运营，政府可通过购买服务或多种形式的公私合营向居民提供公共服务。即使是保障房等不宜完全采取市场化融资的领域，也可借鉴市场机制发挥财政资金的引导作用，提升资金使用效率。

二、中央与地方财政关系

中国地方政府债务形成机制与财政分权体制有着更为密切的内在逻辑关系。1994年分税制改革后，收入立法权集中于中央政府，没有赋予地方政府在约定范围内开征新税的自主权，地方财政收入占全国总财政收入比例不断下降。从一般预算收入看，地方本级预算收入不到全国预算收入的一半。就发债而言，1994年《中华人民共和国预算法》规定，地方各级预算按照量入为出、收支平衡的原则编制，不列赤字。除法律和国务院另有规定外，地方政府不得发行地方政府债券。2015年开始施行的新修订的《中华人民共和国预算法》明确规定，地方政府举债只能发行政府债券。不论代发代还、自发代还，还是自发自还，本质上均是由中央政府为地方政府性债务提供隐性担保，依然属于国债的范畴。这意味着地方政府可否发债，可以发行多少债，由中央政府负责审批，地方不得以其他任何方式举债。《国务院关于加强地方政府性债务管理的意见》进一步强调，政府不能通过企事业单位举债，企事业单位债务也不能推给政府来还。另外，随着经济体制改革逐渐深入和城镇化加快发展，地方承担着大量公共产品与服务供给，一些本应由中央直接负责的事务交给地方承担，比如很多重要的跨区域基础设施建设任务。如此这样，基本建设支出越来越向基层政府下移，财权不断向上集中，地方财力与事权不匹配问题已成为财政分税制的典型表现，迫使地方政府不得不通过各种渠道直接或间接发债筹集资金。

地方政府债务演化发展也与财政预算管理制度不健全有关。在全口径政府收入中，除政府公共预算可统筹使用外，政府性基金、社保和国资预算等三项均不能统筹，并且均具有明显的部门色彩。特别是地方财政没有有效分离经常预算和资本预算，既难以落实偿债责任，也可能导致资本支出挤占经常性支出。在中国，中央对地方往往以GDP为导向政绩观考核，加之预算体制缺乏全口径跨年度资本预算，透明度也不高，不利于预算监督，地方官员具有强烈举债投资冲动。中央政府考核什么，地方官员就抓什么，这在很大程度上也容易助长短期投资行为。从地方政府举债的过程来看，除了政绩考核制度上的缺失，实际控制人缺位也造成地方政府在举债过程中无所顾忌，导致预算软约束行为。在负债融资方面，地方政府设立融资平台公司绕开预算法限制，向金融市场进行融资。尽管融资平台公司是直接债务主体，但其实际控制人是地方政府，对融资平台资金拥有绝对支配权，又非法律上的承债主体，很容易产生融资冲动。对平台公司而言，主要完成地方政府在金融市场融资任务，满足政府偏好不会真正对金融机构、投资者等债权人负责，即使出现债务风险，也有地方政府在兜底，同样不会产生真正的债务约束，这也不可避免地助长了地方政府过度负债。事实上，融资平台公司债务就是地方政府或有债务或隐性债务，而地方债务的迅速膨胀埋下了可能需要中央政府救助的隐患，自然形成另一形式的预算软约束问题。融资平台债务风险的累积会沿着地方政府到中央政府的行政链条不断上传，要么形成金融机构的不良债权，要么给投资者带来损失，甚至倒逼中央银行履行"最后贷款人"职能为其"埋单"。

三、地方财政与金融关系

地方政府债务虽是财政问题，但也与金融市场发展与完善紧密相关。首先，为弥补财政缺口，地方政府不仅直接使用卖地收入，更重要的是将之注入融资平台，作为资本金撬动银行信贷杠杆或发债。由于政府投资项目的现金流不足，并且要在较长的周期内缓慢实现，导致偿债来源主要依赖出售新地块的收入。过度依赖经营土地和土地抵押融资行为，使得金融风险加大。在土地财政倒逼金融的循环链中，商业银行基本参与了土地储备、交易、房地产开发和房地产销售的全过程，成为房地产市场相关主体的主要资金提供者。当资产价格下降、经济下行，地方政府债务可能成为影响中国金融稳定与健康发展的重大问题。其次，在金融市场上，以地方政府信用作为担保，以土地储备作为抵押物的地方融资平台变相负债，不仅损害了金融市场信用筛选机制和价格发现，刚性兑付和中央政府兜底的潜规则也激发了金融市场道德风险和逆向选择，加剧了地方债无序扩张的冲动和金融市场资源错配，助长了市场主体对政府信用的偏好，金融发展表现出强烈的财政化倾向。最后，在以经济增长论英雄的政绩观下，追求 GDP 快速增长已是不少地方政府首要目标。地方对当地金融机构都有考核奖励办法，其中很大部分与信贷投入数量挂钩。正因如此，债务融资短期化助推短期利率波动。一旦地方投资项目带来信用扩张和融资需求，促进影子银行等非银行金融体系的发展，助推了金融系统流动性紧张和短期利率异常波动。

债务危机问题再次揭示了一个朴素的道理：在金融风险防范领域中，地方政府债务是重中之重。影子银行、房地产泡沫、国有企业高杠杆、违法违规集资虽然是社会广为关注的风险问题，从逻辑上看，它们几乎都是并列关系，但从实际情况来看，地方政府债务却是这四类风险的源头。如果没有危机初期地方债务的快速扩张，那么在"经济刺激一揽子计划"结束后，就不会出现地方债务融资巨大缺口及如何续接的问题，这个缺口的填补则是"影子银行"之所以"井喷式"发展的一个重要原因。前期形成的债务信用关系要维系，出现了理财、表外、通道和同业等形式的"影子银行"扩张，由于此种金融扩张的源头来自地方政府对金融资源配置权的滥用，出现了"打断骨头连着筋"，"信用刚兑"始终无法按照市场规则打破，潜在风险持续"滚雪球"，进而导致潜在系统性风险的积累。随着金融科技发展，"影子银行"又是房地产行业、高杠杆企业获取融资的重要渠道，同时一些因"影子银行"而兴起的"影子机构"和平台开始敢肆意吸纳社会资金，最终演变成违法违规集资问题。

第三节　债务评估方法多样性

地方政府债务评估是一个庞大且复杂的行为和制度体系，地方政府、企业、社会公众、金融投资者等不同行为人在地方债务治理中从事各种活动，产生海量的、多层次、多层面甚至相互对立的丰富信息，对这些信息进行综合并形成理论模型的途径并不是唯一的，也就是说，地方政府债务评估可以采用不同理论模型并拥有不同的自洽度。诚然，有人认为地方政府债务问题属于规范经济学范畴，不同地区不同时期可能判断标准都不一样，不存在所谓最优问题，相应地，地方政府债务评估应侧重对经济的现状、历史有深刻的理解与丰富的感性认识，而那些所谓理论的经济假设和模型数学化，与现实情况严重脱离，质疑结论的可行性和可靠性。对此，我们可从三个方面理解债务评估工程与经济假设、数学模型以及跨学科研究的关系。

一、经济假设与债务评估

地方政府债务风险发生肯定会对社会系统构成破坏，但是如何度量破坏程度，以及这种影响属于可承受范围，还是不可承受范围等具有不可操控实验特点，已超出人类思维直觉感受，而非简单定性判断，更需要基于经济假设的理论指导和模拟。只有建立在经济数据基础上的严谨的实证研究，才能从复杂的经济现象中揭示经济变量之间的因果关系和内在规律，从而使结论以及建立在结论基础上的政策建议具有较高的科学性。

所谓经济假设是研究者进行经济理论研究必不可少的参照系，其通常是理想状态下的标准经济模型。若经济学中没有经济假设，就如同物理学中没有无摩擦状态的力学定理一样，无法想象。地方政府债务评估也不例外，需要通过经济假设构建科学合理理论与实证模型来简化问题，在一定程度上避免经济研究的复杂性，忽略次要矛盾，直逼经济问题的主要矛盾。反过来，通过正确建立经济假设，也并不会弱化地方政府债务问题的解决方案，只会简化地方政府债务问题解决过程。经济假设就如同一面镜子，能让我们看到各种地方政府债务评估的最优理想状态与现实经济之间的差距，指导我们如何接近最优。某个地方政府债务评估理论的假设条件很可能是非常苛刻且与现实不吻合，影响到该理论的实用性，但并不影响其逻辑推理的正确性。弗里德曼的"假设不相关性"准则指出，真正重要且意义重大的假说都是有关现实不准确的、描述性的表述假设。例如，科斯认为在交易成本为零的前提下，只要产权初始界定清晰，并允许经济当事人进行谈判交易，就可以导致资源有效配置。科斯定理交易成本为零的假设完全背离了社会现实，是不具有实用性。但是，它却指出了只要消除产生交易费用的现实因素，使之尽可能的逼近假设，就能达到资源有效配置①。

另外，经济假设更多追求它的一般性而不是现实性。因此，如果地方政府

---

① 李建强：《关于现代经济学的几点认识》，载于《山西财政税务专科学校学报》2007 年第 4 期。

债务评估的前提假设太强，就不具有一般性，也就无价值可言。在能解释经济现象的前提下，经济假设需要简化，就像地图不需要多复杂，如果太复杂就可能跟地球一样重了①。既然如此，地方债务评估的前提假设需要简化到什么程度，这完全取决于解决问题的需要。不同经济假设下的经济理论并不能相互否定对方的正确性，这是由于经济理论的正确与否取决于该理论的内部逻辑是否一致，以及逻辑推论与经验事实是否一致两个因素②。随着经济假设变化，经济结论必然也变化，鲜有能够放之四海而皆准的"好"结论。这就像自然科学对自然是不断地加深认识一样，经济理论的发展也是基于人们对经济环境的不断认识和重新刻画而不断改进的，在前人工作的基础上不断地改进原有理论或提出新的理论③。因此，针对不同的经济假设，地方政府债务评估能够得到有差异性的经济结论，旨在从不同维度解释地方政府债务问题。也就是说，地方政府债务评估有多种方法，但并不能说其中哪种地方政府债务评估结论是绝对正确无误的，可以否定其他地方政府债务评估结论。

二、数学模型与债务评估

地方政府债务评估是否应该数学化呢？这是经济学的规范分析与实证分析哪个更是主流分析方法的经济学方法论问题。凯恩斯认为，经济学研究方法应当兼容并包，因地因时制宜，不可绝对划一④。休谟铡刀法则描述了以推理论证为主的规范分析与以数学模型为主的实证分析两者并不矛盾，而是互为补充的，都是在各自不同应用领域内进行经济分析研究的方法，不存在哪种方法绝对优于另一种方法的说法⑤。因此，地方政府债务评估可以运用数学方法，充分证明自身及其推论是经得起事实验证的。需要特别注意的是，任何经济理论包括地方政府债务评估在内都必须要有严谨的逻辑前提，而数学就是能够把理论逻辑关系逐步进行推演的好工具。凯恩斯认为，数学方法的运用是有利于防

---

① 林毅夫：《论经济学方法》，北京大学出版社 2005 年版。

② 李建强：《关于现代经济学的几点认识》，载于《山西财政税务专科学校学报》2007 年第 4 期。

③ 田国强：《现代经济学的解本分析框架与研究方法》，载于《经济研究》2005 年第 2 期。

④ ［英］约翰·内维尔·凯恩斯著，党国英、刘震译：《政治经济学的范围与方法》，华夏出版社 2001 年版。

⑤ 李建强：《关于现代经济学的几点认识》，载于《山西财政税务专科学校学报》2007 年第 4 期。

止演绎推理中出现的错误①。地方政府债务评估运用数学方法可以使其描述清楚，逻辑推理更为严密，从而得出更加形象的结论，而不是凭借直觉判断。相反，如果地方政府债务评估能够凭借数学解法灵活，积极倡导从多维思路的解法来剖析相同的地方政府债务问题，达到"条条大道通罗马"之功效，旨在为地方政府有效破解债务问题提供借鉴。

经济学思想固然重要，但其毕竟不是数学，只是运用数学和计量方法来体现和执行经济思想。也就是说，数学只是经济学分析问题的好工具，但是以数学为主的实证分析绝不是经济学研究的全部②。基于数学模型检验本身所特有的随机偶然性以及变量个数限制等因素，地方政府债务评估绝不能单纯只停留在数学模型表达上，更不能只通过简单处理的部分数据而得出具有一般性的概论，还需要注意所得结论的前提假设条件合理性，以及对量化结果进行经济解释。

三、跨学科研究与债务评估

地方政府举债受到道德、历史、社会等诸多因素影响，因此如果只局限于某个专业领域对其进行评估，难以开拓深入研究疆界。真正的创造力来源于对思想界限的重新勾画，来源于对新思想冲击的激发，而不是对事物单调秩序的标准偏见的一再确认③。因此，地方政府债务评估理应打破对单调评估方法的确认与论证，突破已经存在的模型分析方法及观点，从以往研究视角中跳出来，融合相关学科优势进行跨学科研究。凯恩斯强调，好的经济学家，在某种程度上必须是一种数学家、历史学家、政治学家和哲学家④。这就要求我们进行地方政府债务评估时，既不能以"闭门造车"式研究求发展，也不能在"自扫门前雪"中谋进步，而是要立足于地方政府债务现状，融合多学科知识，从不同学科维度进行研究分析。

科学方法的多元化是科学发展的动力，一元化的思维方法则必然要堵塞科

---

①④ ［英］约翰·内维尔·凯恩斯著，党国英、刘震译：《政治经济学的范围与方法》，华夏出版社 2001 年版。

② 李建强：《关于现代经济学的几点认识》，载于《山西财政税务专科学校学报》2007 年第 4 期。

③ ［英］马克·布劳格、罗杰·巴克豪斯著，张大保、李刚、韩振明等译：《经济学方法论的新趋势》，经济科学出版社 2000 年版。

学发展的道路①。地方政府债务评估必须与定性分析以及其他跨学科研究方法相结合，包括理论逻辑分析、历史逻辑分析、实地调查研究等，而不是取代现有研究方法。在融合各领域学科知识的同时，也推动自身不断拓展与深化，这并不是完全否定以往地方政府债务评估的方法论或范式，而是对其进行有益的补充与完善。地方政府债务评估工程需要运用跨学科研究方法，试图从多学科的交叉思维中寻找更为有效地破解地方债务问题的方法与思路。况且，地方政府债务治理工程机制的构建本身就是一个极其复杂的系统问题，必须综合运用社会学、法学等多学科知识，而这通常不是经济学中哪个具体专业甚至整个学科所能解决的问题，需要借鉴相关学科领域的方法论和成果，形成独特而又科学合理的研究视角。

第四节　债务治理措施综合性

从系统工程角度看，地方政府债务涉及中央、地方、融资平台、金融市场等多个主体，它们之间相互影响和反馈，构成债务工程系统全部特性的基础。从国际债务实践看，各地在债务治理目标、组织结构、监管框架以及政策措施等方面存在差异，并没有形成较为统一的治理模式。相应地，地方债务治理措施重在综合，需要一个整体、连贯和协调的框架，利用不同政策共同作用的协同效应，使政策制定者能够更好地将手段和目标统一起来，化解债务风险，提高债务可持续性和宏观经济抵御风险能力。

一、债务治理措施整体性

整体性是指债务治理措施是相互联系、相互作用的各个要素的有机整体，并非是各个措施功能的简单加和，也不同于它们在各自独立时的功能，通过整合重新具有新的属性和功能，使整体效果大于部分之和，不再因为将不同政策工具视为独立个体，而认为债务治理空间已经不存在。一些研究表明，没有货

---

① 李建强：《关于现代经济学的几点认识》，载于《山西财政税务专科学校学报》2007年第4期。

币政策支持，单靠财政刺激无法产生显著的乘数效应。结构性改革能够提高潜在产出和增长率，加强银行体系和金融市场稳定，为债务治理营造良好氛围。相反，如果不能充分地提高名义 GDP 水平和税基，则债务比率将会上升，继而未来债务治理的难度将上升。反过来，如果在经济疲软时期实行扩张性财政政策，不仅可以刺激经济产出，提升财政可持续性，还能降低债务与国内生产总值 GDP 比重。即便是高负债的国家，在经济衰退期间实施财政刺激也是安全的，而且还是有效的（Alan Auerbach and Yuriy Gorodnichenko，2017）。这意味着地方政府债务治理工程需要政策协同，既要实施债务整顿措施，也要货币政策、结构性改革等一系列配套政策，克服政策的"短板劣势"，发挥政策的"联动优势"。

二、债务治理措施连贯性

连贯性是指确保地方政府债务治理措施在时间轴上的连续性和顺畅性，不能朝令夕改，关注债务治理措施整体与部分、系统与环境、结构与功能等相互联系，保持债务治理工程中各要素之间无障碍沟通。债务治理措施的连贯性有助于引导社会预期，提供政策有效性，降低政策实施成本。例如，如果人们预期，一项临时财政刺激措施之后，由于债务增加而政府被迫增税，那么一开始的财政刺激对产出就不会有多大影响。同样地，如果没有一个连贯的沟通策略，为债务治理营造宽松环境的货币政策可能会导致长期通胀预期攀升，并使人们得出中央银行将很快再次收紧的看法。当存在这些看法时，金融市场容易产生波动，期限和风险溢价会急剧上升，从而抵消对债务治理的正面影响，强化其负面作用，加重债务治理负担。

三、债务治理措施协调性

协调性是指组成地方政府债务治理工程的系统要素之间在功能上相互适应、相互促进、紧密配合。从系统工程角度看，功能协调是债务治理工程能够正常发挥其整体功能的一个重要基础，反之如果债务治理工程的系统要素在功能上不能很好地相互配合，系统就不能充分发挥其整体功能，甚至濒临崩溃边缘。从债务治理实践看,在地方政府债务治理工程中,如果各项治理政策反应规则采取更为复杂的多变量形式,或者不同的政策规则针对同一变量同时作出反应,则不仅不能有效治理政府债务,增加经济的稳定性,反而会放大债务治理负面效应,加大经济波动。这些事实警示我们,地方政府债务治理工程需要实施一系列政策"组合拳",更要保障不同政策之间及先后时序的协调一致,无缝对接,避免潜在的"政策叠加"问题。"政策叠加"源于政策工具和目标之间的冲突,在由一组政策工具所构成的地方政府债务治理政策组合中,如果多种工具同时针对一个经济变量进行调整,那么在同一方向上的政策累加可能导致反应过度,并由此引发相关经济变量出现非意愿的过度波动。地方政府债务治理工程的协调性原则有助于更好地将手段和目标统一起来,增强政策的"黏合力",提高地方政府债务治理水平。

总而言之,地方政府债务治理不是碎片化的治理措施集合,也不是一组杂乱无章的"组合拳",而是一项精细化的治理工程。我们需要学贯中西、博古通今,吸纳成功经验,反思失败教训,才能将中国地方政府债务治理问题迎刃而解。本书后续将围绕地方债务治理工程思想,从债务可持续的理论框架、实证评估、国际经验以及治理措施等方面展开论述,希望能够起到"抛砖引玉"的效果。

第三章
政府债务可持续的理论分析框架

尽管政府债务可持续的定义是明确的，但实践中并没有形成有关"确切定量评价"的共识。而在不同研究文献中，估算债务上限以及现有债务与之关系已成为衡量债务可持续的关键所在。债务上限表示国家财政能够负担的最大债务水平，一旦政府实际债务水平超过了债务上限，则意味着政府债务水平超过了财政承受的极限，将无法通过提高税率获得更多收入以应对不断增加的支出，财政政策变得不可持续，并有可能出现政府债务违约风险。从这个意义上讲，对地方政府债务上限问题的研究，不仅对于评估国家财政政策可持续性，建立地方债务风险预警机制非常重要，而且对于稳定财政政策预期，更好地发挥货币政策及其他宏观调控政策的效果也具有至关重要的意义。因此，本章以债务上限为主线，介绍几种主流的政府债务可持续的理论分析框架。

第一节　跨期预算约束与债务上限

所谓的跨期预算约束（intertemporal budget constraint，IBC）也称借贷现值

约束，主要从债务清偿能力角度认识债务可持续问题。借贷市场上，放款人往往会根据借款人是否具有清偿能力、有多大清偿能力来确定出借额度。理性借款人也会根据预期未来基本盈余对其借款规模进行自我约束。也就是说，尽管行为人在当期可以留有预算赤字，用债务平衡当期支出预算，但从整个生命周期看，必须积累足够的基本盈余偿还当期债务，即跨期预算约束应得到满足。事实上，为了解决收入与支出在规模、时间等方面的不平衡与不一致，政府做不到保持每一期的预算都平衡，受功能财政思想①影响，往往通过发行债券进行平滑收支缺口，并形成债务存量。从这个角度看，政府可以承担的债务上限应该等于未来所有最大财政盈余的贴现总和。

一、政府债务核算方程

（一）跨期预算约束条件

根据政府会计核算恒等式，政府债务的动态调整过程可以表示为：

$$B_t + T_t = I_t + B_{t-1} + G_t \tag{3-1}$$

其中，B_t 是 t 期债务规模，T_t 是 t 期财政收入，G_t 是 t 期财政支出（扣除债务利息支出），I_t 是 t 期支付的债务利息。考虑价格因素，调整公式（3-1）为：

$$b_t = \frac{1+i_t}{1+\pi_t} b_{t-1} - x_t \tag{3-2}$$

其中，b_t 表示 t 期实际债务，π_t 表示 t 期通货膨胀率，x_t 表示 t 期财政缺口，i_t 表示 t 期名义利率。根据费舍利率方程，

$$r_t = \frac{i_t - \pi_t}{1+\pi_t} \tag{3-3}$$

其中，r_t 表示 t 期实际利率。公式（3-2）可化简为：

---

① 即使当期政府的财政收入与支出能够匹配，财政收入的现金流和支出在跨期上可能并不完全同步，债务融资为政府提供了跨期平滑暂时性收支缺口的方法。这样，政府没必要每一期财政预算都平衡，只需要周期预算平衡，既保证债务处于可持续状态，又最大限度发挥财政工具，熨平经济周期波动。

$$b_t = (1 + r_t) b_{t-1} - x_t \qquad (3-4)$$

根据公式 (3-4), 向前递推一期则有,

$$b_{t+1} = (1 + r_{t+1}) b_t - x_{t+1} \qquad (3-5)$$

不妨设政府债务支付利率固定, 将公式 (3-4) 代入公式 (3-5) 中, 并不断迭代则有,

$$b_{t-1} = (1 + r)^{-(j+1)} b_{t+j} + \sum_{i=0}^{j} (1 + r)^{-(i+1)} x_{t+i} \qquad (3-6)$$

式 (3-6) 表明政府 $t-1$ 期债务可通过两种方式偿还: 一是用 $t+j$ 期所发新债贴现值偿还; 二是用 t 到 $t+j$ 期财政盈余贴现值偿还。与私人债务不同, 由于政府不存在明确的生命周期, 可以依靠其政治权利永续发行付息债券。这样, 尽管政府当期预算约束条件满足也不能保证跨期预算条件成立, 容易产生"蓬齐博弈"(Ponzi Game)① 问题。

"非蓬齐博弈条件"强调, 政府不能按照庞氏规则举借债务, 这相应地要求政府偿债的利率增长率必须小于等于经济增长率。如果政府偿债利率大于经济增长率, 那么政府债务将爆炸式增长, 政府债务可持续更是无稽之谈。相反, 只有政府偿债的利率增长率不超过经济增长率, 才能保证初始政府债务能被未来预期的基本政府财政盈余贴现所清偿。显然, 我们还需要施加约束, 使政府仅能通过第二渠道偿还债务, 故对式 (3-6) 施加横截性条件 (transversality condition, TC), 即

$$\lim_{j \to \infty} (1 + r)^{-(j+1)} b_{t+j} = 0 \qquad (3-7)$$

式 (3-7) 表明只要满足"非蓬齐博弈"②, 政府就不能无限制地通过发新债、换旧债的方式确保债务永续。此时, 政府跨期预算约束条件可表述为:

$$b_{t-1} = \sum_{i=0}^{\infty} (1 + r)^{-(i+1)} x_{t+i} \qquad (3-8)$$

---

① 也称庞氏骗局, 指行为人通过不断发行新债偿还旧债, 使得其一生拥有的消费超过其实际拥有的收入。这里是指政府可以永久地实施赤字政策, 利息支付带来的债务增长可以通过发行新债来负担。

② 非蓬齐博弈是指除非政府为其现值预算平衡作出可信的承诺, 不然债权人不会愿意去认购政府债券。

式（3-8）强调未来预期的政府收入贴现与初始债务水平的规模匹配性。政府债务本质是对未来政府信用的透支，从债务清偿角度看，如果未来预期的政府现金流不足以支付政府债务本息就会产生政府债务违约问题。麦卡勒姆（McCallum）也证明了在动态有效条件下，式（3-8）仍然成立。也就是说，式（3-7）和式（3-8）是相互等价的，政府债务不能超然于跨期预算约束，即债务增长率不能快于利息的增长率。汉密尔顿（Hamilton，1986）利用这一原理对美国财政进行平稳检验，但妮娜布迪娜（Nina Budina，2007）指出这种方法是回顾式的，如果现行的改革政策在历史上没有出现过，则该模型无法解释政策的效果。

（二）静态偿付能力条件

为推导长期债务可持续条件，从关于政府预算约束的基本恒等式着手，即

$$B_{t+1} - B_t = i_{t+1}B_t - S_{t+1} \tag{3-9}$$

式（3-9）说明 $t+1$ 期末的债务净发行额（公共债务总额 B_{t+1} 与原始债务 B_t 的差）必须等于利息支付额，利息支付额等于 $t+1$ 期内的名义利率 i_{t+1} 乘以原始债务存量 B_t，减去 $t+1$ 期的财政基本盈余 S_{t+1}。两边同时除以 GDP，可以得到，

$$d_{t+1} = \frac{1+i_{t+1}}{1+g_{t+1}}d_t - s_{t+1} \tag{3-10}$$

假定一个具有固定利率和增长率的稳态经济，且债务可持续，则有 $d_{t+1} = d_t = d$，$i_{t+1} = i$，$g_{t+1} = g$，式（3-10）调整为：

$$s = \frac{i-g}{1+g}d \tag{3-11}$$

式（3-11）给出经济稳态下，债务稳定时财政基本盈余 s 的表达式。因此，基于预测值 d，i，g，可以计算出长期所需的预算余额 s。如果当前基本盈余低于所需的稳态盈余 s，政府债务不具备可持续性。s 与实际基本盈余之间的差值数额可以表明所需的财政调整程度。这样就可以基于国家政策记录以及当前政治和经济环境，判断调整是否符合现实。

表 3-1 显示，较高债务负担率需要更多基本财政盈余支持。反过来，如

果要保持债务负担率稳定，较高名义债务利息率也需要更多基本财政盈余支持，但较高经济增长率仅需较低基本财政盈余，在一定程度上缓解了财政收支压力。需要说明的是，这种静态偿付能力分析存在一些缺陷，一是静态债务可持续分析是基于对可持续性的主观界定，即保持债务占 GDP 比率稳定。然而，当一个国家债务占 GDP 比率已经处于较高水平并使该国易受冲击时，仅仅稳定债务比率可能是不够的；二是该分析仅允许存在一个债务积累的恒定路径。但是，一个国家不可能在任何时期都试图保持稳定的债务占 GDP 比率，特别是在某些情况下，高赤字和高债务水平的暂时存在具有合理性；三是没有考虑到债务期限结构或货币构成，这些可能也是影响可持续的重要因素；四是债务可持续性分析并没有纳入基本宏观经济参数的不确定性或波动性，而是依赖稳态下假设。并且，这一方法并没有考虑到融资成本增加的风险。

表 3-1 　　　　保持债务负担率稳定所需的财政基本盈余占 GDP 比重

债务负担率 d (％)	年增长率 $g = 1\%$			年增长率 $g = 3\%$	
	$i = 3\%$	$i = 5\%$	$i = 7\%$	$i = 5\%$	$i = 7\%$
30	0.6	1.2	1.8	0.6	1.2
40	0.8	1.6	2.4	0.8	1.6
50	1.0	2.0	3.0	1.0	1.9
60	1.2	2.4	3.6	1.2	2.3
70	1.4	2.8	4.2	1.4	2.7
80	1.6	3.2	4.8	1.6	3.1
90	1.8	3.6	5.3	1.7	3.5
100	2.0	4.0	5.9	1.9	3.9
110	2.2	4.4	6.5	2.3	4.3
120	2.4	4.8	7.1	2.3	4.7
130	2.6	5.1	7.7	2.5	5.0
140	2.8	5.5	8.3	2.7	5.4
150	3.0	5.9	8.9	2.9	5.8

（三）拓展跨期预算约束条件

事实上，财政预算盈余只是政府债务的偿债手段之一，理论上政府还可以通过其他手段偿债，故进一步拓展政府会计核算恒等式（3-1）为：

$$B_t - B_{t-1} = I_t - X_t - (M_t - M_{t-1}) \qquad (3-12)$$

其中，X_t 表示 t 期基本财政盈余（剔除债务利息支出的财政盈余，即基本财政盈余 = 财政收入 - 财政支出 + 债务利息支出），M_t 表示 t 期基础货币规模，σ_t 表示 t 期实际铸币税收入。同时，定义 $\overline{b}_t = B_t/(P_t y_t)$，$\overline{i}_t = I_t/(P_t y_t)$，$\overline{x}_t = X_t/(P_t y_t)$，$\overline{\sigma}_t = (M_t - M_{t-1})/(P_t y_t)$。其中，$P_t$ 和 y_t 分别表示 GDP 冲减指数和实际 GDP。则式（3-12）可调整为：

$$\overline{b}_t - \overline{b}_{t-1} = \overline{i}_t - \overline{x}_t - \overline{\sigma}_t - \frac{z_t}{1+z_t}\overline{b}_{t-1} \qquad (3-13)$$

其中，$z_t = (1+\pi_t)(1+g_t) - 1$，$\pi_t = P_t/P_{t-1} - 1$，$g_t = y_t/y_{t-1} - 1$。式（3-13）内涵十分丰富，左边是债务水平的变化，右边是影响政府债务水平的重要因素。

第一，式（3-13）右边第一项表明利息支出的"滚雪球"效应。在其他因素不变时，当 $\overline{i}_t$ 增加时，将导致当年债务水平上升，继而在未来，利息支出的基数 $\overline{b}_t$ 扩大，利息支出水平上升，债务水平不断上升；而当 $\overline{i}_t$ 减小时，整个"滚雪球"效应逆转，利息支出水平下降，债务水平不断下降。

第二，式（3-13）右边第二项表明实行财政整顿政策削减基本赤字，对于维护债务可持续性的重要意义。在其他因素不变时，当基本财政盈余 $\overline{x}_t$ 为负（基本财政赤字为正）时，将导致当年债务水平上升；当基本财政盈余 $\overline{x}_t$ 为正（基本财政赤字为负）时，将导致当年债务水平下降。

第三，式（3-13）右边第三项表明"财政赤字货币化"的通货膨胀效应。在其他因素不变时，当货币增长率 $\overline{\sigma}_t$ 为正时，相当于政府征收"铸币税"减轻当年债务负担同时也可能引发高通货膨胀率，降低政府债务融资成本；而当货币增长率 $\overline{\sigma}_t$ 为负时，可能引发通货紧缩，增加政府债务融资成本，加重当年债务负担。

第四，式（3-13）右边第四项表明经济增长率对政府债务的影响。在其他因素不变时，当经济增长率 g_t 为正时，将导致税基 y_t 增加，继而在未来，政府基本财政盈余增加，债务水平下降。而当经济增长率 g_t 为负时，整个经济效应逆转，造成税基缩小，未来基本财政盈余下降，债务水平上升。

对式（3-13）可以进一步化简为：

$$\overline{b} - \overline{b}_{t-1} = \overline{i}_t - \overline{x}_t - \overline{\sigma}_t - \frac{\pi_t}{1+\pi_t}\overline{b}_{t-1} - \frac{g_t}{1+z_t}\overline{b}_{t-1} \qquad (3-14)$$

式（3-14）则指明了政府初始债务偿还的途径主要有五个方面：一是债务利息支付；二是基本财政平衡；三是铸币税；四是通胀效应；五是经济增长效应。因此，如果要降低政府债务负担率，除了降低债务利息支付，政府在政策选择上可以从以下几方面入手，第一，减少支出，增加税收，进行财政整顿，以降低财政赤字；第二，增发货币，获得铸币税收同时推高通货膨胀，以降低债务偿还成本；第三，结构性改革，促进经济增长，夯实税基，增加财政基本盈余。

二、政府债务上限估算

在跨期预算基础上，世界银行（2007）提出 FSA 分析框架[①]，即构造指标来分解反映解释政府债务变化，从而能够预测目标期间的政府债务，进行债务可持续性的分析。与世界银行和国际货币基金组织政府债务上限估算做法一致，对政府跨期预算约束进行稳态分析，将式（3-14）改写为：

$$\overline{b}_t = \frac{1+r_t}{1+g_t}\overline{b}_{t-1} - \overline{x}_t - \overline{\sigma}_t \qquad (3-15)$$

其中，实际债务利息率 $r_t = (i_t - \pi_t)/(1+\pi_t)$，$i_t$ 表示名义债务利息率。当政府债务达到稳态时，政府债务水平将不再发生变化，即

$$\overline{b} = \frac{1+g}{r-g}(\overline{x}+\overline{\sigma}) \qquad (3-16)$$

在政府满足跨期预算约束条件下，政府债务的稳态水平也表示政府债务负担率收敛于债务上限，政府债务是可持续的。因此，式（3-16）中 $\overline{b}$ 也是债务上限估算。如果考虑一段时间内的政府债务可持续性，我们还可将式（3-13）从 t 期到 $t+J$ 期进行迭代，可得

---

① Luca Bandiera, Nina Budina, Michel Klijn and Sweder van Wijnbergen, "*The 'How to' of Fixcal Sustainability: A Technical Manual for Using the Fiscal Sustainability Tool*", Washing ton, DC: World Bank, Poverty Reduction and Economic Management Network, Economic Policy and Debt Department.

$$\bar{b}_t = \left(\frac{1+r_t}{1+g_t}\right)^J \bar{b}_{t+J} + \sum_{i=1}^{J}\left(\frac{1+r_t}{1+g_t}\right)^i(\bar{x}_{t+i} + \bar{\sigma}_{t+i}) \tag{3-17}$$

在 t 期到 $t+J$ 期内政府财政立场给定（指定政府债务负担率目标水平 $\bar{b}^*$）和各参数给定的前提下，保证债务可持续性的基本财政盈余必须满足

$$\bar{x} = \left(\frac{r-g}{1+g}\right)\frac{\left(\frac{1+r}{1+g}\right)^J \bar{b}_t - \bar{b}^*}{\left(\frac{1+r}{1+g}\right)^J - 1} - \bar{\sigma} \tag{3-18}$$

关于如何利用政府跨期预算约束来验证政府债务可持续与否，通常有两种做法[1]：一是基于一国财政平衡的历史趋势、铸币税收历史值、实际利率以及实际经济增速情况对 $\bar{x}$，$\bar{\sigma}$，r，g 设置合理的参数，用式（3-16）估算债务上限 $\bar{b}$。如果现有政府债务负担率超过此比例，就表明政府债务是不可持续的。二是给定外生变量 $\bar{\sigma}$，r，g 初始债务负担率 $\bar{b}$ 以及政府债务负担率的目标水平 $\bar{b}^*$，例如，欧盟《马斯特里赫特约》规定的债务负担率60%的标准值，用式（3-18）估算在 J 期内达到目标水平时，所要求的最低水平初始基本财政盈余。

三、政府债务可持续的识别标准

政府跨期预算约束条件和横截性条件是否满足已成为经验上检验政府债务水平是否可持续的基本思路。随着经济计量方法的发展和研究者对相关变量关注程度的不同，政府债务水平可持续性的实证研究也得到不同程度的发展。第一，在变量选取方面，对利率进行固定或随机假定，并进行比率方式处理；第二，在研究方法方面，除了采用单位根检验和协整分析等传统经济计量方法，还通过带有区制转换的经济计量方法来刻画重大政策变化或非线性调整引起的经济结构突变；第三，在不确定处理方面，采用蒙特卡罗和自助法 Bootstrap 模拟技术，捕捉外部冲击对政府债务的影响。

---

① 参见 Craig Burnside，"Fiscal Sustainability in Theory and Practice：A Handbook"，World Bank Poublicalion，2005，pp. 38 - 43. 进行详尽阐述。同时，参见王志刚：《中国积极财政政策是否可持续》，载于《财贸经济》2012 年第 9 期，第 53 ~ 61 页。

（一）债务利率、通货膨胀率与经济增长率的比较

如果政府债务规模的积累是由发债弥补财政赤字而形成的①，则式（3 – 15）可改写为：

$$\Delta \bar{b}_t = \frac{r_t - g_t}{1 + g_t} \bar{b}_{t-1} - \bar{x}_t \qquad (3 - 19)$$

式（3 – 19）表明政府债务的积累程度主要由债务利率与经济增长率之差 *IRGD*（interest rate-growth differential）决定。当 *IRGD* < 0，即债务利率小于经济增长率时，在政府税收关于 GDP 的收入弹性不变条件下，基本财政盈余将比债务积累更快速度增长，政府债务负担率趋于下降。当 *IRGD* > 0 时，基本财政盈余增加不足以抵消政府债务增加，政府债务负担率"滚雪球"式上升。将式（3 – 7）两边同时除以实际国民收入，则可得

$$\frac{b_t}{y_t} = \sum_{i=1}^{\infty} \left(\frac{1 + g}{1 + r} \right)^i \frac{x_{t+i}}{y_{t+i}} < \frac{1 + g}{r - g} \qquad (3 - 20)$$

由于任何时期基本财政盈余占 GDP 比重都不可能超过 1，故债务负担率极限应为（1 + g）/（r – g）。这说明当 *IRGD* > 0 时，政府债务负担率增加，如要保证政府债务仍处于可持续路径上，政府债务负担率不能超过（1 + g）/（r – g），否则政府财政盈余不足以偿债，债务将会违约。

以上分析没有考虑在信用货币下，政府超发货币引发通货膨胀，造成名义 GDP 同比例上升，政府债务余额占 GDP 比重下降，短期内达到稀释政府债务效果，即债务货币化。理论上，名义 GDP 不能反映实际经济增长水平和政府债务是否可持续问题。只有实际经济增长才是政府偿债资本的源泉，持续的通货膨胀会削弱投资者认购政府债券的信心，提高政府债务融资成本，增加融资难度，加大债务违约风险。因此，有必要将通货膨胀纳入分析框架内。

假定物价指数 P，债务余额是 D，政府财政赤字是 B，政府债务实际负担率是 w = D/（GDP/P），财政赤字占实际 GDP 比重是 m = B/（GDP/P），实际经

---

① 这样假设并不失一般性，因为政府债务借助铸币税收入偿还往往会引起恶性通货膨胀，即赤字货币化，这也是多数国家禁止政府直接向央行借款的主要原因之一。

济增长率是 g，通货膨胀率是 π。经济理论表明，政府债务余额变化由两部分组成：一是国家财政预算赤字引起债务余额增加；二是债务利息的支付 iD，i 是债务利息率。

$$\frac{dD}{dt} = B + iD \qquad (3-21)$$

政府债务负担率的变化率为：

$$\frac{dw/dt}{w} = \frac{d(D/(GDP/P))/dt}{D/(GDP/P)} = \frac{dD/dt}{D} - \frac{d(GDP/P)/dt}{GDP/P}$$

$$= \frac{B}{D} + i - \frac{d(GDP/P)/dt}{GDP/P} = \frac{B/(GDP/P)}{D/(GDP/P)} + i - \frac{d(GDP/P)/dt}{GDP/P}$$

$$= \frac{m}{w} + i - \left(\frac{dGDP}{GDPdt} - \frac{dP}{Pdt}\right)$$

$$= \frac{m}{w} + i - (g - \pi) \qquad (3-22)$$

式（3-22）是一个关于政府债务负担率的一阶线性微分方程，其通解是

$$w = \frac{m}{g - \pi - i} + Ce^{-(g-\pi-i)t} \qquad (3-23)$$

其中，C 是常数，$C = w(0) - \dfrac{m}{g - \pi - i}$，即初始时刻政府债务负担率。式（3-23）是在考虑经济实际增长率 g、通货膨胀率 π 和债务利息率 i 情况下，政府债务负担率随时间 t 的动态方程。

图 3-1 显示，如果实际经济增长率与通货膨胀率、债务利息率之差大于零，政府债务实际负担率的动态路径是收敛的，政府债务具有内在可持续性。当政府债务负担率初始值 $w > \dfrac{m}{g - \pi - i}$ 时，则 $C > 0$，政府债务负担率 w 随着时间推移将不断下降，并最终收敛于 $\dfrac{m}{g - \pi - i}$ 水平，不会出现政府债务规模不可控情况；当政府债务负担率初始值 $w < \dfrac{m}{g - \pi - i}$ 时，则 $C < 0$，政府债务负担率同样随着时间推移将不断上升，并最终收敛于 $\dfrac{m}{g - \pi - i}$ 水平，同样不会出现政府债务规模不可控情况。如果经济实际增长率与通货膨胀率、债务利息率之差

变大, 这意味着加快动态路径的收敛速度, 同时会使稳态水平 $\dfrac{m}{g-\pi-i}$ 向下

移动。

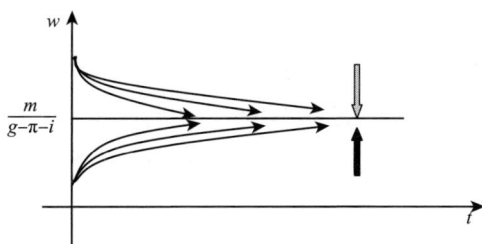

图 3 - 1　政府债务负担率动态路径

(二) 债务负担率收敛

从经济计量角度看, 如果在长期内, 政府债务占 GDP 比重比较稳定, 不存在爆炸式增长的可能, 则政府债务水平就是可持续的。因此, 也有许多研究者考察政府债务余额占 GDP 比重的未来变化趋势来分析政府债务的长期可持续性。横截性条件公式 (3 - 8) 表明政府债务负担率平稳是政府债务可持续性的一个充分条件。也就是说, 如果该比率的未来趋势是无限增大 (即无边界), 则认为政府债务不可持续; 如果该比率维持在一个稳定水平或向某已稳定水平靠近 (即有边界), 则认为政府债务可持续。从时间序列统计性质看, 如果债务负担率是平稳的, 说明政府债务负担率不存在单位根, 即

$$\lim_{t\to\infty}\frac{b_t}{y_t}\leqslant k \tag{3-24}$$

其中, b_t 表示 t 期实际政府债务, y_t 表示 t 期实际国民收入, k 表示债务上限。式 (3 - 24) 表明当债务负担率是平稳时, 政府债务的增长率不能超过经济增长率。实际上, 这也是布兰查德和菲舍尔 (Blanchard and Fischer, 1989) 提出 "修正黄金法则" 的有效条件, 当黄金律水平所要求的实际利率小于实际经济增长率时, 在完全竞争经济背景下, 就可能出现过度积累的均衡, 引入政府债务可以改善社会福利, 使经济达到资本积累黄金律状态。当然, 另一个判断政府债务可持续性充分条件是政府债务负担率的变化是平稳的, 汉密尔顿和弗莱文 (Hamilton and Flavin, 1986)、威尔科克斯 (Wilcox,

1986）等都利用这种方法。类似地，我们也可以通过判定政府债务负担率水平值至多是一阶单整的 I（1）或财政赤字是平稳的。

（三）"强"可持续与"弱"可持续

上述平稳条件只是判断政府债务可持续的充分条件，而非必要条件。另一个重要的假定就是，政府债务的市场价格应当与政府未来收支差额的当前预期贴现值相等。如果这一假定成立，政府财政收支差额与政府债务市场价格之间应当存在长期的稳定关系。哈克欧和拉什（Hakkio and Rush，1991）、托斯（Quintos，1995）给出更少约束的、可检验的债务可持续条件。典型做法就是，基于财政收入和支出关系而定义的"强"可持续与"弱"可持续。考虑财政收入与支出具有如下协整关系，即

$$T_t = \alpha + \beta G_t^T + \varepsilon_t \tag{3-25}$$

其中，G_t^T 表示总财政支出，包括基本财政支出和债务利息支出，ε_t 是零期望的随机扰动项。格雷戈尔和斯坦利（Gregor and Stanley，1991）指出，即使放宽对 ε_t 和基本财政盈余自身测量误差相关的关系，财政支出与收入之间协整关系仍然存在。具体而言，有三种可能的情况。

1. "强"可持续

财政收入和支出是协整关系，协整向量为（1，$-\beta$）=（1，-1），这是债务可持续的充分条件，已被汉密尔顿和弗莱文（1986）所证明。

2. "弱"可持续

财政收入和支出是协整关系，协整向量为（1，$-\beta$），$0 < \beta < 1$，这意味着财政支出增长速度快于财政收入，但由于 Δb_t 是 I(1)，其方差以 $\sqrt{T}$ 速度增长，式（3-8）横截性条件仍然成立。因为实际利率增长速度快于债务水平增长。

3. 不可持续

如果财政收入和支出不存在协整关系，债务水平增长速度快于实际利率增长，政府债务是不可持续的。

在政府债务可持续的识别标准指导下，具体实证方法一般是，先取得一国政府财政收支占 GDP 的比重，对此进行平稳性检验。若均平稳则说明财政收支占比不满足随机游走理论假设，不能通过是否存在协整来判断债务可持续性，需要对财政收支占比进行具体定性分析；若均不平稳且同阶单整则进行协

整检验。出于检验稳健性，可采用 Engle – Granger 两步法或 Johansen 方法进行验证。

第二节　财政反馈函数与债务上限

目前，财政反馈函数法已被广泛接受为评价债务可持续性的方法。博恩（2007）认为跨期预算约束（IBC）条件不是政府债务可持续的充分条件。即使满足政府跨期预算约束（IBC）条件，政府债务负担率仍可能表现出弱平稳，而经济增长率、利率以及基本财政盈余都是决定政府债务可持续与否的重要变量，于是博恩提出利用财政反馈函数框架来衡量政府债务的可持续性。假定经济增长率和利率保持不变增长速度的前提下，如果经济增长率小于利率水平，必然需要政府有一定的基本财政盈余弥补缺口，才能保证政府债务负担率稳定。如果利率低于经济增长率，即使政府存在一定赤字规模，但仍可以保证债务可持续性。也就是说，随着政府债务不断积累，政府会主动调整基本财政盈余，而不是"坐以待毙"使政府彻底丧失偿债能力。同时，他也指出尽管如此，政府财政盈余对负债的反馈是有上限的，一旦越过债务上限后将发生债务违约，除非政策制定者采取历史上没有实施过的财政整顿。

一、偿债能力与债务动态一致性

一国的跨期预算约束意味着一国现有的和未来的收入的现值加上最初的财富至少应该等于所有现在的以及未来的无利息成本的折现值，故政府债务动态调整为：

$$D_{t+1} = (D_t - S_t)(1 + R_{t+1}) \qquad (3-26)$$

其中，D_t 表示 t 期政府债务，S_t 表示基本财政盈余（扣除债务利息支付），R_t 表示名义债务偿还利息率。式（3 – 26）两边同时除以生产总值 Y_t，整理得

$$\frac{D_{t+1}}{Y_{t+1}} = \left(\frac{D_t}{Y_t} - \frac{S_t}{Y_t}\right)(1 + R_{t+1})\frac{Y_t}{Y_{t+1}} \qquad (3-27)$$

定义 $d_t = D_t/Y_t$，$s_t = S_t/Y_t$，$y_t = Y_{t+1}/Y_t - 1$，$R_t \approx (1+r)(1+\pi) - 1$ 或 $r_t \approx R_t - \pi_t$，π_t 是 t 期通货膨胀率，则有

$$d_{t+1} = \frac{1 + r_{t+1}}{1 + y_{t+1}}(d_t - s_t) \qquad (3-28)$$

式（3-28）表明政府债务负担率受（$d_t - s_t$）误差纠正项影响，并可以用财政反馈函数估计，用参数 γ 表示实际利率、经济增长率以及通货膨胀率之间的关系，即

$$\gamma_t = \frac{1 + r_t}{1 + y_t} \approx 1 + r_{t+1} - y_{t+1} \qquad (3-29)$$

按照博恩做法[①]，假设各种主要影响债务可持续性的因素都是外生随机变量，这些随机变量组成一个随机过程，而财政政策调整的影响就是这个随机过程的实现。同时，财政工具内含一个反馈函数（fiscal policy reaction function），对赤字产生内生影响，并将影响政府债务的决定性因素分为三组，即

（1）财政反馈。基于政府历史上对债务负担率变化的财政反馈数据（如基本财政盈余的变化），可通过财政反馈函数的系数估计来捕捉这种效应。这些财政反馈可能是持续的、可知的，因为在发达经济体国家层面上，对财政负责任的政治家有较大的连任概率（Brender and Drazen，2005；2008）。

（2）增长红利。当实际 GDP 增长为正且可持续，这对政府债务负担率有积极影响。诸如结构性改革的政府政策和外部需求因素都有利于中长期实体经济增长。

（3）金融抑制。莱因哈特和史班西亚（Reinhart and Sbrancia，2011）将其定义为长时间的实际负利率，故金融抑制可视为名义利率与通货膨胀率的差异，如政府债务清偿的实际有效利率，这也相应地为各国政府降低债务水平提供理论依据。

如果不考虑财政反馈函数，经济增长率 y 大于实际利率 r，$\gamma < 1$ 政府债务

---

① 博恩定义增长红利（growth dividend）为政府债务偿还实际利率与实际 GDP 增长率之间的差额。

负担率将逐渐下降；否则，政府债务可持续将依赖于财政反馈函数——相对政府债务负担率，基本财政盈余应该充分大，这样才能使政府债务负担率趋向稳态水平。

二、基本财政盈余方程

博恩（1998）对（$d-s$）误差修正行为的估计表明，政府是否增加其基本财政盈余将取决于对债务负担率变化的反应，故可构建这样一个模型，财政赤字（基本财政盈余为负）可以被看作债务存量、商业周期以及随机冲击的反应函数，即

$$s_t = \alpha + \rho d_t + \beta Z_t + \varepsilon_t \qquad (3-30)$$

其中，ρ 是财政反馈系数，Z_t 是一组解释基本财政盈余变化的其他变量，ε_t 是误差项。财政基本盈余行为方程说明了在给定外部冲击时，政府如何应对债务积累，Z_t 对于冲击的说明很关键，一般都包括两个变量：GVAR 刻画临时性政府支出（如军事支出）和 YVAR 刻画产出周期波动（如商业周期，经 HP 滤波趋势后的产出偏离比率）。如果 d 是平稳的，这些冲击出现使其很难识别，为了更好引入冲击，博恩引用巴罗（Barro，1979）经典的税收平滑理论，即临时政府支出和商业周期缓慢起伏的影响应该由更高的预算赤字来融资。

将式（3-30）代入式（3-28），政府债务可持续与否衡量指数 δ 将成为 γ 和 ρ 的函数，即 $\delta = \gamma(1-\rho) = (1+r-y)(1-\rho)$

（1）如果 $\delta < 1$ 表明债务负担率平稳，即财政反馈系数 $\rho > 0$，金融抑制系数 $r < 0$，增长红利系数 $y > 0$；

（2）如果 $\delta > 1$ 且 $0 < \rho < r-y$ 表明债务负担率处于"弱平稳"，尽管经济增长较慢，但已满足跨期预算约束（IBC）条件；

（3）如果 $\delta > 1$ 且 $\rho < 0$，$r-y > 0$ 表明政府债务爆炸式增长，这说明政府制定财政政策时，无视债务，政府信誉也受到质疑。

大多数文献认为，如果有任何纠正措施 $Z > 0$，债务和一般财政政策是可持续的，因为它满足跨期预算约束，这种方法也被称为财政反馈函数或基于模型的可持续检验。博恩（1998；2008）认为可持续与不可持续政府债务界定的基本标准是要有一个平稳债务负担率。如果轻度爆炸式债务路径是允许的，

保持轻度爆炸式债务路径所需要的财政反馈（$\rho \times d$）将增加债务负担率 d，继续这种爆炸式债务。戈什等（Ghosh et al.，2011）指出真正债务可持续需要 $\delta < 1$ 排除轻度爆炸式债务路径。

三、财政疲劳、债务上限与财政空间

为了更形象地解释财政疲劳、债务上限与财政空间等概念，奥思特锐等（Ostry et al.，2010）按照政府债务会计核算恒等式，将公式（3-26）重新调整为：

$$\dot{D}_t = r_t D_t - PB_t \qquad (3-31)$$

式（3-31）说明一个国家 t 期发行债券必须相当于其 t 期债务利息支付与基本财政盈余的缺口。$\dot{D}_t$ 表示 t 期债务水平变化，r_t 表示名义债务利率，PB_t 表示基本财政盈余。将公式（3-31）两边同时除以国内生产总值 GDP，则有

$$\dot{d}_t = (r_t - g_t) d_t - pb_t \qquad (3-32)$$

其中，$\dot{d}_t$ 是政府债务负担率的变化，pb_t 是债务负担率或基本财政盈余占GDP 比重，g_t 是名义 GDP 增速，$(r_t - g_t)$ 是经经济增速调整后的债务利息率。在财政事务管理中，政府经常会对债务做出反馈。当债务负担率较低和可控制时，政府会勒紧"腰带"紧缩财政，将债务负担率稳定在一个合理水平以应对不断上升的财政赤字。战争、自然灾害甚至金融危机等可能导致政府债务负担增加，但只要政府根据财政规则做出反馈，都能够稳定其财务状况。然而也存在一点，即当债务负担率和债务利息支付如此之高时，政府会试图放弃财政调整。这是因为国民税负沉重和削减预算空间已无，进一步加税和减支都面临高昂成本（如国民罢工、抗议），政府面临一个两难选择：要么继续紧缩财政，顶着社会舆论压力风险；要么违约，牺牲政府信誉。这种动态关系可以用财政反馈函数描述，即

$$pb_t = A_t + F(d_t, x_t) + \varepsilon_t \qquad (3-33)$$

其中，x_t 是其他决定财政基本盈余的系统变量。式（3-33）与式（3-30）基本一致，不同的是前者强调财政反馈函数中 $F(d_t, x_t)$ 项可能并非线性的，

这意味着政府对债务负担率增长可能表现出非线性反应。

图 3 - 2 显示，在 B 点之前，债务负担率较小，债务的经济增长效应远远大于其自身对财政预算平衡的负面影响，也就是说，通过债务融资的财政支出乘数效应掩盖了债务负担，财政对债务负担几乎没有反应。随着债务负担率不断增加，债务负担率有向 B 点移动的趋势。B 点可定义为稳定的债务水平，一旦债务负担率越过 B 点，处于 B 点与 C 点之间区域，债务经济增长效应不足以抵销债务负面效应，政府感知债务负担的影响，因此财政对债务负担增长会表现出强烈反馈。由于此时基本财政盈余远远大于偿债利息支付，政府债务负担率逐渐减小，有向 B 点收敛的趋势。也就是说，此区间政府债务受到财政积极调整和不断纠偏，仍处于债务可持续路径。C 点是债务上限，也就是政府不采取非常规财政政策时，所能承受的最大债务负担率。如果政府债务处于 d 点，那么 d 点与 C 点之间的距离就表示财政空间，即政府距离债务上限的远近，或在债务可持续状态下政府还有多少发债额度。

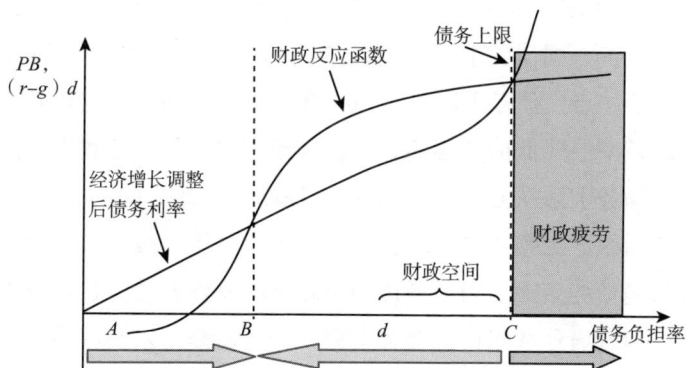

图 3 - 2　政府债务的动态变化

需要强调的是，$(r-g)d$ 直线越接近 C 点，斜率越高。正如前面提及的，实际上政府还可以通过借新还旧的方式将债务向未来滚动从而减轻当前偿还债务的压力。当政府债务规模相对较低、偿债能力充裕时，借新还旧的成本不会明显提升。如果一国经济持续增长、政府财力持续增强，政府甚至还可以更低的成本借新还旧。而当政府债务接近临界值 C 点，在其他条件不变的情况下，随着债务规模的增加，政府举借新债务的难度和边际成本也在增加，这是由于投资者对政府偿债能力的预期会有所下调，相应会要求更高的风险溢价。

因此，实际债务水平越接近 C 点，财政空间越被压缩，一旦越过 C 点，已无任何财政空间，造成财政基本盈余的增加不足以补偿债务利息支付。此时，债务可持续的重要性已远远超过其对经济增长的影响。政府会以牺牲信誉或经济稳定为代价，采取一系列非常规的财政整顿措施，如增收减支的紧缩性财政、主动债务违约甚至政府破产等，其后果无非是两种，一是将政府债务控制到稳定的债务负担水平 B 点，重新返回可持续正轨上；二是进一步放大债务破坏性作用的同时，仍难以阻止债务继续攀升。如果是后者，债务负担率"滚雪球"增加必然拖累长期经济增长①，经济增速下滑与债务积累相互强化，反过来又进一步吞噬财政清偿能力，财政无力再维持跨期预算约束平衡，进入"财政疲劳"状态，最终政府将坠入一个"债务陷阱②"，即政府债务无法再向 B 点收敛靠拢，表现出爆炸式增长状态。

如何既能提高政府债务空间又不影响财政偿付能力，甚至达到债务可持续？式（3 – 32）和式（3 – 33）已表明，偿债利率和经济增长率、财政反馈函数都是显著改善一国债务上限和财政空间的关键性因素。图 3 – 3 显示，实际债务水平处于 d 点，债务上限是 C 点，那么财政空间是 d 点与 C 点距离。如果提高经济增长率或降低债务偿还利率，导致调整后的债务利率下降，有效降低偿债成本，债务上限从 C 点移至 C' 点被提高，财政空间为 d 点与 C' 点距离被扩大。究其原因，更强劲经济增长会提高税收收入，减少政府偿债压力，使一国更容易逃脱债务束缚。当债务负担率较低时，随着债务负担率上升，利率会温和上涨，但政府债务越接近债务上限，投资者越要求高收益率对冲违约风险增加，利率上涨速度越快，显然低利率有利于债务融资成本降低和政府债务上限提高。

---

① 美国经济学家肯尼斯·罗格夫和卡门·莱因哈特（Kenneth S. Rogoff and Carmen M. Reinhart，2010）研究发现，政府债务负担率在 90% 以上的发达经济体长期经济增速的中位数低于低负债经济体，而且平均增速低近 4%。他们从 1790 ~ 2009 年的经济数据中抽取样本也表明，当政府债务负担率达 90% 以上时，经济增长率将急剧下降。

② 所谓债务陷阱是指财政上长年累月的入不敷出，仅靠借债弥补财政赤字，赤字政策被常规化，政府负债越来越重，这种情况就类似人体"糖尿病"的综合并发症，往往不可逆。

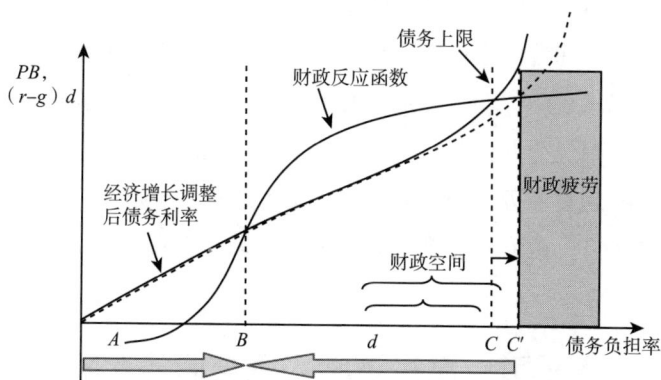

图 3 - 3　财政反馈函数改变对政府债务动态变化的影响

一国财政反馈函数也显著地影响该国债务上限和财政空间。毋庸置疑，提高财政对债务增长的敏感性将获得更高债务上限和更多财政空间。图 3 - 4 显示，实际债务水平处于 d 点，债务上限是 C 点，那么财政空间是 d 点与 C 点距离。如果财政对债务反馈更为审慎和敏感，将有效抑制债务增长速度和幅度，稳定的债务水平从 B 点到 B' 点被提高同时债务上限从 C 点到 C' 点也被提高，财政空间为 d 点与 C' 点距离被扩大。显然，审慎财政规则更容易将债务疯狂增长势头控制在萌芽状态，避免政府债务的"野蛮生长"带来负面影响，自然有利于提高财政可持续性。

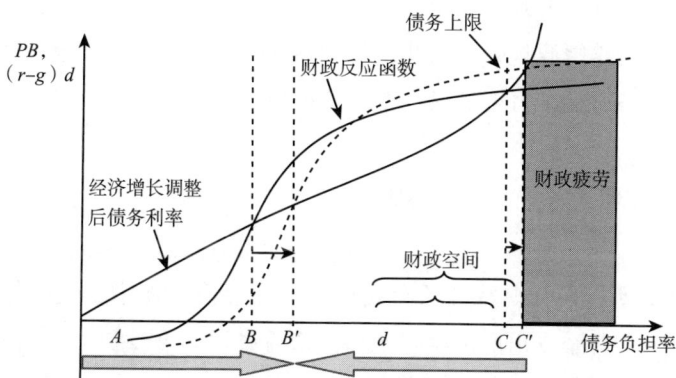

图 3 - 4　债务利率和经济增长率改变对政府债务动态变化的影响

需要强调的是，第一，一国债务上限和财政空间都不是一成不变的。经济周期、金融危机、战争以及自然灾害等外部冲击都会影响当局政府决策，改变财政反馈函数，造成债务上限和财政空间的调整；第二，财政空间已无和越过债务上限都并不意味着国家债务违约，但它确实暗示着，为避免债务违约，政府制定者不能像常规一样调控经济，必须采取非常规经济措施；第三，债务上限不是定义一个最优公共债务水平。债务上限仅是满足政府跨期预算约束条件的临界点，一旦越过债务上限，偿债成本增加远远快于财政基本盈余增速，债务负担螺旋式上升，政府将显现"财政疲劳"状态。

第三节　黄金法则约束与债务上限

也有研究者认为，实践中政府债务的可持续性与经济运行状况紧密相关。经济增长率对政府债务可持续有重要影响，反过来政府债务及其可持续性与否对经济增长也有显著影响。所以，债务上限应是促进经济增长最大化的政府债务水平，如果不知道什么因素决定最优债务水平，也不知道在一个特定财政规则内如何给定一个最优债务水平，仅单纯估算政府举债多少是没有什么价值的。这是因为在宏观经济政策目标中，发展才是硬道理，政府会优先考虑经济增长，一旦实际债务水平拖累经济增长时，也意味着政府债务已经达到上限。也就是说，债务上限不仅具有政府举债的上限性质，而且也反映了政府的最优举债水平。除了满足财政跨期预算约束的一般性要求外，"黄金法则"也是多数国家奉行的特殊财政规则。因此，将"黄金法则"引入内生经济增长模型，是研究政府债务可持续可否的另一个独特视角。

一、政府举债的"黄金法则"

1997 年，英国时任财政部长布朗认为，在经济周期中，应确保政府债务仅用于投资，而现金支出应由税收承担，这就是"黄金法则"。这意味着政府举债必须用于长期公共资本投资，而非弥补经常性支出缺口。从某种意义上说，"黄金法则"既是政府举借债务的约束条件，也是政府债务使用的基本原则。在实际应用过程中，债务融资的"黄金法则"有其潜在的理由，与消费性支出不同，资本性支出能直接积累公共资本，提高增加产出，有利于政府收入扩大、债务偿还以及风险控制。

债务被用来做什么与债务总量有多大同等重要。在财政预算管理方面，政府预算可分为经常性预算和资本性预算。从国际上来看，除短期债务外，多数国家都要求地方政府举借的债务资金必须用于基础性和公益性资本项目，不能改变资金用途，转向弥补政府经常性预算缺口。从历史上来看，尚不存在政府负债投资资本性项目，而引发政府债务危机的先例。这意味着，经常性政府预算支出项目要自求平衡，而资本性政府预算支出允许政府负债筹集资金来弥补预期缺口。因此，"黄金法则"已成为国际上公认的保证政府债务良性运转的重要规则。例如，20世纪80年代日本，在财政重建过程中，一度严格按照"黄金法则"来处理政府债务，这既保证日本经济快速崛起，也在一定程度上改善财政窘境。无独有偶，20世纪90年代，巴西、印度、墨西哥、俄罗斯等曾经有过债务危机的国家，都以经常项目自求平衡为出发点，进行过大规模财政整顿，从制度层面硬化政府预算约束，对其后债务风险的逐步下降发挥了重要作用。2003～2007年巴西各级地方政府债务负担率平均值从18%下降至13%；印度各邦财政赤字占GDP平均比率从2000～2005年的4%下降至2007～2008年的1.5%。

二、含有政府债务的内生经济增长模型

在阿肖尔等（Aschauer et al.，2000）模型基础上，根据政府举债的"黄金法则"设定政府债务只用于生产性支出，生产性支出积累可反映在公共资本存量。这样，可以就长期经济均衡增长下，估算出最优政府债务水平及其决定因素和演变路径。

（一）私人部门

假定存在连续且理性的代表性居民，在生命永续期内根据个人跨期预算约束，选择人均消费以此最大化效用函数。

$$\max_{C} \int_0^\infty e^{-\rho t} \frac{C^{1-\sigma}-1}{1-\sigma} dt \qquad (3-34)$$

$$\text{s. t. } \dot{K} + \dot{B} = rB + (1-\tau)Y - C \qquad (3-35)$$

其中，ρ 表示居民时间偏好，σ 表示跨期替代弹性的倒数，r 表示债务偿还利率，$\dot{K}$ 表示私人投资，不考虑私人资本折旧。$\dot{B}$ 表示私人认购政府债务，Y 表示私人产出水平，C 表示居民消费，τ 表示收入所得税率。私人产出函数采取生产力系数为 1 的科布道格拉斯型生产函数，即

$$Y = K^{1-\alpha} G^{\alpha} \tag{3-36}$$

其中，K 表示私人资本存量，G 表示公共资本存量，α 表示公共资本产出弹性，$1-\alpha$ 表示私人资本产出弹性，不考虑生产技术系数的变化。构建汉密尔顿函数，求解私人效用函数最大化。

$$H = \frac{C^{1-\sigma}-1}{1-\sigma} + \lambda((1-\tau)Y + rB - C) \tag{3-37}$$

$$C^{-\sigma} = \lambda \tag{3-38}$$

$$(1-\tau)(1-\alpha)\phi^{\alpha} = \rho - \frac{\dot{\lambda}}{\lambda} \tag{3-39}$$

$$r = \rho - \frac{\dot{\lambda}}{\lambda} \tag{3-40}$$

$$\phi = \frac{G}{K} \tag{3-41}$$

式（3-38）说明消费的边际效用等于财富的影子价格；式（3-39）和式（3-40）说明税后的私人投入边际产出等于利率。

（二）政府部门

经济中的政府期预算约束函数为：

$$\dot{B} = rB - \tau Y + I_p \tag{3-42}$$

其中，I_p 表示公共投资，故有 $\dot{G} = I_p$，同样不考虑公共资本折旧。假设政府服从跨期预算约束，即

$$\lim_{t \to \infty} e^{-rt} B(t) = 0 \tag{3-43}$$

如果政府债务融资满足"黄金法则"，这意味着债务支出主要用于公共投资，最终政府债务形成公共资本。

$$\dot{B} = I_p \tag{3-44}$$

联立式（3-36）、式（3-42）以及式（3-44），则可得，

$$\tau = r\phi^{1-\alpha} \tag{3-45}$$

联立式（3-39）、式（3-40）以及式（3-45），则可得，

$$r = \frac{(1-\alpha)\phi^{\alpha}}{1+(1-\alpha)\phi} \tag{3-46}$$

式（3-38）两边同时对时间 t 微分，可得长期经济均衡增长率，

$$\frac{\dot{C}}{C} = \frac{r-\rho}{\sigma} = \frac{1}{\sigma}\left(\frac{(1-\alpha)\phi^{\alpha}}{1+(1-\alpha)\phi}-\rho\right) \tag{3-47}$$

长期均衡经济增长率关于 ϕ 的最优一阶条件为：

$$\phi = \frac{\alpha}{(1-\alpha)^2} \tag{3-48}$$

政府债务可持续条件是政府债务负担率满足如下条件：

$$\frac{B}{Y} = \frac{G}{K^{1-\alpha}G^{\alpha}} = \left(\frac{G}{K}\right)^{1-\alpha} = \phi^{1-\alpha} \tag{3-49}$$

将式（3-48）代入式（3-49）可得长期经济增长率最大化时的最优政府债务负担率为：

$$d^* = \left(\frac{\alpha}{(1-\alpha)^2}\right)^{1-\alpha} \tag{3-50}$$

图 3-5 显示，随着资本性支出产出弹性 α 的不断增加，政府债务负担率 d^* 呈倒 "U" 型[①]，这意味着政府债务融资所支持的公共投资支出对经济增长的促进作用是有限的。随着政府债务不断积累，公共投资形成的公共资本促进经济增长的正能量，已不足以完全抵消政府债务的负面效应，存在一个最优的政府债务门槛值。即使从边际报酬递减的经济常理，还是 "凡事有度" 的普

---

① 当然，如果政府债务不满足 "黄金法则" 时，即政府债务不是全部用于公共投资性支出，阿尔弗雷德·格林纳（Alfred Greiner, 2012）已证明政府债务越小，长期经济增长率越高，债务积累与经济增长二者不存在非单调关系。

世价值观来看，一个政府必须关注其债务规模，试图完全通过不断举债融资的高杠杆手段来促进乃至维持经济长期增长都是不现实的。同时，受外部环境、各国国情以及政府举债效率等各种不确定性因素叠加影响，能够有效促进经济增长的政府债务阈值和合理的债务区间也不能一概而论。

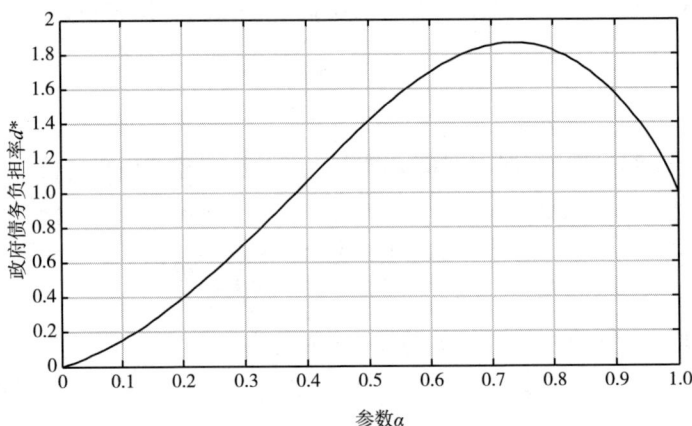

图3-5　经济增长最大化下的政府债务最优水平

如果政府债务水平超过了财政承受的债务上限，则意味着政府将无法通过提高税率获得更多收入以应对不断增加的支出。同时，财政政策也将变得不可持续，并有可能出现政府违约风险。反过来，控债政府债务规模也并不意味着政府债务越少越好，债务规模过低意味着没有充分利用资源。图3-5表明，当债务规模在一定的范围之内时，政府债务增加确实会对经济增长产生促进作用。但当债务规模达到一定水平后，再增加债务将会得不偿失，实体经济将会偏离原本的均衡增长路径。因此，从长期来看，政府债务规模控制应当从属于经济增长目标，其规模应当维持在确保实体经济沿均衡增长路径而非偏离的水平。

第四节　债务拉弗曲线与债务上限

税收和债务是政府融资的两种手段，政府债务的最优或最大问题同样可以通过税率最优或最大得到反映，二者实则是一个硬币的两面。利珀（Leeper，

2010）就从拉弗曲线的角度来解释政府债务上限存在的原因，假定财政支出遵循外生非增长路径，在拉弗曲线的顶点税收已经达到最大值，此时若需要通过加税才能满足跨期预算约束则可能因无加税空间而导致债务不可持续。因此，拉弗曲线的顶点处所对应的政府债务同样可定义为债务最大值或债务上限。

一、动态债务拉弗曲线

基于爱尔兰（Ireland，1994）AK 模型框架，引入政府债务负担率，并以此推导动态债务拉弗曲线（Dynamic Debt Laffer Curve）。假定在一个线性技术为 A，生产函数为 $Y_t = AK_t$ 的经济中，资本积累方程为 $K_{t+1} = (1-\delta)K_t + I_t$，代表性居民的效用函数为常相对风险效用函数（CRRA），跨期替代弹性参数 $\sigma > 0$，贴现率 $\beta \in (0,1)$。在每期，政府征收一个比例收入税 τ_t，人均转移支付 g_t，且通过发行一期债 B_{t+1} 补足财政赤字，t 到 $t+1$ 期债务实际利率为 R_t，每期债务的认购价格为 $1/R_t$。定义人均债务 $b_t = B_t/N_t$，代表性居民预算约束为：

$$(1-\tau_t)Ak_t + (1-\delta)k_t + b_t + g_t = c_t + (1+n_t)k_{t+1} + (1+n_t)b_{t+1}/R_t$$

$$(3-51)$$

代表性居民持有初始资本存量、债券 k_0，$b_0 > 0$，n_t 表示人口增长率，在式（3-48）预算约束条件下，最大化一生总效用，则得，

$$c_t^{-\sigma} = \lambda_t \qquad (3-52)$$

$$(1+n_t)\lambda_t = \beta\lambda_{t+1}\left[(1-\tau_{t+1})A + (1-\delta)\right] \qquad (3-53)$$

$$(1+n_t)\lambda_t \frac{1}{R_t} = \beta\lambda_{t+1} \qquad (3-54)$$

横截性条件为：

$$\lim_{T\to\infty}(1+n_t)^{T+1}\frac{k_{T+1} + b_{T+1}/R_T}{\prod_{s=0}^{T-1}R_s} = 0 \qquad (3-55)$$

联立式（3-52）、式（3-53）以及式（3-54）可得均衡增长率 γ_t 为：

$$1+\gamma_t = \left(\frac{\beta R_t}{1+n_t}\right)^{1/\sigma} \qquad (3-56)$$

政府跨期预算约束条件为：

$$\tau_t A k_t + (1 + n_t) b_{t+1} / R_t = g_t + b_t \qquad (3-57)$$

横截性条件为：

$$\lim_{T \to \infty} (1 + n_t)^{T+1} \frac{b_{T+1} / R_T}{\prod_{s=0}^{T-1} R_s} = 0 \qquad (3-58)$$

由式（3-57）可推出政府债务的演变路径为：

$$b_{t+1} = \frac{(g_t + b_t - \tau_t A k_t) R_t}{1 + n_t} \qquad (3-59)$$

据·埃森（Ju Essen，2011）研究指出，债务上限设定为一个确定值是不合理的，因为内生经济变量波动性都使得债务拉弗曲线自身易波动，在一般均衡框架内将政府债务上限设定为概率分布形式更具有一般性。汇信·比和埃里克·利珀（Huixin Bi and Eric M. Leeper，2013）进一步在考虑各种不确定性，在一个动态随机一般均衡框架内讨论债务上限。因此，政府上限的演变路径为：

$$\frac{b}{y} = E_0 \sum_{t=0}^{\infty} \frac{R_t}{1 + n_t} \frac{g_t + b_t - \tau_t^{max} A k_t}{y_t} \qquad (3-60)$$

式（3-60）表明，债务上限是一个内生变量，其决定于外生政府转移支付和相关结构参数。

二、一个简单的数值模拟

政府债务可持续的一个最低标准应当是避免违约。一般意义而言，违约是交易一方未履行约定义务的一种特定状态。要判断交易一方是否违约，通常用一些特定的定义，例如，信用事件包括但不限于诸如债务人破产[①]、无力偿还、债务交叉违约、债务交叉加速、拒付或延期偿付债务、债务重组、债务评级下调等情形。尽管政府债务通常被投资者视为零信用风险，但这并不代表政

---

① 破产包括债务人进行清算、不能偿付其债务、求偿权的转让、进入破产程序、任命破产的清算管理人、实际上由第三方查封所有资产等情形。

府不会发生前述导致违约的信用事件，政府只有如约还本付息，才能持续利用债务资源，才能持续享有高信誉、低成本的债务融资优势。在此，我们利用数值模拟公式（3 - 60）显示解。

（一）基本情景设定

考虑一个经济体初始资本存量 $k_0 = 1$，固定比例税率 $\tau_t = \tau^0$，政府不举债 $b_t = 0$，这些假定意味着，

$$1 + \gamma^0 = \left(\beta \frac{(1 - \tau^0)A + 1 -}{1 + n}\right)^{1/\sigma} \tag{3-61}$$

$$k_t^0 = (1 + \gamma^0)^t \tag{3-62}$$

$$g_t = \tau^0 A (1 + \gamma^0)^t \tag{3-63}$$

假设现在下调税率 $\tau_t = \tau^1$，就政府预算约束而言，税率下降存在三种效应：一是税率下降直接带来总税收收入减少；二是低税率增加私人资本积累率，扩大税基带来总税收收入增加；三是低税率增加实际利率，降低政府未来收支的现值。如果满足债务可持续性，政府跨期预算约束条件当且仅当满足，

$$\sum_{t=0}^{\infty} \frac{\tau^1 A (1 + \gamma^1)^t - \tau^0 A (1 + \gamma^0)^t}{(R^1)^t (1 + n)^t} = 0 \tag{3-64}$$

（二）参数校准

参照已有研究文献，设定生产技术系数 $A = 0.165$，贴现率 $\beta = 0.988$，资本折旧率 $\delta = 0.1$，跨期替代弹性 $\sigma = 1.0001$，不考虑人口增长率 $n = 0$[①]。考虑税率从 $\tau^0 = 20\%$ 下调至 $\tau^1 = 17\%$，政府转移性支出 g 路径保持不变，其他参数设置如表 3 - 2 所示。

---

① 为突出研究问题的重点并适度降低模型计算复杂程度，未考虑人口增长问题。

表 3 - 2 基本参数校准

基本结构参数		改革前 T_0		改革后 T_1	
生产技术系数 A	0.165	税率 τ^0	20%	税率 τ^0	17%
贴现率 β	0.988	利率 R^0	1.032	利率 R^0	1.037
资本折旧率 δ	0.10	增长率 γ^0	2%	增长率 γ^0	2.5%
跨期替代弹性 σ	1.0001	—	—	—	—
人口增长率 n	0	—	—	—	—

注：内生变量的初值并不影响稳态值的求解结果，可估计一些离稳态值较近的初值进行求解，提高运算效率。

图 3 - 6 显示了政府债务负担率演变路径的模拟。保持其他条件不变，当下调税率后，维持原有政府支出路径，财政赤字需要政府举债融资。政府举债扩大总需求和减税带来投资激励，都刺激经济增长，增加税基又扩大基本财政盈余，政府举债上限不断增加。第 45 期，所模拟的政府可承受债务负担率达到最大值。随着政府债务规模不断膨胀，逆周期对冲经济下行风险的经济效应逐渐减弱，不断累积债务风险逐步显露并拖累经济增长。第 45 期后，随着高债务的不断增长，一是信用风险溢价会抬高，导致借贷成本上升，私人投资及长期增长都将放缓；二是债务利息支出增长，政府举债空间被压缩；三是政府丧失了采取逆周期政策的灵活性，导致经济不稳定和预期不确定。

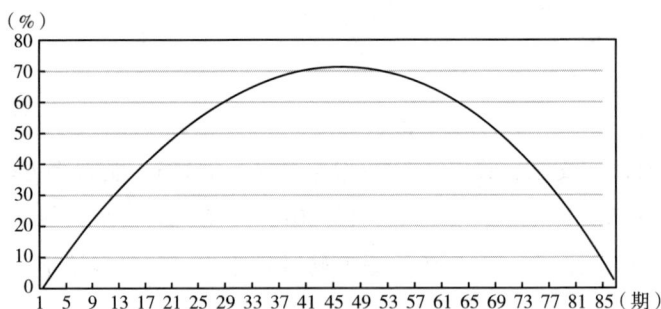

图 3 - 6 债务动态调整的数值模拟

三、政府债务的"明斯基时刻"

美国经济学家海曼·明斯基认为，当经济繁荣时，为追逐更多利润，投资者倾向于高杠杆融资，随着经济向好时间不断推移，高杠杆背后的风险逐渐加大，直至越过收不抵支的临界点后，资产损失加剧债务资金回笼，资产价值完全崩溃。后人将这种市场繁荣与衰退之间的转折点形象称之为"明斯基时刻"。

实际上，就地方政府债务而言，同样存在自我强化的政府债务"明斯基时刻"。诸如卓班德特·乌利希（Trabandt Uhlig，2009）等的许多研究都发现，实际的债务上限不会在拉弗曲线顶点处，这是因为随着税率提高，社会公众对高税率的容忍度不断下降，政治舆论压力使得在接近拉弗曲线的最大税率之前就会达到债务上限。更为重要的是，长期过度负债的风险在于债务积压（debt overhang）不仅会影响投资激励和全要素生产率，拖累长期经济增长，而且还会促使债务"雪球"形成自我强化机制，直至债务泡沫被刺穿，发生"明斯基时刻"现象。也就是说，将图 3-6 横轴的时间刻度改写为地方政府债务规模变化，同样成立。如图 3-7 显示，在经济繁荣时期，地方政府和私人部门都会抱有扩张心态来预期未来，地方政府敢于上项目、搞基建，私人敢于负债投资，整个社会杠杆率居高不下。一旦经济存在下滑压力，私人部门可以去库存、去产能、去杠杆，但财政必须发挥社会经济稳定器作用，采取反周期的财政刺激，在一些极端情况下，甚至还会将私人部门负债纳入政府资产负债表，以免整个社会经济崩溃。如此反复，债务规模日益膨胀，一旦所积累的政府债务规模达到并超过临界点 C 后，地方政府的基本财政盈余所产生的预期贴现现金流无法完全覆盖政府债务，债券持有者倾向于变卖政府债券收回本金，以规避可能的损失，这会导致利率大幅度飙升，债务风险溢价大幅升高。如果政府预期现金流还不足以支付巨额债务利息，那么政府债务将走向发散，也就是说，债务存量需要高利息支付，反过来增加了赤字，而这又需要更进一步融资，如此反复最终从内部滋生爆发金融危机和陷入漫长去杠杆化的周期风险。

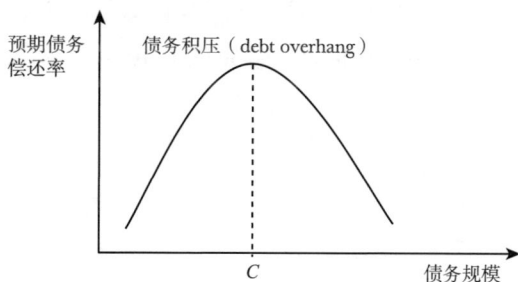

图 3-7　债务"拉弗曲线"

第五节　财政缺口理论与债务上限

财政缺口也是衡量债务是否可持续性的一种重要方法，即一种采用当前财政平衡与中期债务稳定时财政平衡之间的差额来估计财政空间或调整需求。这种方法是在整体财政平衡、贴现率以及宏观经济前景等关键变量假设下估计债务预测路径，常被国际货币基金组织（IMF）的《财政监督》、欧洲委员会（2007）采用。总体上，财政缺口方法估计的主要优点是前瞻性，估计结果是针对政府宣布的财政计划。缺陷是宏观经济预测趋于特设的假设，而不是可检验的模型。由于过度强调前瞻性，忽略了市场关注的政府政策随时调整。

一、财政缺口方法的理论基础

根据布兰查德（1990）定义①，一国政府债务的可持续性问题可表述为，在债务不对外或对内无限增长的情况下，目前的财政政策是否可持续？如果不可持续，政府是不是需要增加税收、削减支出，或者发行货币甚至债务违约。从严格公式体系来讲，政府债务可持续涉及一系列政策的组合，使债务的 GDP 占比最终恢复到期初水平，即未来无限期债务折现到现在为零。因此，布兰查德首先从财政预算的动态平衡出发，衍生出一系列可持续性的衡量指标，试图解决这样一个问题：目前政府债务是否可持续，如果不可持续，需要多大的财政政策调整，该调整的时间滞后成本是多少。

定义政府债务为 B，名义财政支出为 G，转移支付为 H，税收收入为 T，债务名义利息率为 i，债务实际利息率为 r，GDP 实际增长率为 n。g，h，t，b 分别表示其相应的大写字母对应的经济变量的 GDP 占比。

$$\frac{dB}{dt} = G + H - T + iB \qquad (3-65)$$

① Olivier Blanchard, Jean Claude Chouraqui, Robert P. Hagemann and Nicola Sartor, "New Answer to An Old Question," OECD Economic Studier, No. 15 (Autumn, 1990).

$$\frac{db}{dt} = g + h - t + (r - n)b = d + (r - n)b \tag{3-66}$$

式（3-66）的经济含义表述为，债务可持续取决于两组变量，一组是反映当前基础财政政策的支出、转移支出和税收，这构成了当前基础财政赤字占GDP比重 d；另一组是反映过去财政政策积累的结果，是政府债务负担率乘以实际债务利率和实际GDP增长率之差。若 $r - n < 0$，即实际利率低于经济增长率，政府不再有债务不可持续问题。在基础财政预算平衡下，债务负担率会以 $n - r$ 速度逐渐下降，政府也可以持久使用赤字政策，因为经济增长足够快以至于完全可支付债务利息，同时债务会最终保持在一个正的并且稳定的水平上。

如果实际债务利率高于实际GDP增长率 $r - n > 0$，为保持目前债务水平不变 $db/dt = 0$，需要一个正的财政盈余（基础财政赤字 d 为负）来保障。显然，式（3-65）和式（3-66）中有等式

$$d = g + h - t \tag{3-67}$$

如果 $g + h < t$，则财政盈余足以支付由 GDP 增长率调整后的债务利息 $(r - n)b$，债务长期内不会对财政产生负面影响。如果 $g + h > t$，财政支出大于主要财政收入，财政产生赤字，此时会产生债务可持续的问题。利用式（3-66）表示债务的变化，假设期初债务为 b_0，第 t 期财政政策由 g，h，t 组成，在 $r - n > 0$ 前提下，第 N 期债务负担率可表示为：

$$b_N = b_0 e^{(r-n)N} + \int_0^N d_t e^{(r-n)(n-t)} dt \tag{3-68}$$

式（3-68）表示第 N 期债务负担率等于第 0 期债务在 $e^{(r-n)N}$ 增长率下的期末值加上各期基础财政盈余的期末值。对式（3-68）作 N 期贴现，则有，

$$\int_0^N d_t e^{-(r-n)t} dt = -b_0 + b_N e^{-(r-n)N} \tag{3-69}$$

根据政府债务可持续的跨期约束条件易得

$$\int_0^N d_t e^{-(r-n)t} dt = -b_0 \tag{3-70}$$

如果政府债务是可持续的，那么未来基础财政赤字的折现值是足以偿还当

期债务的。布兰查德在核心式（3 - 67）基础上，将式（3 - 67）代入化简可得，

$$\bar{t}_N = (r-n)\left[b_0 + \frac{\int_0^N (g+h)e^{-(r-n)t}dt}{1-e^{-(r-n)N}}\right] \qquad (3-71)$$

若 g, h, b_0, n 以及 r 均为已知值，则式（3 - 71）的经济含义非常明确，首先税收必须覆盖债务经过经济增长调整后的利息支付，即 $(r-n)b_0$；其次，税收也需要覆盖一段时间内政府支出和转移支付在调整折现因子下的现值。N 值的选择取决于可获得对其他经济变量预测数据的区间长短。当 N 在 10 年以上时，$\bar{t}_{10}$ 可认定为长期的税率目标水平；当 N 选为 5 年时，$\bar{t}_5$ 可认为是中期的税率目标。当 N 趋于零时，$\bar{t}_0$ 则是可持续的短期目标税率水平。

$$\bar{t}_0 = g + h + (r-n)b \qquad (3-72)$$

为得到可持续的债务目标税率水平，在减去当期的实际税收和 GDP 占比后，就得到关键的税率 GAP 指标，即为衡量债务可持续的核心指标。

$$\bar{t}_N - t = (r-n)\left[b_0 + \frac{\int_0^N (g+h)e^{-(r-n)t}dt}{1-e^{-(r-n)N}}\right] - t \qquad (3-73)$$

二、财政缺口指标构建和选择

从实用性和债务问题本身考虑，构建可持续性指标有几个原则需要注意：第一，该指标需要简明，或者至少在表达形式上较为简单，具有明确直观经济含义。第二，由于大多数指标需要用到预测数据，这就需要在指标理论性、数据预测精确度方面做出权衡。一种指标体系应该至少有两种指标，一个仅使用当期数据；另一个则需要预测数据。第三，尽管单一指标不能担任所有任务，但一个过于冗长繁杂的指标体系反而不如简单明确、指标数量较少的体系。

（一）GAP 指标构建

布兰查德等认为，缺口（GAP）指标构建中，主要困难是对财政收支恒等

式的处理。一方面，可持续指标需要财政收支具体项目的预测；另一方面，在实际使用中，如何确定预测区间长短以及对应指标也是很重要的。因此，在中期指标构建中，涉及未来三年预测数据。其中，g，r 和 n 均使用未来三年预测值，而 b 则根据假设为一个不变值，采用当期政府债务负担率即可。此外，为衡量当前财政政策下，一国债务是否可持续，构建一年期 GAP 作为研究基准是必要的。作为短期指标，一年期 GAP 不需要预测数据，仅用当前财政和经济数据就可以得出，为基于预测数据中长期指标提供参照基准。

（二）GAP 指标选择

在式（3 - 65）框架下，计算未来 N 期财政盈余折现和目前债务水平缺口，也可以代入 $d = g + h - t$ 到式（3 - 68）中，用构建 $\bar{t}$ 方法求出 $\bar{g}$ 或 $\bar{h}$。之所以选用税收的 GDP 占比作为检验指标，主要出于三方面考虑：一是直接用式（3 - 68）计算出缺口很难把握其经济含义，难以给一国政策调整提出实质性指导。30% 或 100% 缺口哪一个预示着严重的债务可持续性问题难以确定。二是相比于财政支出或转移支出，一个国家某段时期的财政政策在税收上更易于调整，政府往往对财政支出或转移支付做出承诺并很难改变。三是目标税率对应的是收支平衡下的税率，实际税率是存在财政赤字的实际情况，GAP 指标则衡量二者差距。当然，以税率作为衡量指标，并不意味着一个正的 GAP 就一定需要提高税率，正的 GAP 经济含义是通过增加税收或减少支出来降低财政赤字，但是具体调整哪一项，指标本身已无法回答了。

三、财政缺口指标的经济内涵

根据布兰查德的财政缺口理论，债务可持续要以一个当前经济水平可维持的债务量为基础，但也可以解决这样一个问题：用财政赤字或税率水平是否需要调整，来衡量目前债务是不是具有可持续性，如果不可持续需要多大调整。

（一）财政调整必要性与调整压力的预测

$\bar{t} - t$ 表示 GAP，当 GAP < 0 时，为保证收支平衡的税率水平低于目前的实际税率，即财政无可持续压力。当 GAP > 0 时，说明实际税率低于保持债务可持续的目标税率，需要调整，而目前已有的税率水平大小则表示了调整难度。t 值较大表示 $\bar{t}$ 也更大，为调整财政达到目标的可持续水平 $\bar{t}$，需要削减支出或增加税收的比例就更高。因此，t 值较大下的正 GAP 在一定程度上表示一国具有更大的债务危机发生可能性，政府为保证债务可持续性可能转向债务货币化或其他各种形式的违约。

当 GAP > 0 时，实际 t 值上升对应着 GAP 所代表的债务可持续性调整的压力更大，危机发生可能性增加。为衡量"可持续性调整压力"程度大小，故使用如下指标

$$\frac{\bar{t} - t}{1 - t} \tag{3 - 74}$$

其中，$1 - t$ 表示政府可调整空间。显然，当 t 上升时，该指标的值也变大，能够较为有效衡量 t 值变大时债务可持续性调整压力。

（二）债务可持续性调整的财政政策时滞成本

作为衡量可持续性的指标体系，除了回答财政是否需要调整、需要调整大小外，还有一个重要的问题就是，如果调整不在当期立即进行而是推后几期，那么其时间成本会增加多少，也就是说，该指标能够回答调整时滞成本。

式（3 - 73）给出在当期立即调整以达到可持续性的调整成本。当调整滞后几期发生时，由于债务水平的上升，目标税率 $\bar{t}$ 会更大，使调整成本上升。

$$\frac{d\bar{t}}{dt} = (r - n)(\bar{t} - t) \tag{3 - 75}$$

例如，当式（3 - 75）中（$r - n$）= 2%，则（$\bar{t} - t$）= 5%，政策调整的滞后期为 10 年，将会带来目标税率 $\bar{t}$ 上升 1%。

（三）可持续性调整难度和危机发生概率分析

当 GAP > 0 时，实际税率低于目标税率，财政需要调整。一般情况，一国税率缺口尽管为正，但若财政状况并非极度恶化或正在调整过程中，中期 GAP 要小于短期 GAP，也就是在目前财政政策的预测下，经过当期到中期（3 年）的调整过程，第 $t + 2$ 年的债务可持续调整难度较当期变小。

若一国数据显示中期 GAP 和短期 GAP 非常接近，则两者都提供了同一种

信息——不论当下还是中期，财政政策都需要调整。这种预测给出的经济含义非常重要，当期和中期的财政政策都需要调整，说明在预期内一国债务可持续性无改善趋向。不及时调整，财政无法平衡带来的可能是新债增加和旧债无法偿还。如果问题恶化，解决方法有两种：债务货币化[①]或直接违约，该国债务的可持续性令人堪忧。当然，若一国中期 GAP 在未来几期预测中均高于短期 GAP，则显示了更严重的不可持续问题。

（四）债务存量对债务可持续性的敏感性分析

中期 GAP 指标公式为：

$$\bar{t}_3 - t_t = \frac{1}{3} \sum_{i=0}^{2} g_{t+i} - (n_t - r_t) b_t - t_t$$

$$\frac{1}{3} \sum_{i=0}^{2} g_{t+i} + (r_t - n_t) b_t - t_t \qquad (3-76)$$

显然，b_t 的大小即为中期 GAP 对（$r-n$）的敏感性。当 b_t 较大时，债务利息率略微上升或者 GDP 增长率略微下降，引起 $r-n$ 有微小上升，也会造成中期 GAP 较大增长，缺口更大。故一国当期债务存量越高，其债务的可持续性显然更弱。

（五）基础财政赤字 GAP 和税率 GAP 的比较分析

如果 $d_t = g_t - t_t$ 关系成立，根据式（3-76）推导，有基本等式

$$\bar{t} - t_t = g_t - (n_t - r_t) b_t - t_t$$
$$= g_t - t_t - (n_t - r_t) b_t$$
$$= d_t - \bar{d} \qquad (3-77)$$

式（3-77）说明用税收缺口指标和基础财政赤字缺口指标所做的分析是基本等价的。但实践中，税收收入是财政收入的重要组成部分，并不完全等价于财政收入。

---

① 约书亚·艾赞曼和南希·马里恩（Joshua Aizenman and Nancy Marion, 2011）研究认为政府可以通过通胀手段实现债务货币化，稀释债务，如果美国在 4 年内将通货膨胀率提高至 6%，则能实现 20% 的公共债务率减免。

$$d_t = (财政支出 - 利息支出) - 财政收入 = g_t - 财政收入$$

从这个角度看，基础财政赤字缺口和税收缺口指标是两个不同指标，有 $\bar{t} - t_t > d_t - \bar{d}$ 成立。从经济含义上看，税收缺口指标是比基础财政赤字更为严格的债务可持续性缺口指标。税收缺口指标更加着眼于核心经济增长能力和税收强度，而基础财政赤字缺口指标是更广泛意义上的债务可持续性指标。

第四章

中国地方政府债务的生成逻辑、发展路径和现实状况

在弥补地方财力缺口、支持新型城镇化进程以及应对国际金融危机等方面，地方政府债务都发挥了不可替代的积极作用，但也埋下了一些潜在的风险隐患。倘若地方政府债务负担过重，这无疑将直接决定着地方政府债务不可持续，其副作用不可小觑。正因如此，理解和剖析地方政府债务的生成逻辑、发展路径和现实状况是对地方政府债务可持续性进行实证评估的前提基础。

第一节　中国地方政府债务的范畴与分类

与联邦制国家不同，在中国，地方政府并不是完全独立于中央政府的一级财政主体，并且原《中华人民共和国预算法》也不允许地方政府举债，但受工业化、城镇化发展需要，地方政府纷纷以各种名义绕过法律举债融资。正因如此，地方债在中国表现出隐蔽性、透明度差，令人堪忧。因此，在对中国地

方政府债务问题做出分析之前，非常有必要先厘清中国地方政府债务范畴与分类。

一、中国地方政府债务的范畴

在文献研究中，与私人债务不同，政府债务也被统称为公债。按照债务举借的行政主体不同，公债又可分为中央债务和地方债务。顾名思义，中央债务是中央政府举借的债务，常被称为国债，而地方债务是地方政府举借的债务，也称市政债。但在中国，1994 年 3 月颁布的《中华人民共和国预算法》第二十八条①明确规定，地方各级预算按照量入为出、收支平衡的原则编制，不列赤字。除法律和国务院另有规定外，地方政府不得发行地方政府债券。受此影响，公债和国债概念并没有严格区分，甚至一度混用。

同时，1995 年 6 月通过的《中华人民共和国担保法》第八条规定，国家机关不得为保证人，但经国务院批准为使用外国政府或者国际经济组织贷款进行转贷的除外。显然，长期以来中国法律和制度都要求地方政府财政收支预算平衡，并不认同地方政府自主发债的行为，但事实上，近年来为了平衡地方政府财力与支出责任不匹配所形成的缺口、满足工业化和城市化推进所需的巨大资金压力，各级政府纷纷以各种名义设立大量地方政府融资平台，以此绕过法律限制，举借了大量债务，即变相发行地方债。从这种意义上说，中国地方政府债务实际上是一个非法却客观存在的事实。为了进一步规范地方政府举债融资行为，2009 年 3 月起，中央又先后推广了财政部代发地方政府债券试点以及地方政府债券自发自还试点。总体上，已形成了预算内外的双轨制地方政府债务体制。

正因如此，中国地方政府债务应涵盖两大类，一类是地方政府直接承担的财政债务；另一类是地方政府仅提供信用担保的地方融资平台债务，具体包括融资平台公司债务、准政府部门债务以及地方政府债券三部分。据中华人民共和国审计署统计，在中国地方政府债务的构成中，融资平台债务占比接近一半，主要以贷款、债券、短期融资券、中期票据等融资工具的形式存在。而融

---

① 2014 年 8 月 31 日，十二届全国人大常委会第十次会议通过的《全国人民代表大会常务委员会关于修改〈中华人民共和国预算法〉的决定》已强调各级政府应当建立跨年度预算平衡机制。

资平台的债务构成中，间接融资占比过半，除了银行贷款外，运用最广泛的是委托贷款、信托贷款以及金融交叉性产品。而由中华人民共和国财政部代发的地方债计入地方政府预算，其余的游离于预算之外，形成隐性债务，如图 4 - 1 所示。

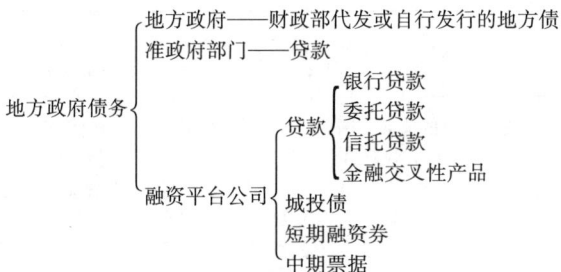

图 4 - 1　中国地方政府债务的范畴

注：准政府部门指学校、医院、水电气等公共事业部门。

二、中国地方政府债务的分类

在国际上，世界银行经济学家哈纳·拨拉科瓦（Hana Polackova Brixi，1998）提出了政府债务风险分析矩阵，从债务是否以体现在预算内角度看，将政府债务分为显性债务和隐性债务，其中显性债务是指已有明确的法律规定政府必须清偿的债务，比如公债、国债和市政债等；而隐性债务是指没有特别明确由政府直接负有偿还责任，但道义上政府负有不可推卸的偿付义务的债务，比如国有银行破产而产生的债务。从债务形成的概率角度看，政府债务可分为直接债务和或有债务，其中直接债务是指将必然发生或已经发生的债务，而或有债务是指可能发生也可能不发生的债务，存在一定前提条件，目前来看这种条件是否具备还有一定的概率，如社会养老缺口可能产生的债务。通过这两个维度组合，哈纳·拨拉科瓦得到了财政风险矩阵中反映出来的四种政府负债类型，即直接显性负债、直接隐性负债、或有显性负债和或有隐性负债。尽管这一方法从理论上对政府债务作出了相对容易理解的区分，但在实践中，要准确衡量某一时点各级政府四种形态的债务规模仍十分困难。

如何按照政府债务风险分析矩阵来对中国地方政府债务进行分类。中国研究学者李萍（2009）、陈均平（2010）和赵晔（2011）分别按照哈纳·拨拉科瓦分类方法进行一些研究，这里本书借鉴现有研究的基础上，编制了中国地方政府债务矩阵，如表4-1所示。

表4-1　　　　　　　　　　　中国地方政府债务矩阵

中国地方政府债务	直接债务（一定会发生的债务）	或有债务（某一特定事件发生后才产生的债务）
显性债务（由法律合同和合约明确确认的政府债务）	1. 地方政府发行的债券：国债转贷；财政部代理发行地方债；地方政府试点发债；城投债 2. 地方政府的借款 3. 法定的应支未支支出，包括欠发行政事业单位工资、乡镇负债和未弥补政策性亏损 4. 法定的公务员养老金	1. 担保债务：对下级地方政府、融资平台、私人投资、中小企业、政策性贷款提供的担保，及间接担保的外债 2. 政府保险计划：存款、自然灾害等
隐性债务（反映公众和利益集团要求的政府道义责任）	1. 公共投资项目的未来支出 2. 非法定的未来公共养老金、医疗及社会保障计划	1. 下级政府未担保债务违约 2. 地方金融机构、国有企业危机 3. 未担保的养老金、失业保险及社会保障基金投资失败 4. 环保、自然灾害等

　　注：加灰色底纹的项目是地方政府的直接显性债务，但是由于法律一般情况下并不允许地方政府借款或发债，所以这部分债务相对"隐蔽"，地方政府借款主要包括融资平台贷款等。

　　首先，有关政府显性债务的界定。政府显性债务是建立在某一法律或者合同基础之上的政府负债，当债务到期时，政府具有清偿债务的法定义务。所谓直接显性负债是指在任何情况下都会发生的政府法定或是合同规定的责任。在实践中，当前地方政府直接显性负债一般包括以下内容：一是由财政部代理发行的地方政府债券，如国债转贷资金（包括国债转贷和外债转贷等）；二是省级财政部门在财政部批准下达的地方政府债务规模内代理发行的地方政府债券，主要指近两年为化解地方政府债务风险由省级财政部门代理发行的地方政府债券资金（地方政府债券转贷资金等）；三是政府统借统还资金，如中央或上级专项借款、农业综合开发借款等；四是预算法规定的支出、具有法律约束力的长期预算支出，如欠发行政事业单位人员工资及养老金等而形成的债务。由于直接显性债务的可控性，与之相对应的直接财政风险也是可控的。

　　所谓或有显性负债是指在特定事项发生的情况下，政府需要支付的法定债务，以及根据法律和政策规定地方政府或财政要兜底的支付事项。最常见的地方政府或有显性负债就是因地方政府提供直接或间接担保，当债务人无法偿还债务时，政府负有连带偿还责任的债务。在实践中，当前地方政府的或有显性负债，主要包括以下内容：一是政府融资平台公司、经费补助事业单位、公用事业单位和其他单位举借，确定以债务单位事业收入（含学费、住宿费等教育收费收入）、经营收入（含车辆通行费收入）等非财政资金偿还，且地方政府提供直接或间接担保的债务；二是地方政府举借，以非财政资金偿还的债务（视同政府担保债务）；三是全额拨款事业单位为其他单位提供直接或间接担保，且由非财政资金偿还的政府负有担保责任的债务。

其次，有关政府隐性债务评估。所谓直接隐性负债是指在经济运行中不依附于其他事件而必然发生的、后果可以预见的，任何情况下都存在的负债，但并非基于法律或合同关系的政府责任，而是基于公众和利益集团压力的政府道义责任。虽然这些风险因素当前并没有反映在财政预算中，但是它们随时都有可能转化成财政支出的一部分，形成直接显性风险。在实践中，当前地方政府直接隐性负债一般应包括以下内容：一是由社会保障资金缺口所形成的债务，如在国有企业改制过程中产生的，符合社会保障制度改革挂账条件的部分职工养老保险金等未来社会保障计划（挂账养老保险资金等）；二是各级政府为扩大义务教育及发展高等教育、成人教育所形成的债务，如按财政供养关系应列未列一般公共预算的部分基础设施建设贷款支出；三是各级政府为改善交通基础设施建设所形成的债务，如应由地方政府负担的已经完工赊欠的国省干线公路、县（乡）公路、农村公路建设维护资金等；四是其他原因形成的，确定应由财政资金偿还的债务，如粮食企业和供销企业政策挂账，乡镇基层政权机构建设、农村公共服务体系建设、垫交税费等地方政府负有偿还责任的债务。

所谓或有隐性负债是指在特定的情况下政府承担的非法定的责任或义务。这是由于政府行为导致的连带性债务，可能发生，也可能不发生。政府只是在市场失灵、迫于来自公众和利益集团的压力，或者不这样做的机会成本过高的情况下，才会承担这些负债。地方政府的或有隐性负债主要包括：一是政府融资平台公司、经费补助事业单位和公用事业单位通过融资租赁、集资、回购、垫资施工、延期付款或拖欠等新的方式形成，用于非市场化运营的公益性项目，由非财政资金偿还，且地方政府及其全额拨款事业单位未提供担保的其他相关债务；二是国有独资或控股企业（不含地方政府融资平台公司）、自收自支事业单位等新的举债主体，通过举借、融资租赁、集资、回购、垫资施工、延期付款或拖欠等新的方式形成，用于公益性项目（仅包括用于交通运输、市政建设、保障性住房、土地收储整理等的债务），由非财政资金偿还，且地方政府及其全额拨款事业单位未提供担保的其他相关债务；三是地方政府可能承担一定救助责任的其他隐性债务，如乡镇所属经费补助事业单位和融资平台公司通过举借等方式形成，用于公益性项目，由非财政资金偿还，且乡镇政府（含政府部门和机构）及其全额拨款事业单位未提供担保的其他相关债务。

最后，中国相关政府部门也对地方政府债务进行一定分类。2011 年 2 月，中华人民共和国国务院发布《关于做好地方政府性债务审计工作的通知》，其中明确将中国地方政府性债务划分为三类。第一，直接显性债务，这是地方政府负有偿还责任的债务，包括地方政府及其部门和融资平台举债并确定由财政代为偿还的债务；第二，或有显性债务，尽管地方财政不负有偿还责任，但因地方政府及其部门提供担保，一旦债务人出现偿债问题时地方财政仍需承担连带清偿责任的债务；第三，或有隐性债务，既不是由地方财政资金偿还、地方政府也没有担保责任，但从社会道义责任看，一旦债务人出现偿债困难时，地方政府仍有可能负有一定救助责任的其他债务，如表 4-2 所示。

表 4-2 　　　　　　　　　　中国地方政府债务的分类

地方政府有偿还责任的债务（直接显性债务）	地方政府有担保责任的债务（或有显性债务）	地方政府有一定救助责任的其他债务（或有隐性债务）
1. 国债转贷、地方政府债券、外债转贷等 2. 地方政府部门及事业单位、融资平台举借或拖欠的确定由财政资金偿还的债务 3. 地方政府粮食及购销企业的政策挂账	1. 地方政府融资平台及事业单位举借的由经营收入或事业收入等非财政资金偿还，但地方政府提供了直接或间接担保的债务 2. 地方政府部门举借的由非财政资金偿还的债务	融资平台或事业单位为公益性项目举借的、由非财政资金偿还的、未提供担保的债务

资料来源：国务院办公厅：《关于做好地方政府性债务审计工作的通知》。

第二节　中国地方政府债务的现状与演进

原《中华人民共和国预算法》规定地方政府不得举债，这使得地方政府债务从一开始就呈"隐性化"特征，后来在债务融资方式上表现出向两个方向演变：一是发债方式"显性化"，在不突破地方政府不能自主发债的大框架下，中央政府借助国债转贷以及推广代发代还、自发代还和自发自还地方政府债券试点等方式不断探索地方政府举债融资机制；二是发债主体"隐性化"，地方政府通过设立投融资平台代其在金融市场上融资。

一、中国地方政府债务的现状

截至目前，中华人民共和国审计署已对地方政府债务进行了三次摸底。2011 年第 35 号审计公告显示，2010 年底地方政府性债务余额为 10.72 万亿元。2013 年第 24 号审计公告显示，2012 年底 36 个地方政府本级政府性债务余额比 2010 年增长 12.94%。2013 年第 32 号审计公告显示，2013 年 6 月底地方政府债务总额总计 17.89 万亿元。其中，地方政府负有偿还责任、担保责任以及可能承担一定救助责任的债务分别为 10.89 万亿元、2.67 万亿元和 4.34 万亿元①，如表 4 - 3 所示。如果按省、市、县三级口径计算，地方政府债务总额为 17.52 万亿元，比 2010 年地方政府债务总规模增长了 6.8 万亿元。

表 4 - 3　　　　　2013 年 6 月底地方政府性债务余额举债主体结构　　　单位：亿元,%

举债主体类别	政府负有偿还责任的债务	政府或有债务		合计	占比
		政府负有担保责任的债务	政府可能承担一定救助责任的债务		
融资平台公司	40755.54	8832.51	20116.37	69704.42	38.96
政府部门和机构	30913.38	9684.20	0	40597.58	22.69
经费补助事业单位	17761.87	1031.71	5157.10	23950.68	13.39
国有独资或控股企业	11562.54	5754.14	14039.26	31355.94	17.53

---

①　政府负有偿还责任的债务是指需由财政资金偿还的债务，属政府债务；政府负有担保责任的债务是指由政府提供担保，当某个被担保人无力偿还时，政府需承担连带责任的债务；政府可能承担一定救助责任的债务是指政府不负有法律偿还责任，但当债务人出现偿债困难时，政府可能需给予一定救助的债务。后两类债务均应由债务人以自身收入偿还，正常情况下无须政府承担偿债责任，属政府或有债务。以上三类债务不能简单相加。

续表

举债主体类别	政府负有偿还责任的债务	政府或有债务		合计	占比
		政府负有担保责任的债务	政府可能承担一定救助责任的债务		
自收自支事业单位	3462.91	377.92	2184.63	6025.46	3.37
其他单位	3162.64	831.42	0	3994.06	2.23
公用事业单位	1240.29	143.87	1896.36	3280.52	1.83
合计	108859.17	26655.77	43393.72	178908.70	100.00

资料来源:《全国政府性债务审计结果》(审计署 2013 年第 32 号公告)。

从债务举借主体看,第一类负债主体仍是融资平台,但占比下降。2010年底,地方融资平台债务占地方债务的比例高达47%,而2012年底和2013年6月,这一比例分别降至45.67%和38.96%,这主要源于地方政府债务中的国有企业独资或控股企业债务占比有所上升。第二类负债主体是政府部门和机构,约占地方债务的23%。地方融资平台债务规模较2010年底增加2万亿元,政府部门和机构债务规模增加1.5万亿元。

从债务资金来源看,非银行贷款债务占比大幅上升。2010年底,地方政府债务资金接近80%来源银行贷款,但2013年6月底,地方政府债务资金仅有56.56%来源银行贷款,银行贷款类债务占比下降了23%左右。与此同时,建设—移交(BT)负债和信托融资呈"井喷式"增长,城投债也明显增长。据统计,BT融资、债券融资以及信托融资在地方政府直接债务和或有债务中的规模分别为1.48万亿元、1.85万亿元和1.42万亿元,合计已占全部债务的26.5%,如表4-4所示。

表4-4　　　　　2013年6月底地方政府性债务的资金来源　　　单位:亿元,%

债权人类别	政府负有偿还责任的债务	政府或有债务		合计	占比
		政府负有担保责任的债务	政府可能承担一定救助责任的债务		
银行贷款	55252.45	19085.18	26849.76	101187.40	56.56
BT	12146.30	465.05	2152.16	14763.51	8.25

续表

债权人类别	政府负有偿还责任的债务	政府或有债务		合计	占比
		政府负有担保责任的债务	政府可能承担一定救助责任的债务		
发行债券	11658.67	1673.58	5124.66	18456.91	10.32
其中：地方政府债券	6146.28	489.74	0	6636.02	3.71
企业债券	4590.09	808.62	3428.66	8827.37	4.93
中期票据	575.44	344.82	1019.88	1940.14	1.08
短期融资券	123.53	9.13	222.64	355.30	0.20
应付未付款项	7781.90	90.98	701.89	8574.77	4.79
信托融资	7620.33	2527.33	4104.67	14252.33	7.97
其他单位和个人借款	6679.41	552.79	1159.39	8391.59	4.69
垫资施工、延期付款	3269.21	12.71	476.67	3758.59	2.10
证券、保险业和其他金融机构融资	2000.29	309.93	1055.91	3366.13	1.88
国债、外债等财政转贷	1326.21	1707.52	0	3033.73	1.70
融资租赁	751.17	193.05	1374.72	2318.94	1.30
集资	373.23	37.65	393.89	804.77	0.45
合计	108859.17	26655.77	43393.72	178908.70	100.00

资料来源：《全国政府性债务审计结果》（审计署 2013 年第 32 号公告）。

　　从债务资金投向看，地方举债主要投向公益项目。据统计，2013 年 6 月底用于基础性和公益性项目支出的债务有 8.7 万亿元，占地方政府负有偿还责任债务的 86.77%。这些项目主要包括交通运输、生态建设和环境保护、市政建设、教科文卫、土地收储、农林水利建设、保障性住房等。其中，用于交通运输设施建设、市政建设、土地收储以及保障性住房方面的地方政府债务规模分别有 4.09 万亿元、5.80 万亿元、1.88 万亿元和 1.09 万亿元，各占总债务比重为 24.43%、34.64%、11.22% 和 6.54%，如表 4 - 5 所示。

表 4 - 5 　　　　　　　　2013 年 6 月底地方政府性债务的资金投向 　　　　单位：亿元,%

债务支出投向类别	政府负有偿还责任的债务	政府或有债务		合计	占比
		政府负有担保责任的债务	政府可能承担一定救助责任的债务		
市政建设	37935.06	5265.29	14830.29	58030.64	34.64
土地收储	16892.67	1078.08	821.31	18792.06	11.22
交通运输设施建设	13943.06	13188.99	13795.32	40927.37	24.43
保障性住房	6851.71	1420.38	2675.74	10947.83	6.54
教科文卫	4878.77	752.55	4094.25	9725.57	5.81
农林水利建设	4085.97	580.17	768.25	5434.39	3.24
生态建设和环境保护	3218.89	434.60	886.43	4539.92	2.71
工业和能源	1227.07	805.04	260.45	2292.56	1.37
其他	12155.57	2110.29	2552.27	16818.13	10.04
合计	101188.77	25635.39	40684.31	167508.47	100.00

资料来源：《全国政府性债务审计结果》（审计署 2013 年第 32 号公告）。

从举债政府层级看，不同层级政府债务占比结构差别比较大。2013 年 6 月底，在地方政府负有偿还责任的债务中，40.75% 的债务主要集中在市级层面，不到 30% 的债务分布在省级和县级，仅有 2.04% 债务属于乡镇债务。在与地方政府财力直接挂钩的负有偿还责任的债务中，分别有 84.18% 和 78.49% 的债务主要集中在乡镇和县级层面，66.44% 的债务分布在市级层面，34.23% 的债务属于省级债务。显然，地方政府直接负有偿还责任的债务充分表现出层级越低，债务偿还的财政压力越大的特点，如表 4 - 6 所示。

表 4 - 6 　　　　　　　　2013 年 6 月底地方各级政府的债务规模 　　　　单位：亿元,%

政府层级类别	政府负有偿还责任的债务	政府或有债务		合计	占比	负有偿还责任债务占比
		政府负有担保责任的债务	政府可能承担一定救助责任的债务			
省级	17780.84	15627.58	18531.33	51939.75	29.03	34.23
市级	48434.61	7424.13	17043.70	72902.44	40.75	66.44
县级	39573.60	3488.04	7357.54	50419.18	28.18	78.49
乡镇	3070.12	116.02	461.15	3647.29	2.04	84.18
合计	108859.17	26655.77	43393.72	178908.70	100.00	60.85

资料来源：《全国政府性债务审计结果》（审计署 2013 年第 32 号公告）。

从地方偿债压力看，近几年地方政府偿债压力较重，据统计2014~2017年，地方政府需要偿还的负有偿还责任的债务占总债务余额的比重分别为21.89%、17.06%、11.58%和7.79%。而且，审计结果显示，2010年底3年内到期债务占全部债务余额的53%，更有甚者的是，2013年6月底与2010年相比，地方政府性债务期限更短，在全部债务中的两年半内到期的债务占比已过半，就达53.87%。这意味着地方政府面临的流动性风险上升，偿债再融资压力增大，如表4-7所示。

表4-7　　　　　2013年6月底地方政府性债务余额的未来偿债情况　　　单位：亿元,%

| 偿债年度类别 | 政府负有偿还责任的债务 | | 政府或有债务 | | 合计 | 占比 |
	金额	比重	政府负有担保责任的债务	政府可能承担一定救助责任的债务		
2013年7~12月	24949.06	22.92	2472.69	5522.67	32944.42	18.41
2014年	23826.39	21.89	4373.05	7481.69	35681.13	19.94
2015年	18577.91	17.06	3198.42	5994.78	27771.11	15.52
2016年	12608.53	11.58	2606.26	4206.51	19421.30	10.86
2017年	8477.55	7.79	2298.60	3519.02	14295.17	7.99
2018年及以后	20419.73	18.76	11706.75	16669.05	48795.53	27.27
合计	108859.20	100.00	26655.77	43393.72	178908.70	100.00

资料来源：《全国政府性债务审计结果》（审计署2013年第32号公告）。

从债务地区分布看，总体上是东部地区一枝独秀，中西部地区紧随其后，分别占全国地方政府债务总额的47.5%、23.6%和28.7%。其中，在东部11省市地方政府债务总规模中，江苏省、广东省、浙江省、上海市和山东省等地方政府债务占比较高；在中部8省市地方政府债务总规模中，湖南省、湖北省等地方政府债务占比较高；在西部11省、市、自治区地方政府债务总规模中，四川省、重庆市等地方政府债务占比较高。从省份行政区的债务分布看，江苏省、广东省、浙江省、四川省、上海市和山东省等地方政府债务占比较高，合计约占全国地方政府债务的1/3，如表4-8所示。

表4-8　　　　全国各省、市、自治区政府债务规模、结构与债务率　　单位：亿元，%

	债务余额	各省占比	负有偿还责任	负有担保责任	或有责任	负有偿还责任债务占GDP比重	债务余额占GDP比重	15年到期债务
江苏	14769	8.3	7636	977	6156	12	23	2767
广东	10165	5.7	6932	1021	2213	10	15	1704
浙江	6928	5.5	5088	327	1513	13	17	1254
上海	8456	4.7	5194	532	2729	22	36	1259
山东	7108	4.4	4499	1219	1390	8	12	1239
北京	7554	4.2	6506	152	896	31	35	1021
天津	4834	2.7	2264	1481	1089	14	31	616
福建	4382	2.7	2454	244	1684	10	18	691
辽宁	7591	4.2	5663	1258	669	20	27	981
河北	7515	4.2	3962	949	2603	13	26	985
海南	1411	0.8	1050	225	135	30	40	171
东部地区	84954	47.5	51248	8385	21077	17	25	12688
吉林	4248	2.4	2581	973	694	19	31	566
黑龙江	3588	2.0	2042	1050	496	14	24	420
河南	5542	3.1	3528	274	1740	10	16	849
安徽	5297	3.0	3077	601	1619	15	25	966
湖南	7737	4.3	3478	733	3526	13	29	1086
湖北	7681	4.3	5151	777	1753	19	28	1304
山西	4179	2.3	1521	2334	324	12	33	660
江西	3932	2.2	2426	833	673	15	25	621
中部地区	42205	23.6	23804	7575	10825	15	26	6472
内蒙古	4542	2.5	3392	867	283	19	26	546
四川	9230	5.2	6531	1651	1048	23	32	1472
重庆	7360	4.1	3575	2300	1485	25	52	1243
贵州	6322	3.5	4623	974	725	50	68	1063
陕西	6094	3.4	2733	948	2413	15	34	727
云南	5955	3.3	3824	439	1691	30	46	994
广西	4329	2.4	2071	1231	1028	13	28	697
甘肃	2961	1.7	1221	423	1318	18	43	401

续表

	债务余额	各省占比	负有偿还责任	负有担保责任	或有责任	负有偿还责任债务占GDP比重	债务余额占GDP比重	15年到期债务
新疆	2746	1.5	1642	808	296	18	30	379
青海	1058	0.6	745	161	152	32	46	173
宁夏	791	0.4	502	181	108	18	29	89
西部地区	51388	28.7	30859	9983	10547	24	39	7784
合计	178909	100	105911	25943	42449	18	30	26944

注：由于西藏自治区和港、澳、台地区数据缺失，故未包括，下同。
资料来源：Wind 数据库。

二、中国地方政府债务的历史演进

古人云"以史为鉴，可以知兴替"。故全面考察地方政府债务发展过程的一个较好方法就是将其置于当时经济环境以及财政体制改革背景之下，跟踪分析地方政府债务的历史演进进程。总体来看，中国地方政府债务的历史演进可分为三个阶段。

第一阶段是统收统支，零星发债。在经济建设初期，中国财政体制具有鲜明的"统收统支"特征，这意味着政府财力和财权高度集中于中央政府，而地方财政被严格限定在划定的收支范围内，不足或超出部分按规定补助或上缴，由中央进行调剂。地方政府融资主要来自人民银行总行贷款指标，在计划范围内使用，不得用于财政支出，并且非特殊情况不得突破限额。

为抑制通货膨胀，缓解财政赤字，中央和地方曾零星发行过一部分债务。例如，在东北地区，主要为地区建设提供大规模财力支持，东北人民政府面向东北全境人民发行东北生产建设折实公债，债券购买和还本付息均采用实物定价，以消除人民对高通货膨胀的顾虑。实际上，这也是中国第一例地方政府债券。1958 年，为配合"大跃进"要求，解决部分地区财政经济建设资金不足状况，中央颁布《中华人民共和国地方经济建设公债条例》，允许地方政府在必要时候发行债务，辽宁、吉林、黑龙江、福建、江西、安徽、四川等省短暂的发行了一批地方经济建设公债。随后相当长一段历史时期，中国地方再也没有发行过债券。在"统收统支"的财政体制和计划经济体制下，将既无外债又无内债作为社会主义优越性的集中体现，对政府特别是地方政府举债持完全否定态度，中央和地方政府完全停止了债券的发行1949～1979年政府发债情况如表4-9所示。

表4-9 　　　　　　　　　　　1949～1979年期间政府零星发债

债券类别	发行金额	发行利率	期限	发行时间	发行主体	备注
人民胜利折实公债	2.6亿元	5%	4年	1954	中央政府	实物计算
国家经济建设公债	35.44亿元	4%		1954～1958年	中央政府	旧人民币折合后金额
第一期	8.36亿元	4%	8年	1954年	中央政府	计划发行6亿元
第二期	6.19亿元	4%	10年	1955年	中央政府	计划发行6亿元
第三期	6.07亿元	4%	10年	1956年	中央政府	计划发行6亿元
第四期	6.84亿元	4%	10年	1957年	中央政府	计划发行6亿元
第五期	7.98亿元	4%	10年	1958年	中央政府	计划发行6.3亿元
东北生产建设折实公债	4204.6万元	5%	5年	1950年	东北大行政区人民政府	实物计量
地方经济建设公债（安徽省）	7660万元	1%	5年	1959～1961年	安徽省政府	
地方经济建设公债（江西省）	2056万元	4%	5年	1960年	江西省政府	

资料来源：长江证券研究部。

第二阶段是行政发债，多措并举。1980年初，中国开始实施"划分收支、分级包干"财政新体制，改变了过去财政收支"大锅饭"格局，中央放弃对地方包办一切事务的做法，逐渐放开了对地方财政的管控，给予地方政府适度财政收支自主权。按权责范围划分收支，在不同阶段按照分类分成、总额分成和收支包干的方法，按照本地具体财政状况上缴一定数额或接收一定补助，"分灶吃饭"，对地方放权让利，地方自求平衡，大大提高地方财政自主性。

为满足地方经济建设需要，各省（自治区、直辖市）开始陆续举债。据中华人民共和国审计署调研显示，在1979年，全国已有八个县区地方政府举借债务，且地方是负有偿还责任的主体。尤其是在 1985 年，中央财政对地方基础设施建设全面实施"拨改贷"后，地方政府基建拨款由中央拨款改为银行贷款，大大提高了地方政府融资成本，导致地方政府集中开始发行债券。1986～1990 年期间新增 131 个市级、833 个县级政府举借债务。考虑到当时未建立规范的金融市场，不可能进行公开市场定价发行，所以地方政府基本上是以国家经济建设的名义将债券摊派给各单位，甚至直接充当职工工资，强制购买，利息很低甚至无息。由于担心强制摊派引起社会公众的不满和地方政府无力承担大规模还本付息的压力，1993 年国务院叫停了这一行为，并在 1994 年颁布的《中华人民共和国预算法》中明确规定，地方政府不得发行地方政府债券，除法律和国务院另有规定外。与此同时，1987 年深圳市开始进行土地拍卖，开启了地方政府土地融资的大门。1992 年，上海市政府成立了上海城市建设投资开发总公司，并授权代其从事城市基础设施投资、建设和运营，拉开了"城投债"发展大幕，公司成立 20 年，总共发行了 17 期债券，募集金额达 188 亿元，如表 4 - 10 所示。

表 4 - 10　　　　　　　　全国各地区政府性债务发生起始年情况

时间	省级			市级			县级		
	当期开始举债个数	累计个数	累计占地区比例（%）	当期开始举债个数	累计个数	累计占地区比例（%）	当期开始举债个数	累计个数	累计占地区比例（%）
1979～1980 年	0	0	—	4	4	1.02	51	51	1.84
1981～1985 年	28	28	77.78	56	60	15.31	300	351	12.63
1986～1990 年	5	33	91.67	121	181	46.17	833	1184	42.61
1991～1996 年	3	36	100	172	353	90.05	1221	2405	86.54

资料来源：中华人民共和国审计署：《全国地方政府性债务审计结果》（审计结果 2011 年第 35 号）。

　　第三阶段是曲线筹资，规模膨胀。1994 年分税制改革后，财力不断上收中央，而地方政府仍然承担着大量公共支出责任，地方财政收支差额日益扩大。同期，中国城镇化进程不断加快，大量新增城市人口对公共基础设施需求迅速增加，如图 4 - 2 所示。

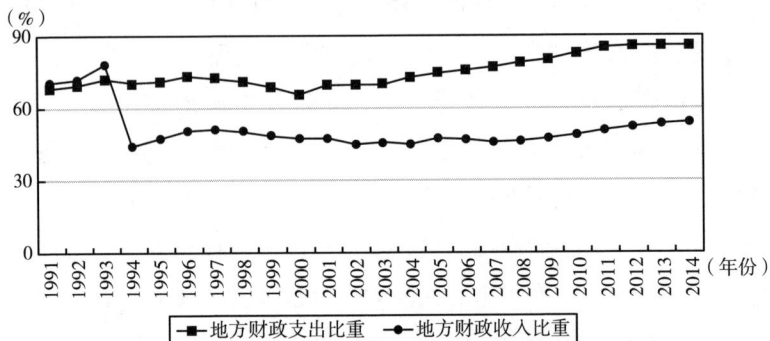

图 4-2　1991~2014 年期间地方政府财政收支比重

　　在中国金融市场发展仍不完善背景下，出于对地方经济发展的需要，地方政府以各种名义绕开 1994 年颁布的《中华人民共和国预算法》和 1996 年颁布的《贷款通则》对地方政府发行债券和直接向银行贷款的限制，通过多种举债方式筹集资金，地方政府融资平台在这样的背景下应运而生。1998 年和 2008 年，两次金融危机成为地方政府融资平台快速发展的助推器。在 1998~2003 年期间，中央总共发行 1080 亿元长期建设债券转贷给地方，国家开发银行也对地方融资平台进行大量软贷款（2007 年已叫停），截至 2012 年国家开发银行城镇化贷款累计发放 6 万亿元，余额 3.4 万亿元，是地方政府最大债权人。2008 年金融危机爆发后，中国政府实施 4 万亿元投资计划以及中央对地方投融资平台的默许和支持，地方政府融资规模开始迅速膨胀。在 2013 年 6 月底，中华人民共和国审计署的审计发现，与 2010 年底 10.7 万亿元地方债务余额总规模相比，仅仅两年时间中国地方政府债务余额就增加 67%，已达 17.9 万亿元。从全国政府债务余额总量看，地方政府债务余额占全国政府债务比重从 2012 年底的 50.50% 上升至 2013 年 6 月底的 52.59%，上升了 2.1 个百分点，地方政府债务余额增速为 13.06%，这是中央政府债务余额增速的近 4 倍。

第三节　中国地方政府直接举借的债务

　　多年以来，中国的政府举债一直是中央政府全权负责事情，地方政府不允许直接举债。直到近几年，中国才打破禁锢，新修订的《中华人民共和国预算法》已经允许地方政府发行债券，并开始对地方政府进行自发自还式举债试点的探索和试行。从现有地方政府性债务形成和规模看，实际上中国地方政府直接举债的时间较短、发行规模较小，并不真正构成地方债务问题。相反，地方政府直接举债可能更多表现出对地方政府举债融资的规范和化解地方债问题的一种风险对冲机制。

一、中国地方政府直接举债的债务规模与结构

2009 年，中华人民共和国财政部代理发行地方政府债券后，地方债在中国开始进入"破冰之旅"。表 4 - 11 显示了地方政府债券的市场认购分布，包括场外市场和场内市场两部分，其中银行证券市场主要针对机构投资者，而银行柜台市场主要针对小型机构投资者和少量个人投资者，这两类都属于场外市场；证券交易所属于场内市场，个人投资者和机构投资者都可以在交易所进行债券买卖。从地方政府债券在金融市场的分销量看，地方政府债主要是由机构投资者购买，个人投资者所占份额非常少。

表 4 - 11　　　　　2009～2014 年地方政府债在各市场间的分销量　　　单位：亿元

年份	总计	银行证券市场	证券交易所	银行柜台市场
2009	2000	1999. 30	0. 70	0
2010	2000	2000. 00	0	0
2011	2000	1996. 80	3. 20	0
2012	2500	2500. 00	0	0
2013	3500	3499. 50	0. 50	0
2014	4000	3999. 20	0. 80	0

资料来源：中国债券信息网。

2009 年，为应对金融危机，保经济增长需要，中华人民共和国财政部代理地方政府发行债券 2000 亿元。此后，在 2010～2014 年分别发行总额为 2000 亿元、2000 亿元、2500 亿元、3500 亿元以及 4000 亿元地方政府债券，发行规模逐年增加。但从弥补财政缺口的角度看，2009～2014 年地方政府债券发行规模还不足当年地方财政收支缺口的 8%。这意味着地方政府债还不构成主要

的地方债务，更多的可能还是剥离地方融资平台的一种风险缓冲机制，如表4-12所示。

表4-12　　　　2009～2014年地方政府债占地方财政收支缺口比重　　　单位：亿元，%

年份	地方财政收支缺口	地方政府债券发行规模	地方政府债券占财政收支缺口比重
2009	28441.55	2000	7.03
2010	33271.39	2000	6.01
2011	40186.57	2000	4.98
2012	46110.05	2500	5.42
2013	50729.18	3500	6.90
2014	53231.90	4000	7.51

资料来源：Wind 数据库。

二、中国地方政府直接举债的发展

中国地方政府债券发展历史较短。这是因为地方政府没有直接发行地方债券的权力，也不允许存在赤字。但近年来，地方政府发债被开始放行，并经历了代发代还、自发代还、自发自还三个阶段的试点。实际上，与代发代还的地方债性质更接近的国债转贷也是一种"曲线地方债"。因此，可以广义理解为中国地方政府的直接举债经历了四个阶段，如图4-3所示。

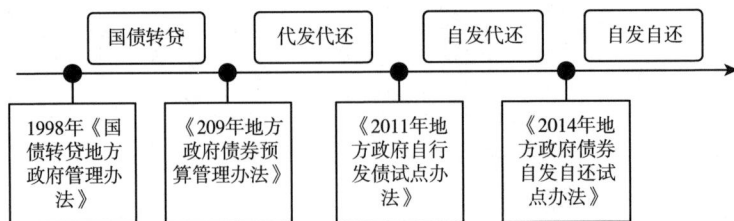

图4-3　中国地方政府直接举借债务的历程

第一阶段是1998～2008年的国债转贷。1998年全国人民代表大会通过了《中华人民共和国公路法》，允许地方政府为公路和交通基础设施建设借款。同时，中华人民共和国财政部发布《国债转贷地方政府管理办法》的通知，要求国债转贷资金要直接落实到具体项目。据统计，1998～2004年中央政府发行短期国债总额约 2.7 万亿元，并将这些基金转贷给地方建设项目。所谓国债转贷是指由财政部增发一定数量国债融资，并将融得的资金转贷给省级政府，支持其特定领域建设，主要用于基建领域，由省级政府在本省范围内统借、统筹、统还，并负责对财政部还本付息。其中财政部转贷给东部沿海地区和中西部内陆地区的贷款成本、期限有所差异：转贷给沿海发达地区的还贷期限为 6 年，含宽限期 2 年，年利率为 5.5%；转贷给中西部地区的还贷期限为 10 年，含宽限期 2 年，年利率为 5%。

在国债转贷模式下，债券发行人是中华人民共和国财政部，而地方政府只是财政部的债务人，对债券投资人而言仍是主权债。这意味着，国债转贷本质上是"中央发债、地方使用"，但转贷资金既不反映中央财政预算赤字，更谈不上地方财政预算中列赤字①，只在往来科目列示，这将不利于监督。况且，国债转贷项目也存在资金使用效率不高和配套资金难落实等问题。

第二阶段是 2009～2010 年的代发代还。2009 年，中华人民共和国财政部出台的《2009 年地方政府债券预算管理办法》明确规定，代发代还地方政府债是经国务院批准同意的省级和计划单列市政府作为发行和偿还主体，由财政部代理发行并代办还本付息和支付发行费的可流通记账式债券。2009～2011年，全国人民代表大会批准地方债总额度为每年 2000 亿元。在此期间，代发代还地方债共计 76 只、发行额度共为 6000 亿元。相比其后的地方债发行，发行利率相对较低。其中，2009 年发行地方债统一为 3 年期，发行利率在1.61%～2.24%；2010 年共发行地方政府债券 10 期，其中 6 期为 3 年期债券，发行总额 1384 亿元，发行利率集中在 2.33%～2.77%；4 期为 5 年期债券，发行总额 616 亿元，利率集中在 2.67%～3.70%。2011 年地方政府债券期限分为 3 年和 5 年，债券发行额分别占国务院批准的发债规模 50%，其中 3 年期发行利率集中在 3.01%～4.07%，5 年期发行利率集中在 3.29%～4.30%。2012 年新增 7 年期地方政府债券品种，但每种期限的债券发行规模不得超过本省（市、自治区）发债规模限额的 50%。2012～2013 年，地方政府债券发行规模扩大至 2500 亿元和 3500 亿元，2014 年政府预算报告中又进一步上调至

---

① 根据原《中华人民共和国预算法》规定，地方政府财政预算不允许列赤字，要求财政平衡。

4000 亿元。

财政部代地方政府发行的地方债券既绕开了地方政府不能直接举债的法律障碍，又明确列入省级预算管理，责权更加明确，可直接使用，也可以作为融资平台资本金。由财政部审批各省市的发债额度，有助于地方政府债券规模的控制，但也附加了中央财政信用。

第三阶段是 2011~2014 年的自发代还。2011 年 10 月，经中华人民共和国国务院批准同意，中华人民共和国财政部下发的《2011 年地方政府自行发债试点办法》明确规定，将上海市、浙江省、广东省、深圳市列为地方政府自行发债试点，试点省（市）在国务院批准的发债规模限额内，自行组织发行本省（市）政府债券，而试点省（市）政府债券将由财政部代办还本付息，故也被称为自发代换发债试点。2012 年 1 月~2013 年 12 月，地方债发行规模共计 58 只、8000 亿元，其中 2012 年和 2013 年分别发行 2500 亿元和 3500 亿元，并发行 3 年期、5 年期以及 7 年期等 3 类期限债券。2012 年 3 年期发行利率为 2.74%~3.47%；5 年期发行利率在 3.02%~3.58%；7 年期发行利率在 3.39%~3.47%。表 4-13 显示，2012 年四个试点省市的发债规模较之前有所增长，主要用于加快民生建设和满足公益性项目建设的后续资金需求。从债券认购来看，5 年期地方债券的中标利率均较 2011 年有所增长。从债券品种来看，2012 年 5 月，财政部继续印发《2012 年地方政府自行发债试点办法》，在发债试点省市不变的情况下，将债券期限扩充至 3 年、5 年和 7 年三种。

表 4-13　　　　　　　　　2011~2012 年试点四省市发债情况

省（市）	2011 年					2012 年				
	总额（亿元）	3 年期		5 年期		总额（亿元）	5 年期		7 年期	
		金额（亿元）	中标利率（%）	金融（亿元）	中标利率（%）		金额（亿元）	中标利率（%）	金融（亿元）	中标利率（%）
深圳	22	11	3.03	11	3.25	27	13.5	3.22	13.5	3.43
广东	69	34.5	3.08	34.5	3.29	86	43	3.21	43	3.40
浙江	67	33	3.01	34	3.24	87	43.5	3.30	43.5	3.47
上海	71	36	3.10	35	3.30	89	44.5	3.25	44.5	3.39
合计	229	114.5		114.5		289	144.5		144.5	

资料来源：Wind 数据库。

表4-14显示，试点四省份发债机制及市场表现。一是地方政府直接参与到一级市场的发债操作中，熟悉承销商和发债流程，为今后过渡到自主发债积累宝贵经验。二是试点发债的利率与国债利率出现倒挂现象，体现出市场上的投资者对于地方债市场的看好，也体现出对试点省份经济实力和偿债能力的信任，说明地方政府债券市场有充足的资金供给。三是在试点发债的情形下，中央政府直接掌握地方政府的债务情况，消除了中央和地方政府之间的信息不对称，而且债券发行的很多信息可以直接在网上找到，便于投资者了解。

表4-15　　　　　　　　　　试点四省市自行发债的市场表现

地方政府	上海市		广东省		浙江省		深圳市	
债券期限（年）	3	5	3	5	3	5	3	5
债券规模（亿元）	36	35	34.50	34.50	33	34	11	11
认购倍数	3.50	3.10	6.50	6.39	3.84	3.70	2.44	2.27
中标利率（%）	3.10	3.30	3.08	3.29	3.01	3.24	3.03	3.25
同期限国债利率（%）	3.13	3.34	3.14	3.37	3.17	3.40	3.11	3.31

资料来源：Wind数据库。

2013年经中华人民共和国国务院批准，适当扩大自行发债试点范围，再增江苏和山东两省。2013年3年期发行利率为3.53%~4.43%，5年期发行利率在3.66%~4.45%，7年期发行利率在4%~4.18%。2013年六个试点地区，统计共发行了652亿元地方债券，较2012年多发行360亿元。2013自主发行的地方债息票水平与国债相近，相较于传统由中华人民共和国财政部代发的地方债，机构的认购热情较高，平均认购倍数在2.14倍左右，中标利率平均3.75%，比传统财政部代发地方债低30基点左右，比AAA级城投债低2~3个百分点。较之代发自还，自发代还无疑更加强调地方政府的自身信用，但由于仍由财政部代偿，实质上仍未脱离中央财政信用，离真正意义上的地方债券仍有差距，如表4-15所示。

表4-15　　　　　　　　　　试点六省市自行发债的市场表现

发行期	规模（亿元）	期限（年）	票面利率（%）	投标倍数
山东省（一期）	56	5	3.94	2.30
（二期）	56	7	4.00	2.14

发行期	规模（亿元）	期限（年）	票面利率（%）	投标倍数
上海市（一期）	56	5	3.94	1.75
（二期）	56	7	4.01	1.64
广东省（一期）	60.5	5	4.00	2.98
（二期）	60.5	7	4.01	2.08
江苏省（一期）	76.5	5	3.88	2.55
（二期）	76.5	7	4.00	2.55
浙江省（一期）	59	5	3.96	1.94
（二期）	59	7	4.17	1.79
深圳市（一期）	18	5	4.11	2.33
（二期）	18	7	4.18	2.22

资料来源：Wind 数据库。

第四阶段是 2014 年至今的自发自还。2014 年 5 月，经中华人民共和国国务院批准，财政部下发的《2014 年地方政府债券自发自还试点法》明确规定，将上海、浙江、广东、深圳、江苏、山东、北京、江西、宁夏、青岛十省（市、自治区）列为地方政府自行发债试点，试点省（市、自治区）在国务院批准的发债规模限额内，自行组织发行本省（市、自治区）政府债券、支付利息和偿还本金，而试点省（市、自治区）政府债券将实行年度发行额管理，全年发行债券总量不得超过批准的当年发债规模限额，故也被称为自发自还发债试点。经国务院批准，2014 年试点发债地区所发行的政府债券为记账式固定利率附息债券，政府债券期限为 5 年、7 年和 10 年，结构比例为 4∶3∶3。试点地区发债总规模为 1092 亿元，当年有效不得结转下年，其中上海、浙江、广东、深圳、江苏、山东、北京、青岛、江西以及宁夏的发债规模分别为 126 亿元、137 亿元、148 亿元、42 亿元、174 亿元、137 亿元、105 亿元、25 亿元、143 亿元和 55 亿元。

试点发行主体为省、直辖市、自治区和计划单列市，名义上都属于"地方政府"，但考虑实际资金运用，具体可区分为两种不同形式：一种是层级下移型代发代还，即原本由财政部代地方发行债券改为省政府代市、县政府发行，在资金运用中存在转贷，并由省政府代下级政府负担偿债责任；另一种是真正的自发自用自还，即北京、上海、青岛、深圳等市级政府发行的债券。2014 年 1 月～2015 年 4 月（5 月开始了地方债存量置换），自发自还地方债共计发行 43 只、4000 亿元，其中 2015 年 1 月～2015 年 4 月，无地方债发行。2014 年发行 5 年期地方债发行利率为 3.63%～4.28%，7 年期地方债发行利率为 3.79%～4.50%，10 年期地方债发行利率为 3.81%～4.33%。

2014 年自发自还并非完全意义上的自主发债，实际是自发代还的升级版，其具有三个典型特点：一是试点地区自行支付债券本息、发行费等资金，财政部不再代办还本付息，同时要建立偿债保障机制；二是债的期限结构有所变化，取消了 3 年期债券品种，增加了 10 年期债券品种；三是要求试点地区要开展地方政府债券信用评级，并及时披露政府债券基本信息、地方财政经济运行及政府债务状况。2011～2014 年地方债发行试点政策的推进情况如表 4-16 所示。

表 4-16　　　　　　　　　地方债发行试点的政策推进

年份	2011	2012	2013	2014
试点地区（个）	4	4	6	10
还债机制	财政部代办还本付息	财政部代办还本付息	财政部代办还本付息	地方自行还本付息
发债额度	国务院批准限额内，当年有效不得结转	国务院批准限额内，当年有效不得结转	国务院批准限额内，当年有效不得结转	国务院批准限额内，当年有效不得结转
债券期限	3 年、5 年各占 50%	3 年、5 年、7 年均不能超过总额的 50%	3 年、5 年、7 年均不能超过总额的 50%	5 年、7 年、10 年比例为 4:3:3
定价机制	以新发国债发行利率及市场利率为定价基准，采用单一利率发债定价机制确定债券发行利率	以新发国债发行利率及市场利率为定价基准，采用单一利率发债定价机制确定债券发行利率	以新发国债发行利率及市场利率为定价基准，采用单一利率发债定价机制确定债券发行利率。如发行利率低于招标日前 1～5 个工作日相同待偿期国债收益率，试点地区须在债券发行情况中进行重点说明	以新发国债发行利率及市场利率为定价基准，采用单一利率发债定价机制确定债券发行利率。如发行利率低于招标日前 1～5 个工作日相同待偿期国债收益率，试点地区须在债券发行情况中进行重点说明
评级与否	无	无	逐步推进建立信用评级制度	试点地区按照有关规定开展债券信用评级，择优选择信用评级机构。信用评级机构及时发布信用评级报告

资料来源：笔者整理。

第四节　中国地方政府融资平台的债务

地方政府大量负债可能是特定发展阶段特殊需求的结果。从国际上看，这主要表现在工业化、城镇化加速发展阶段。中国也不例外，地方政府融资平台是由工业化、城镇化加速发展引发巨大投融资需求的合理因素与诸多体制、机制不完善造成的不合理因素，叠加所致。因此，地方政府融资平台的存在既有合理"补位"一面——解决财政缺口，也有不合理"越位"一面——潜在风险隐患。2013 年 6 月中华人民共和国审计署的审计显示，地方融资平台公司债务规模已达 6.97 万亿元，占地方政府债务余额总量的 38.96%，这意味地方融资平台已成为地方政府债务融资的主要渠道。正因如此，识别、衡量和化解地方政府融资平台的债务风险也是保障中国地方政府债务可持续的重要组成部分。也就是说，地方政府融资平台自身的债务风险也是探讨地方政府债务可持续与否绕不开的历史。

一、中国地方政府融资平台的债务规模与结构

在中国，所谓的地方政府融资平台是指在原《中华人民共和国预算法》禁止地方政府直接举债融资背景下，以融资为主要目的，由各级地方政府成立的各种名义公司，如城市建设投资公司、城建开发公司以及城建资产公司等，曲线从银行获取贷款，再进行地方基建、市政、公共事业的建设。2010 年，中华人民共和国国务院下发的《关于加强地方政府融资平台公司管理有关问题的通知》明确指出，地方政府融资平台又称地方政府投融资平台，是地方政府为筹集资金进行公益性和基础性①项目建设而设立的具有独立法人资格的经济实体，一般由地方政府以注入财政资金、划拨土地或股权资产等方式设立的企业，主要承担地方政府投资地区基础设施和公益性项目的融资功能。根据

---

① 项目可分为公益性、基础性和竞争性三类。公益性项目是指向社会提供纯公共产品或准公共产品的非经营性项目，具有不产生收入的特点，如城市普通道路。基础性项目是指向社会提供准公共产品的经营性项目，具有收益低的特点，如高速公路。

2014年10月中华人民共和国国务院下发的《关于加强地方政府性债务管理的意见》，清理后的地方政府融资平台可分为两类：一是承担公益性项目投资、融资、建设、运营业务的融资平台公司；二是承担非公益性项目融资任务的融资平台公司。

2013年6月中华人民共和国审计署审计结果显示，地方融资平台数量从2008年上半年3000多家增至2013年7170多家，债务余额从2010年末的49711亿元增加至2013年6月的69704亿元。地方政府融资平台的融资方式主要有直接融资和间接融资两种：直接融资包括城投债、中期票据、短期融资券、资产证券化、BT、BOT等；间接融资包括银行贷款、信托融资、融资租赁以及"银信政"理财产品①等。从融资平台债务的资金来源看，以非银行贷款形式存在的间接融资占比逐渐增加。与2010年底债务结构相比，BT负债、信托融资"爆发"，城投债也明显增长，而贷款占比下降。

二、中国地方政府融资平台的发展

实际上，地方政府融资平台的快速发展不仅是特定发展阶段的现实产物，更具有深刻的历史背景。在原《中华人民共和国预算法》不允许地方政府举债，地方财力"捉襟见肘"时，地方政府融资平台的出现和快速发展就是理所当然的事情。总体上，地方政府融资平台发展分为四个阶段。

地方政府融资平台初创期（1980年初～1997年）。地方政府融资平台的历史由来已久，最早可以追溯到20世纪80年代末，地方政府为了减轻缺乏直接资本融资途径的负面影响，采取创新举措——成立新的融资机构。其中，较有影响的是上海市基建项目融资。因城市快速发展，基建设施相对落后，市政府财政相对不足，在此背景下，1992年7月上海市政府组建上海市城市建设投资开发总公司，凭借上海市政府信用背书，向金融机构融资。随着城镇化急速推进，经济高速增长，基础设施建设也随之急速规模扩张，各地纷纷复制上海市城投模式。据统计，在1981～1985年期间，有28个省级政府（含计划单

---

① "银信政"产品是指经地方政府及融资平台、银行、信托公司等各方协商一致的前提下，由银行发行理财产品，将所筹资金用于认购投资于地方政府融资平台债权或者特定项目股权的信托产品，同时由地方政府或融资平台出具回购承诺函等提供担保。

列市）举借地方政府债务，包括负有偿还责任或担保责任的债务；在 1986 ~ 1996 年期间，有 293 个市级和 2054 个县级地方政府举借地方政府债务；至 1996 年底，全国所有省级政府、90.05% 的市级政府以及 86.54% 的县级政府都举借了地方政府债务，如表 4 - 17 所示。

表 4 - 17　　　　　　　全国各地区政府性债务发生起始年情况

时间	省级			市级			县级		
	当期开始举借个数	累计个数	累计占总地区比例（%）	当期开始举借个数	累计个数	累计占总地区比例（%）	当期开始举借个数	累计个数	累计占总地区比例（%）
1979 ~ 1980 年	0	0	—	4	4	1.02	51	51	1.84
1981 ~ 1985 年	28	28	77.78	56	60	15.31	300	351	12.63
1986 ~ 1990 年	5	33	91.67	121	181	46.17	833	1184	42.61
1991 ~ 1996 年	3	36	100	172	353	90.05	1221	2405	86.54

资料来源：中华人民共和国审计署：《全国地方政府性债务审计结果》（2011 年第 35 号）。

地方政府融资平台推广期（1997 ~ 2007 年）。1997 年亚洲金融危机爆发，在政府积极财政政策刺激经济的背景下，中华人民共和国国务院发布文件允许平台公司拓宽融资的渠道和工具，地方融资平台得到迅速推广。城投债是依托地方融资平台发行的用于城市基础设施建设的企业债券，包括企业债、中期票据（2008 年开始出现）和短期融资券（2010 年开始出现），与一般企业债和市政债有着明显区别，主要在银行间市场发行，如表 4 - 18 所示。据统计，2000 年以前的城投债融资利率较高，基本维持在 6% ~ 9%，2000 年以后发行利率降至 3% ~ 5%，利率变化趋势也从侧面说明了地方政府融资平台在这一时期逐步壮大过程。

表 4 - 18　　　　　　　　　中国城投债特征

	城投债	市政债	企业债
发债主体	地方政府直属的建设投资公司	地方政府或其代理机构	符合发债条件的企业
信用支持	政策性银行、授信银行以及政府隐性信用担保	政府信用（财政支持）	授信银行或其他担保机构担保

续表

	城投债	市政债	企业债
偿债资金来源	发债主体未来现金流、发债项目收益、政府财政补贴	地方政府财政收入、建设经营的基础设施项目的收益	发债主体未来现金流以及发债项目收益
募集资金用途	公用基础设施建设、地方政府土地资源兑现	公用基础设施建设	企业生产经营项目

资料来源：笔者整理。

地方政府融资平台爆发期（2007~2010年）。2008年，为了抵御国际金融危机冲击，中国中央政府推出4万亿元财政刺激计划，首次明确鼓励支持融资平台建设，为地方利用融资平台搞负债投资扫清了政策顾虑，导致地方政府融资平台的"井喷式"发展。2008年中华人民共和国发展和改革委员会推出《关于推进企业债券市场发展、简化发行核准程序有关事项的通知》，将企业债"批准制"改为"核准制"，并取消总额限制。2009年，中国人民银行联合中国银行业监督管理委员会发布的《关于进一步加强信贷结构调整促进国民经济平稳较快发展的指导意见》明确提出，支持有条件的地方政府组建投融资平台，并鼓励地方政府通过增加地方财政贴息、完善信贷奖补机制、设立合规的政府投融资平台等多种方式，吸引和激励银行业金融机构加大对中央投资项目的信贷支持力度，这也标志着中国政府正式对地方政府投融资平台予以认可。自此，全国各地融资平台进入快速发展轨道。据相关监管部门统计，2008年中国地方政府融资平台就多达3000家，2009年发展至8000家，截至2010年底，地方融资平台已多达10000家，3年平均增长72.33%，其中2009年增长166.67%。同时，城投债的发行力度，发行品种、规模和数量也呈迅速发展趋势。2009年发行城投类企业债1701亿元，是2008年的4.94倍，城投类中票发行规模则达701亿元，如图4-4所示。

地方政府融资平台调整期（2010年至今）。2008年以来，中央政府主导的4万亿元财政投资计划，对公共基础设施领域进行了强力刺激，地方政府融资平台作为财政加杠杆的融资工具，过度发挥土地融资增信功能，地方政府性债务规模急剧增加。于是，中华人民共和国国务院先后发布了一系列政策文件，旨在规范地方政府债务融资行为，防范化解地方债务风险。其中，2010年的《关于加强地方政府融资平台公司管理有关问题的通知》和《关于贯彻

〈国务院关于加强地方政府融资平台公司管理有关问题的通知〉相关事项的通知》明确提出，要求对地方融资平台债务进行核实并清理，收紧地方融资平台发债口径。2014 年 9 月的《国务院关于加强地方政府性债务管理的意见》明确规定，要求规范化地方政府举债融资机制，强调剥离融资平台公司政府融资职能，融资平台公司不得新增政府债务。2015 年 3 月，经中华人民共和国国务院批准，财政部又下发 1 万亿元地方政府债券置换存量债务额度，用以置换地方政府负有偿还责任的存量债务中 2015 年到期需要偿还的部分。受这些政策影响（见表 4 - 19），地方融资平台在新增银行贷款上受到严格限制，地方政府又转向通过发行城投债来填补平台贷款"降旧控新"所带来的资金缺口。据统计，与 2011 年相比，2012 年城投债发行规模已达 8877 亿元，翻了一番。2014 年至今，共计发行 2533 只城投债，发行规模达 25389.8 亿元。

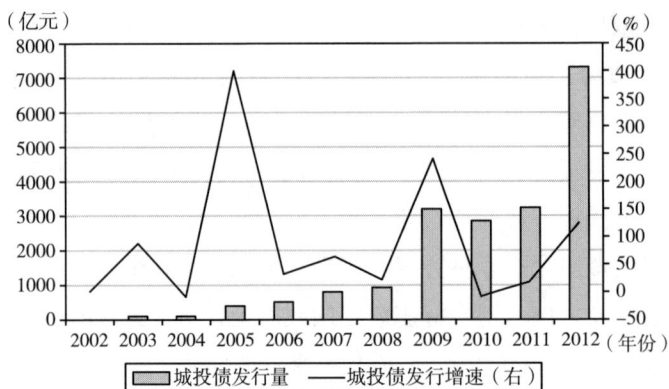

图 4 - 4　中国城投债增速迅猛

资料来源：Wind 数据库。

表 4 - 19　　　　　　　　　　2010 年以来中国地方融资平台政策梳理

时间	已出台的政策文件	政策重点
2010 年 6 月 13 日	《关于加强地方政府融资平台公司管理有关问题的通知》	国务院指出地方融资平台存在问题，提出债务责任落实以及平台分类管理
2010 年 11 月 20 日	《关于进一步规范地方政府投融资平台公司发行债券行为有关问题的通知》	国家发展和改革委员会发文提出防范地方平台的债务融资风险，明确自营收益发债要求，并规范地方政府担保行为

续表

时间	已出台的政策文件	政策重点
2011 年 6 月 9 日	《关于利用债券融资支持保障性住房建设有关问题的通知》	地方政府投融资平台公司发行企业债券应优先用于保障性住房建设
2012 年 11 月 5 日	《关于加强土地储备与融资管理的通知》	旨在规范土地储备融资行为，应纳入地方政府性债务统一管理
2012 年 12 月 24 日	《关于制止地方政府违法违规融资行为的通知》	主要对地方政府回购行为、融资平台注资行为、地方政府担保承诺行为进行规范和管理
2014 年 9 月 21 日	《国务院关于加强地方政府债务管理的意见》	1. 省级政府为唯一的举债主体，举债方式为一般债券和专项债券，限定发债额度、用途和偿还方式，实施全口径预算管理 2. 推广 PPP 模式，减轻政府支出责任；着手清理融资平台，制止平台新增债务
2014 年 10 月 23 日	《地方政府存量债务纳入预算管理清理甄别办法》	1. 逐笔甄别，分类将存量债务甄别为一般债务、专项债务，锁定债务余额，纳入预算管理 2. 积极采用 PPP 处理融资平台存量项目
2015 年 3 月 12 日	《地方政府一般债券发行管理暂行办法》	1. 为无收益的公益项目发行，以一般公共预算还本付息，单一期限债券的发行规模不得超过一般债券当年发行规模的 30% 2. 鼓励社会保险基金、住房公积金、企业年金、职业年金、保险公司等机构投资者和个人投资者购买
2015 年 3 月 18 日	《2015 年地方政府专项债券预算管理办法》	1. 包括新增专项债券和存量债券置换专项债券，纳入政府性基金预算管理 2. 专项债券按市场化原则在银行间债券市场、证券交易所市场等发行
2015 年 4 月 10 日	《关于 2015 年地方政府一般债券预算管理办法》	1. 包括新增一般债券和存量债券置换一般债券 2. 在财政部分配的额度内，在市县之间分配，市县债券由省级财政部门代办发行
2015 年 5 月 11 日	《关于妥善解决地方政府融资平台公司在建项目后续融资问题的意见》	1. 存量融资需求（2014 年 12 月 31 日之前）：借款合同尚未到期，应当按照合同继续放款；合同到期，修订期限和抵押品，重新签订合同 2. 增量融资需求：积极推广 PPP 弥补资金需求；对不适宜采用 PPP 模式的符合规定的项目，纳入政府预算管理，发行政府债券解决 3. 重点支持农田水利设施、保障性安居工程、城市轨道交通等领域的融资平台公司在建项目

资料来源：笔者整理。

|第五章|
中国地方政府债务可持续性实证评估

　　如何勒紧"地方债野马"的缰绳，关键是对地方政府的债务问题作出科学客观地评估，将地方政府债务的或有风险控制在安全区间内。国际上，通常用债务可持续性来评估和分析政府债务问题。如果地方政府债务是可持续的，则意味着在给定债务融资成本的前提下，即使受到外部经济中各种不确定冲击，地方财政在不需要作出特别或重大调整的情况下，就有一定能力保证对政府债务的及时清偿，持续有效刺激经济增长。就中国而言，地方债问题已是一个客观存在事实，亟须明确地方政府债务可持续性评估问题。

第一节　债务可持续性指标评估

　　迄今为止，中华人民共和国审计署已对 30 个省、市、自治区的政府性债务进行了相关审计①，这 30 份地方审计报告，加上之前发布的全国审计报告，

---

① 第一次是 2011 年，中华人民共和国审计署审计了 1979 年以来至 2010 年底，全国 31 个省市区的地方政府性债务；第二次是 2012 年 11 月至 2013 年 2 月，审计署选取全国 36 个地区（15 个省及其所属的 15 个省会城市、3 个直辖市及其所属的 3 个市辖区），审计了 2011 年和 2012 年的地方政府性债务。鉴于第二次只选取了 36 个地区，因此，2013 年 8 月 1 日审计是继 2011 年后，审计署第二次全面"摸底"地方政府性债务。

构成了目前最详尽与最权威的政府性债务数据，为本章基础研究提供难得材料。因此，本节将对这些材料加以斟酌与推敲，从量上给出中国地方政府债务可持续与否的最直观认识。

一、负债率

政府债务可持续的重要标志是政府具有合理的债务负担率。合理的债务负担率既是政府维持良好财政流动性的重要保障，也是确保地方政府债务安全性的"风向标"。许多研究表明[1]，在债务阈值内，债务与 GDP 正向相关。图 5 - 1 显示，目前中国地方政府性债务与 GDP 成正相关关系，这说明地方经济发达程度越高，政府税收就越充沛，相应地政府偿债能力越大，所能支持的债务规模自然也高。总体上，中国地方政府性债务还在债务门槛内，处于风险可控范围内。但值得关注的是，一些省份债务负担率较高，如云南省 GDP 仅是山东省的1/5，但其债务规模却几乎与山东省旗鼓相当，具有一定风险。

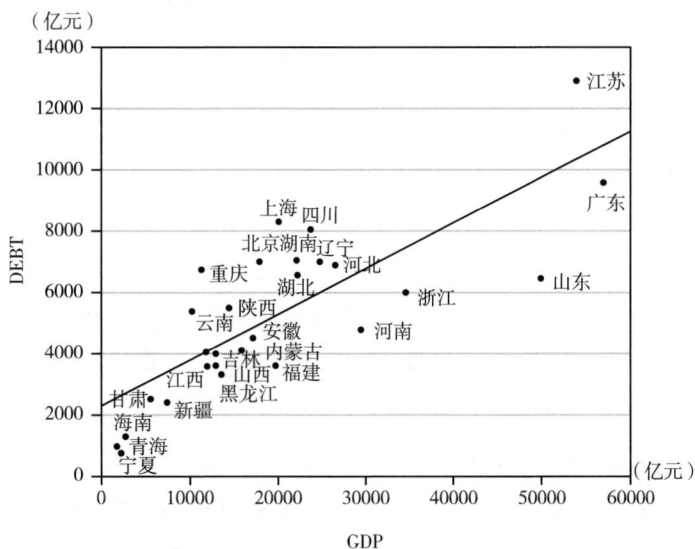

图 5 - 1 中国地方政府 GDP 与政府性债务关系

资料来源：Wind 数据库。

---

[1] 伊斯兰（Islam, 1995）、莱因哈特和罗格夫（Reinhart and Rogoff, 2010）、切凯蒂（Cecchetti, 2011）以及凯凯里塔和罗瑟（Checherita and Rother, 2012）等研究都表明，政府债务对经济的影响存在门槛效应，在门槛内二者是正相关关系。

一般而言，国际上常用年末政府债务余额与当年 GDP 的比值，即政府负债率作为一国政府债务是否可持续的评判标准，它衡量一定经济规模对政府债务的承载能力或依赖程度。欧盟《马斯特里赫特条约》明确规定，政府债务风险控制标准参考值之一是政府负债率不超过 60%。2012 年，全国政府性债务的总负债率为 39.43%，低于 60%。即使分区域看①，图 5-2 显示，地方政府负债率同样没有超过 60% 安全线，其中最低值为山东省的 12.79%，最高值为重庆市的 58.68%，平均值为 31.28%。

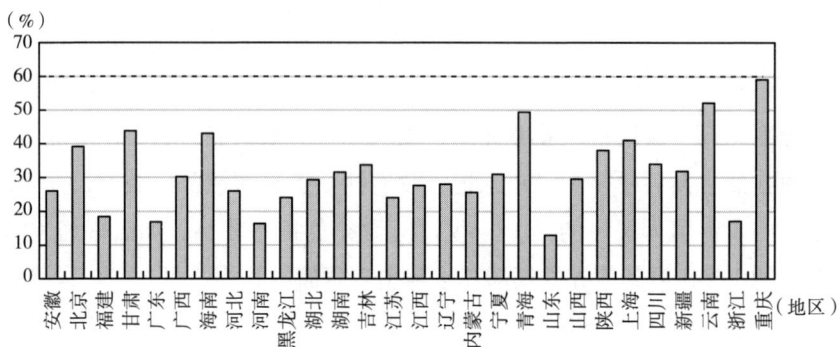

图 5-2 中国地方政府负债率

资料来源：Wind 数据库。

二、债务率

另一个衡量政府债务规模大小的重要指标是债务率。它是年末债务余额与当年政府综合财力的比值，一定程度上也反映出地方政府偿债压力和债务可持续与否的状况。国际货币基金组织（IMF）确定的政府债务风险控制标准参考值之一就是债务率控制在 90%～150%。就中国而言，按照地方政府负有偿还责任的债务计算，债务率最高的是北京市，达 98.93%；债务率控制在 75%～90% 的有贵州、湖北、云南、上海和吉林 5 个省份，其债务率分别是 83.62%、77.64%、77.14%、76.12% 和 75.98%。如果将地方政府负有担保责任和可能

---

① 地方政府负债率是大口径债务负担率，即地方政府总债务占地方 GDP 的比重。需要说明的是，地方政府性债务审计报告中查不到 2012 年天津市和贵州省的数据，故地方政府负债率不包括天津市和贵州省。

承担一定救助责任的债务包括在内计算，总债务率为90%以上的省份有北京、重庆、贵州以及云南4个，其债务率分别是99.86%、92.75%、92.01%和91.01%。总债务率控制在75%~90%的有湖北、上海、吉林、海南、河北、四川以及内蒙古7个省份，其债务率分别是88%、87.62%、84.13%、81.03%、80.62%、77.65%以及77.18%。尽管这些地区未来的偿债压力很大，值得重点关注，但中国地方政府性债务率总体上都处于《马斯特里赫特条约》规定的安全线内，如图5-3所示。

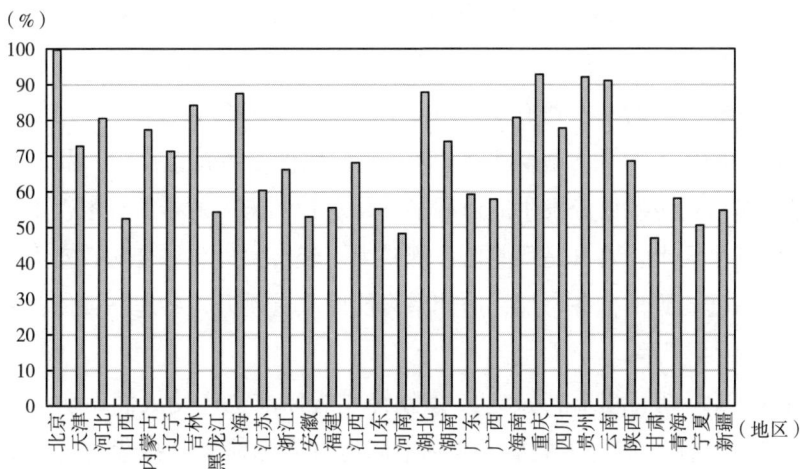

图5-3　中国地方政府债务率

资料来源：Wind 数据库。

三、逾期率

还有一个重要的地方政府债务风险指标就是逾期率，它不仅反映了地方的违约史和信用文化，是地方政府信用记录的重要依据，作为地方政府债务风险的警示指标同样具备很高的参考价值。国际上通用的政府债务风险控制标准参考值是债务逾期率不超过3%。据中国地方审计报告显示，扣除应付未付款项形成的逾期债务后[①]，湖南、云南、内蒙古、陕西、河南以及四川6个省份的政府负有偿还责任债务逾期率超过了3%，其债务逾期率分别为4.1%、

---

① 地方审计机关披露的逾期率有政府负有偿还、担保及救助责任三类债务的逾期率。

4.09%、3.66%、3.65%、3.4%以及 3.19%；政府债务逾期率控制在 2%～3%的有甘肃、山东、河北、辽宁、新疆、重庆、安徽、宁夏、黑龙江以及贵州 10 个省份，其债务逾期率分别为 2.98%、2.76%、2.56%、2.56%、2.55%、2.46%、2.44%、2.41%、2.36%以及 2.28%；其他余下的 14 个省份的政府债务逾期率普遍都在 2%以下。

其他两类债务的逾期率也有不少值得关注之处，其中甘肃省政府负有担保责任债务的逾期债务率最高，已达 10.27%，河南、湖南、云南 3 省的政府负有担保责任债务的逾期率次之，分别为 7.04%、5.58%和 5.44%。而负有救助责任债务的逾期率最高的是内蒙古自治区，达 28.31%，山东、江西、山西以及宁夏 4 省区的逾期率各有 8.82%、8.59%、8.19%以及 6.80%。总体上，负有偿还责任债务的平均逾期率在 2%左右，仍处于可控范围内。需要注意的是，逾期率仅衡量对已经发生的信用事件，对预测未来的帮助有限，不排除有新的地区后来居上，尤其是那些债务规模大、经济实力和综合财政实力相对薄弱的地区，随着到期债务增加，逾期率可能面临着跳升，各地三类债务逾期率情况如图 5-4 所示。

当然，《马斯特里赫特条约》债务警戒线标准也广受人们诟病。这些指标都是绝对指标，不能从根本上区别不同地方实际债务可持续与否。从实践来看，针对同一指标，各国警戒线并不相同。美国和哥伦比亚均采用债务率标准，前者的警戒线在 90%～120%之间，后者的警戒线为 80%。而且，同一国家不同层级地方政府对债务风险指标划定的警戒线也不尽相同。巴西规定州一级的债务率警戒线为 200%，市一级的警戒线为 120%。甚至同一国家同一层级地方政府之间警戒线也有差异。美国各州的警戒线并不统一，债务率的警戒线低至 90%，高至 120%；负债率的警戒线则分布在 13%～16%之间。另外，债务风险的"国际警戒线"是有弹性的，即使某个国家和地区债务风险指标"触线"也并不意味着一定会出现债务危机。2012 年美国伊利诺伊州、马萨诸塞州、内华达州、德克萨斯州的债务率均突破了 120%的警戒线，但都未出现债务危机。事实上，欧盟在用 60%的负债率和 3%的赤字率作为衡量成员国财政赤字是否"过度"的参考值时还设置了一些变通条件，使得该标准具有相当的弹性。例如，当某成员国的负债率高于60%时，只要"有足够的降低并正以令人满意的速度趋近参考值"也不应

被视为"过度"。例如，比利时、意大利加入欧盟的负债率分别高达115%
和114.5%。

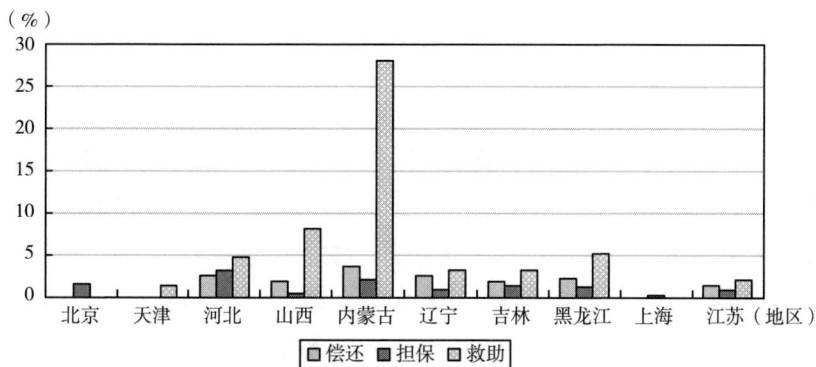

（a）负债率

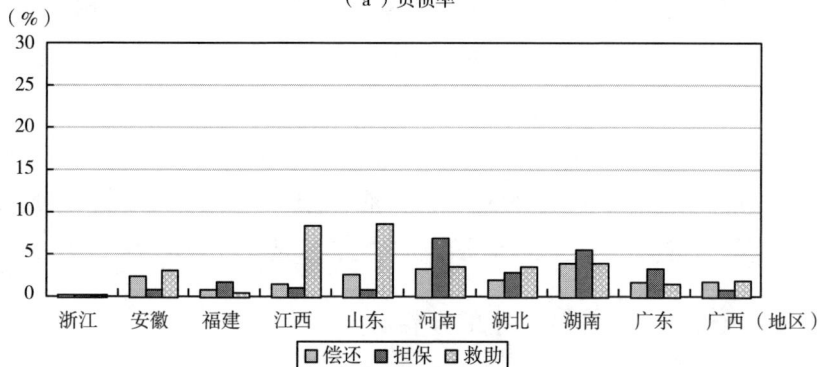

（b）债务率

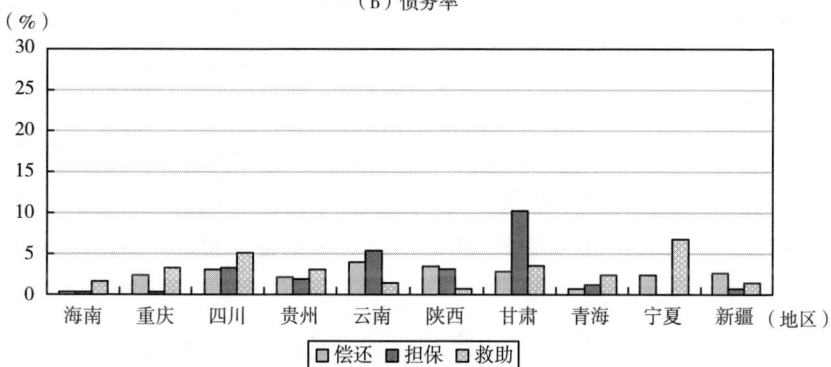

（c）逾期率

图5-4　中国地方政府三类债务逾期率

资料来源：Wind数据库。

四、风险评估

从时间维度看，地方政府债务可持续有两层含义：一是短期内地方政府债务没有流动性风险；二是长期内地方政府债务没有资不抵债风险。与其他国家相比，中国地方政府拥有国有土地所有权和国有企业，这些大量的优质偿债资产确保地方政府具有较高的偿债能力。况且，历史上中国原《中华人民共和国预算法》曾一度禁止地方政府举债融资，发债历史较短，发生资不抵债的风险概率很小。事实上，中华人民共和国审计署 2012 年审计报告也显示中国政府债务状况整体比较健康，经过或有债务调整后的政府债务负担率也仅有 39.43%，远低于国际惯用的《马斯特里赫特条约》规定的 60% 的国际警戒线。但不容忽视的是，近几年地方政府债务规模增长的斜率太陡，据测算地方政府债务年均增速达 27%。地方政府债务增长速度较快，这是一个危险的信号，很容易导致短期内出现较大的债务偿付压力。因此，相比资产负债表，更有必要对地方政府债务的流动性风险进行评估。按照国际上通行的衡量政府债务不可持续做法，主要有两大指标：一是政府债务偿付压力；二是政府债务承受能力。

(一) 地方政府债务偿付压力指标

如果债务规模过大，而偿还期限又比较集中，易导致债务资金回报与清偿期限错配，这样政府将面临较大的短期流动性。因此，选择如下一些指标来衡量地方政府短期违约的可能。

第一，地方政府债务率。这也是国际上认可的反映地方政府债务负担的基本指标，包括直接政府债务率和总政府债务率，前者是指政府负有偿还责任的债务与地方总财力的比值，后者是指政府负有担保责任和救助责任的债务总和与地方总财力的比值。

第二，政府债务期限结构。众所周知，即使具有相同的债务水平，短期限债务占比较大的地方政府往往面临较大的流动性风险。例如，信托融资在 2012~2013 年"井喷式"增长，其到期期限一般为 1.5~2 年，这意味着 2014~2015 年是偿还高峰期。

第三，影子债务规模。据中国审计报告显示，地方政府债务资金来源主要是银行贷款、BT、债务和信托融资。相比而言，在金融监管中，银行贷款受风险拨备金、存款准备金率等指标约束，其风险可控。而信托和 BT 等影子业务资金来源具有较大不确定性，加之监管不完善，必然会影响债务偿付期限，增加债务短期偿付压力。

第四，县乡债务和或有债务占比。从政府信用评级而言，行政级别较低政府，其所拥有财政资源越有限，债务偿付能力自然也越弱。从偿还不确定性而言，与直接债务相比，或有债务出现违约风险的概率较大。因此，这两种债务占比较大的政府债务偿付压力也较大。

第五，债务逾期率和或有债务代偿率。这两类指标直接决定了地方政府信用记录，债务逾期率较大的政府，无疑也说明该政府面临较大债务偿付压力；或有债务代偿率从另一个侧面反映地方政府财力对债务清偿的程度，更为重要的是，各地政府审计报告披露了这两项指标，这为全面评估地方政府债务可持续提供数据支持。

（二）地方政府债务承受能力指标

债务危机告诉我们，关于政府债务的可持续性，仅靠债务率等绝对指标也是比较局限的。债务率或赤字率只是政府债务问题的领先性指标，且只能在方向上预测政府信用风险。如果债务率或赤字率较高，那么意味着政府债务问题爆发可能性高。但是，预测债务违约可能性不能等同于债务问题本身。例如，2012 年日本与希腊的政府债务占 GDP 比重分别高达 196% 和 156.9%，但日本长期以来并无债务危机，而希腊却在 2009 年爆发债务危机、持续至今仍悬而未决，主权危机还进一步威胁到希腊甚至欧元区的经济稳定。这些都说明，评估地方政府债务可持续性还应考虑不同地方所能承受的债务水平上限的不同。没有"放之四海而皆准"的政府债务可持续标准，不同国家或同一国家不同时期，政府财政能力、金融市场融资条件以及外部经济环境等都存在差异，故政府负担债务能力自然有差异。基于此，我们具体关注地方政府债务承受能力的指标主要有三个方面：一是地方生产总值 GDP，这是衡量一个地方财政实力的先决条件指标；二是地方人口与服务业发展水平，常用地方人口规模与地方服务业产值占 GDP 比重来衡量，这些指标反映了社会对地方长期发展前景的预期，以及地方获得收入的可持续性；三是金融资源，用存款规模量化，这意味着融资的便利程度。

为全面综合衡量中国不同地方政府债务的可持续性，我们按照分级加权法对政府债务压力和承受力指标进行加权分级，具体做法是：按照政府债务压力和承受力程度不同分别给予不同指标不同权重，分别打分。其中，排名前20%则赋予5分，排名介于20%~40%之间则赋予4分，以此类推，排名后20%则赋予1分，所有指标权重得分简单加总作为该地方政府债务总得分。这意味着综合得分越低，债务可持续性面临信用风险越大。

表5-1测算结果显示，综合得分较低的6个地区包括内蒙古自治区、重庆市、贵州省、四川省、宁夏回族自治区以及江西省的政府性债务信用风险较大，而综合得分较高的5个地区包括广东省、浙江省、辽宁省、黑龙江省以及北京市的政府性债务信用风险较小。这意味着，尽管目前中国地方政府债务风险分化严重，部分地方政府债务面临一定流动性风险，但考虑到中国经济增长率显著高于政府发债利率，整体上中国地方政府的偿债能力向好，负债率仍在安全区间之内，不存在系统性风险。

表5-1 地方信用风险综合评估

地区	债务压力	债务承受力	综合得分	地区	债务压力	债务承受力	综合得分
内蒙古	15	9	24	上海	22	16	38
重庆	16	10	26	山东	20	18	38
贵州	19	9	28	海南	30	8	38
四川	15	14	29	广西	27	11	38
宁夏	22	7	29	江苏	19	19	38
江西	22	8	30	青海	35	4	39
吉林	23	7	30	天津	28	11	39
甘肃	23	7	30	福建	26	14	40
河北	15	16	31	厦门	32	8	40
陕西	22	10	32	河南	26	15	41
湖南	19	14	33	北京	28	14	42
云南	22	12	34	辽宁	31	13	44
新疆	29	5	34	黑龙江	31	13	44
山西	23	11	34	浙江	29	18	47
湖北	20	14	34	广东	29	19	48
安徽	25	11	36	平均	24	12	36

资料来源：笔者自行测算结果。

第二节　地方政府债务上限估计

尽管博恩（1998；2008）提出的财政反馈函数已成为实证测算政府上限的典型方法，但难免受到一些研究质疑。IMF（2008）指出传统地依赖过去历史数据进行可持续性分析，对未来实际债务的可持续评价没有任何意义。现代财政主义认为，政府跨期预算约束只是政府债务可持续性检验的一个统计问题，而不具有任何理论意义，因为在均衡时，政府跨期预算约束总是确定成立的。还有一些研究者强调，假设利率和经济增长率相对于财政政策而言是外生变量，事实上政府债务状态可持续与否反过来也会影响这些变量。伍德福德（Woodford，1996）、戴维和利珀（Davig and Leeper，2006）认为①，如果基本财政盈余发生外生变动，保证政府跨期预算约束得以满足可通过三个渠道：一是创造足够铸币税收，保证货币政策内生变动带来的货币存量与所需货币需求相等；二是通过财政冲击造成不可预期性通货紧缩或通货膨胀，并由此来相应地增加或减少未清偿的政府债务实际值；三是改变政府债务利息的实际成本。况且，单纯地稳定债务不能确保长期的偿债能力。许多发达经济体的债务水平已经打破危机之前的纪录，任何未预测到的重大事件（如又一轮金融危机）都可能导致债务水平再度大幅上升，目前看似可持续的政府债务状况将迅速变得不可持续。基于上述考虑，本章将采用汇信·比和埃里克·M·利珀（2013）分析框架，估计中国地方政府上限并进行相关经济效应分析。

一、基本模型

在比（2012）研究基础上，构建一个包含政府债务上限的三部门模型，并利用拉弗曲线计算最大税率，进而得出政府能够承担的债务上限水平。

（一）企业部门

假定生产函数中仅包括劳动力供给与技术两种因素，暂不考虑资本积累。

---

① 他们提出价格决定的财政理论（fiscal theory of price level，FTPL），认为与其说政府跨期预算等式是一个约束条件，还不如视为一个均衡条件。

$$Y_t = A_t N_t \qquad (5-1)$$

其中，A_t 是劳动力生产率，N_t 是劳动供给。在劳动力市场完全竞争的假设下，工资等于劳动力边际产出。

$$W_t = A_t \qquad (5-2)$$

产出 Y_t 可被用来消费 c_t 和政府购买 g_t，故总资源约束条件为：

$$c_t + g_t = A_t N_t \qquad (5-3)$$

劳动生产率 A_t 变化满足 AR（1）过程，A 表示稳态技术水平，则有，

$$\ln \frac{A_t}{A} = \rho^A \ln \frac{A_{t-1}}{A} + \varepsilon_t^A \qquad \varepsilon_t^A \sim N(0, \sigma_A^2) \qquad (5-4)$$

（二）家庭部门

一个封闭经济体是由大量同质居民组成，代表性居民最大化一生效用 U，代表性居民的效用函数为：

$$U = E_0 \sum_{\infty}^{\infty} \beta^t u(c_t, L_t) \qquad (5-5)$$

$$\text{s. t. } c_t + b_t q_t = A_t(1 - \tau_t)N_t + z_t + (1 - \Delta_t)b_{t-1} \qquad (5-6)$$

其中，L_t 是休闲时间，N_t 是劳动供给。假定对任意给定的休闲 L_t 或劳动 N_t，代表性居民都有 1 单位时间禀赋，$L_t + N_t = 1$。消费者购买商品 c_t 和政府债券 b_t，政府债券价格 q_t，居民预算收入包括税收收入 $A_t(1 - \tau_t)N_t$、一次性转移支付 z_t 和前期购买政府债券的利息收入 $(1 - \Delta_t)b_{t-1}$，政府对于上期债务 b_{t-1} 的偿还可能出现部分违约，其损失为 Δ_t，其中 $\Delta_t \in [0, 1]$。E_0 是基于时刻 0 信息的预期，$\beta \in [0, 1]$ 是贴现率。假定效用函数是 $u(c_t, L_t) = \log c_t + \phi \log L_t$，其中 ϕ 是休闲偏好系数。

居民效用最大化的贝尔曼方程是：

$$\max_{c_t, L_t, b_t} V(b_{t-1}) = u(c_t, L_t) + \beta E_t V(b_t) + \lambda_t \{ A_t(1 - \tau_t)N_t + z_t$$
$$- c_t - b_t q_t + (1 - \Delta_t)b_{t-1} \} \qquad (5-7)$$

其中，$V(\cdot)$ 表示值函数，λ_t 是预算约束的拉格朗日乘数。代表性居民效用最大化的一阶条件为：

$$\frac{\partial V(b_{t-1})}{\partial c_t} = u_c(c_t, L_t) - \lambda_t = 0$$

$$\lambda_t = u_c(c_t, L_t) \tag{5-8}$$

$$\frac{\partial V(b_{t-1})}{\partial L_t} = u_L(c_t, L_t) - \lambda_t A_t(1 - \tau_t) = 0 \tag{5-9}$$

$$\frac{\partial V(b_{t-1})}{\partial b_t} = \beta E_t \frac{\partial V(b_t)}{\partial b_t} - \lambda_t q_t = 0 \tag{5-10}$$

根据包罗定理，有

$$\frac{\partial V(b_{t-1})}{\partial b_{t-1}} = \lambda_t(1 - \Delta_t) \tag{5-11}$$

所以，

$$\frac{\partial V(b_t)}{\partial b_t} = \lambda_{t+1}(1 - \Delta_{t+1}) \tag{5-12}$$

将式（5-8）代入式（5-9）则有，

$$\frac{u_L(c_t, L_t)}{u_c(c_t, L_t)} = A_t(1 - \tau_t) \tag{5-13}$$

式（5-13）是最优期内替代条件，表示消费与休闲的边际替代率等于税后劳动工资。我们假定效用函数是 $u(c_t, L_t) = \log c_t + \phi \log L_t$，式（5-13）可变形为：

$$\phi \frac{c_t}{L_t} = A_t(1 - \tau_t) \tag{5-14}$$

通过式（5-3）总资源约束条件消去式（5-14）中消费 c_t 有

$$\phi \frac{A_t N_t - g_t}{L_t} = A_t(1 - \tau_t) \tag{5-15}$$

重新整理式（5-15）可得劳动力供给 N_t 为：

$$N_t = \frac{A_t(1 - \tau_t) + \phi g_t}{A_t(1 + \phi - \tau_t)} \tag{5-16}$$

因此，税率 τ_t 是扭曲性的。显然，税率 τ_t 的变化影响劳动供给 N_t，进而也扭曲居民对消费和休闲之间抉择。劳动力的弗利希弹性[①]是

---

① 给定财富边际效用的水平，劳动供给弗利希弹性被定义为劳动供给弹性。这种弹性在后面的债务上限估计中扮演着重要角色，因为税率上调降低了劳动力供给弹性，劳动力供给弹性的降低反过来对税收收入又产生负面影响。

$$\frac{u_N(c_t, 1-N_t)}{u_{NN}(c_t, 1-N_t)N_t} = \frac{-\phi(1-N_t)^{-1}}{-\phi(1-N_t)^{-2}N_t} = \frac{1-N_t}{N_t} \qquad (5-17)$$

居民消费 c_t 是

$$c_t = \frac{(A_t - g_t)(1-\tau_t)}{1+\phi-\tau_t} \qquad (5-18)$$

同时，将式（5-12）代入式（5-10）可得

$$\beta E_t \lambda_{t+1}(1-\Delta_{t+1}) - \lambda_t q_t = 0 \qquad (5-19)$$

重新整理式（5-8）和式（5-19）有

$$q_t = \beta E_t \left\{ (1-\Delta_{t+1}) \frac{u_c(c_{t+1}, L_{t+1})}{u_c(c_t, L_t)} \right\} \qquad (5-20)$$

由于效用函数设定为 $u(c_t, L_t) = \log c_t + \phi \log L_t$，式（5-20）等价于

$$q_t = \beta c_t E_t \frac{1-\Delta_{t+1}}{c_{t+1}} \qquad (5-21)$$

式（5-20）是最优跨期替代条件，t 期政府债券价格 q_t 反映了居民对 $t+1$ 期政府违约率 Δ_{t+1} 的预期。总的来看，可用两个方程刻画模型，一是式（5-13）决定的消费与休闲最优期内替代条件，二是式（5-20）决定的消费与储蓄最优跨期替代条件。

此外，横截性条件是

$$\lim_{j \to \infty} E_t \beta^{j+1} \frac{u_c(t+j+1)}{u_c(t)} (1-\Delta_{t+j+1}) b_{t+j} = 0 \qquad (5-22)$$

在无限期内居民效用最大化的解要求任何资产现值都收敛于零。

（三）政府部门

政府部门通过发行债券 b_t 和税收为其转移支付 z_t 与政府购买 g_t 融资。税收主要是工资收入税，其大小取决于工资税率 τ_t，q_t 为时刻 t 的政府债券价格。每一时期，政府承诺将会在下一期对债务进行偿还，而偿还的比重并不确定。政府预算约束条件是

$$\tau_t A_t N_t + b_t q_t = (1-\Delta_t) b_{t-1} + g_t + z_t \qquad (5-23)$$

其中，τ_t 是时变的收入税率，g_t 是政府购买包括消费支出和资本投资支出，z_t 是政府转移支付。政府跨期预算约束条件是

$$(1 - \Delta_t) b_{t-1} = E_t \sum_{j=0}^{\infty} \beta^j \frac{u_c(c_{t+j}, L_{t+j})}{u_c(c_t, L_t)} (T_{t+j} - g_{t+j} - z_{t+j}) \qquad (5-24)$$

式（5-24）是由居民效用最大化的最优跨期替代条件式（5-20）代入式（5-23），不断向前迭代和施加横截性条件式（5-22）而得出的。假设政府财政政策遵循一个简单的财政政策规则：税率将随着债务规模的变化而做出调整。

$$\tau_t - \tau = \gamma (b_{t-1}^d - b) \qquad (\gamma > 0) \qquad (5-25)$$

其中，γ 为财政调整参数，更大的 γ 表示政府对债务水平的变化更敏感，对税率调整的幅度也更大。τ 与 b 分别表示税率与债务的稳态水平。政府转移政府 z_t 满足逆周期的政策准则①，z 表示稳态支付水平，ρ^z 小于 0，则有，

$$\ln \frac{z_t}{z} = \rho^z \ln \frac{A_t}{A} \qquad (5-26)$$

政府购买 g_t 有两种机制：平稳机制和非平稳机制，

$$g_t = g(S_{g,t}) = \begin{cases} \rho^g g_{t-1} & \text{if} \quad S_{g,t} = 1 (\rho^g < 1) \\ \zeta^g g_{t-1} & \text{if} \quad S_{g,t} = 2 (\zeta^g > 1) \end{cases} \qquad (5-27)$$

当 $S_{g,t} = 1$ 时，政府购买 g_t 服从平稳路径；当 $S_{g,t} = 2$ 时，政府购买 g_t 服从发散路径。因为随着未来老龄人口不断增加，包括医疗服务和长期护理服务也将增加。另外，政府也试图削减这些支出，进行财政整顿。按照比（2012）和戴维等（2010）做法，机制 $S_{g,t}$ 服从转移矩阵为 MS 的马尔科夫链。

$$MS = \begin{pmatrix} p_1^g & 1 - p_1^g \\ 1 - p_2^g & p_2^g \end{pmatrix} \qquad (5-28)$$

政府购买保留在其中一种机制下的概率是 p^g，从一种机制向另一种机制转

① 比（2010）利用 1971~2007 年 OECD 各国数据分别对参数 γ 与 ρ^z 进行了描述与实证估计。参数 ρ^z 大多数为负，取值由 -0.0093 ~ -2.22。

变的概率是 $1 - p^g$。如果政府购买滞留在非平稳机制许多年，它将引发巨额政府债务积累。

二、拉弗曲线、债务上限与政府违约

(一) 拉弗曲线

正如前面论述的，由于工资收入税率是扭曲的，税率 τ_t 增加将降低劳动供给 N_t。当实际税率小于稳态税收收入最大化对应的税率 τ^{max}，政府通过增加税率能够获得更多税收收入。如果实际税率高于税收收入最大化对应的税率 τ^{max}，政府就不能增加税收收入，这就是拉弗曲线[①]所描述的现象，如图 5 - 5 所示。

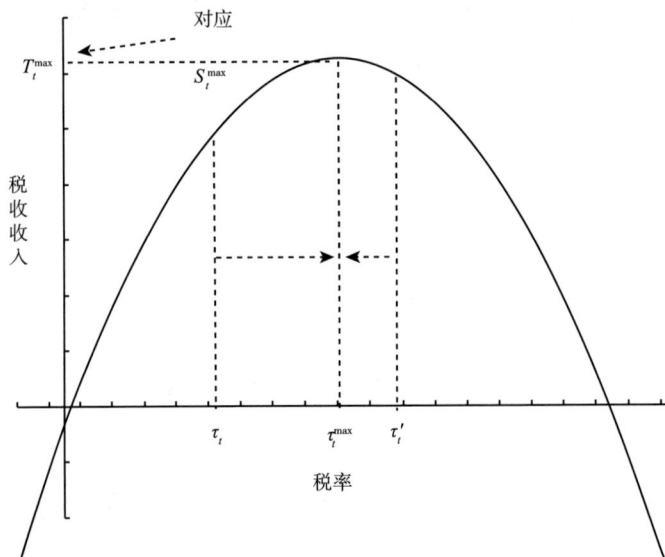

图 5 - 5 税收拉弗曲线

比 (2012) 仅引入扭曲劳动收入税率来推导拉弗曲线，因此使用平均税率——总税收收入与 GDP 比重，包括直接税、间接税和社会保障金。同样地，戴维等 (2010) 在劳动和资本收入[②]总和引入扭曲税率。在不考虑政治风险的

---

① 乌利希 (H. Uhlig, 2009) 在新古典模型的基础上，分别测算了美国以及欧洲 15 个国家的拉弗曲线。结果表明，拉弗曲线的形态和变化是由宏观经济状态所决定。

② 除了劳动税率外，乌利希 (2011) 还分析了消费和资本税率的拉弗曲线。努他哈若 (Nutahara, 2015) 在乌利希 (2011) 的分析框架上，估计了日本拉弗曲线。

条件下，若政府支出与转移支付确定（或外生），则最大税率将带来最大的税收收入，也对应着最大的财政盈余。如果将所有最大的财政盈余进行贴现，则可以得到最大的债务上限，即债务上限规模。

$$s_t^{\max} = \theta_t(T_t^{\max} - g_t - z_t) \qquad (0 \leqslant \theta_t \leqslant 1) \qquad (5-29)$$

$$B_t^{\max} = E_0 \sum_{t=0}^{\infty} Q_t^{\max} \theta_t (T_t^{\max} - g_t - z_t) \qquad (5-30)$$

其中，$s_t^{\max}$、$B_t^{\max}$ 分别为最大财政盈余和债务上限；而 $\tau_t^{\max}$ 和 $T_t^{\max}$ 则分别对应最大税率与最大税收收入，$Q_t^{\max}$ 为最大税率对应的折现率，θ_t 为政治风险系数。式（5-30）表明债务上限的分布主要依赖于模型结构参数，包括政治不确定性、转移支付的逆周期调整参数、政府支出情况、外生变量冲击等。若为开放模型，则外债占比以及汇率变化等因素也将对债务上限产生影响。

计算税收收入最大化对应的税率，即拉弗曲线的最高点。税收收入 T_t 是 $T_t = \tau_t W_t N_t$，将式（5-2）和式（5-16）代入，则有，

$$
\begin{aligned}
T_t &= \tau_t A_t \frac{A_t(1-\tau_t) + \phi g_t}{A_t(1+\phi-\tau_t)} \\
&= (1+2\phi)A_t - \phi g_t - \left(A_t(1+\phi-\tau_t) + \frac{(1+\phi)\phi(A_t - g_t)}{1+\phi-\tau_t}\right)
\end{aligned} \qquad (5-31)
$$

税收收入最大化对应的税率 $\tau^{\max}$ 可表述为：

$$\frac{\partial T_t}{\partial \tau_t} = 0$$

$$\tau_t^{\max} = 1 + \phi - \sqrt{\frac{(1+\phi)\phi(A_t - g_t)}{A_t}} \qquad (5-32)$$

将式（5-32）代入式（5-31）可得最大税收收入 $T_t^{\max}$，即

$$T_t^{\max}(A_t, g_t) = (1+2\phi)A_t - \phi g_t - 2\sqrt{(1+\phi)\phi A_t(A_t - g_t)} \qquad (5-33)$$

故最大税率 $\tau_t^{\max}$ 及税收收入 $T_t^{\max}$ 均是外生变量 A_t 和 g_t 的函数。

（二）债务上限和违约率

作为最大债务水平，债务上限等于所有未来最大基本财政盈余贴现的和。在 t 时刻，债务上限 $B_t^{\max}$ 是

$$B_t^{\max} = E_t \sum_{j=0}^{\infty} \beta^i \frac{u_c^{\max}(c_{t+j}, L_{t+j})}{u_c^{\max}(c_t, L_t)} (T_{t+j}^{\max}(A_{t+j}, g_{t+j}) - g_{t+j} - z_{t+j}) \quad (5-34)$$

其中，$u_c^{\max}$ 是最大税收收入对应 $\tau_t^{\max}$ 下的消费边际效用，式（5－34）是从政府跨期预算约束条件式（5－24）推导出，按照比（2012）做法，假定 $\Delta_t = 0$，也就是说，在初期 t 政府不会违约。此外，由于时刻 t 政策所允许的最大税收现值与时刻 $t+1$ 政策所允许的最大税收现值是不同的，所以假定在违约前 $B_t^{\max}$ 是政府愿意容忍的最大税收现值。获得最大税收收入 $T_t^{\max}$，债务上限 $B_t^{\max}$ 的分布可通过马尔科夫蒙特卡洛抽样模拟计算得出。

关于违约风险的刻画，将经济体系的状态分为两种。经济系统的状态变化主要依赖于实际债务水平与债务上限的关系。当实际债务规模超过债务上限规模 $B_t^{\max}$，则政府将出现部分违约，我们假设违约的损失满足以下关系，

$$\Delta_t = \begin{cases} 0 & , b_{t-1} < B_t^{\max} \\ \delta = \dfrac{2\sigma_b}{B^{\max}} & , b_{t-1} \geqslant B_t^{\max} \end{cases} \quad (5-35)$$

式（5－35）设定的方式表示债务上限的分布越分散，标准差越大，其违约的比率将越大。越大的分散度，预示着偿还的不确定性越强，风险越大。

三、地方政府债务上限的估算

经济增长与政府债务之间的关系因时间和国家的不同而存在巨大差异。为了深入分析中国地方政府债务结构，评估地方政府债务可持续能力，我们依据各省公布的财政预决算数据，同时结合中华人民共和国审计署二次关于地方政府性债务的审计结果，选择典型的地方省份，开展测算。

（一）参数校准

选取样本包括：（1）华东地区：山东省、安徽省、浙江省；（2）华北地区：天津市；（3）东北地区：辽宁省、吉林省；（4）西南地区：四川省、重庆市；（5）中南地区：湖南省；（6）东南地区：广东省，共 10 个省市作为样本。结合具体数据，分别对模型参数进行校准，如表 5－2 所示。

表 5－2　　　　　　　　　基准情景下样本省份参数校准情况

省（市）	山东	安徽	浙江	天津	辽宁	吉林	四川	重庆	广东	湖南
τ（%）	48	34	57	55	63	66	73	37	43	36
g/y（%）	36	30	47	45	52	49	53	27	40	26
z/y（%）	13	5	9	10	9	11	13	9	8	9
ρ^z	−0.82	−0.82	−0.82	−0.82	−0.82	−0.82	−0.82	−0.82	−0.82	−0.82
θ_t	1	0.85	1	1	1	0.85	1.70	1.70	1	0.85
ρ^A	0.55	0.60	0.40	0.55	0.58	0.65	0.54	0.60	0.40	0.60
σ^A	0.04	0.06	0.03	0.05	0.05	0.80	0.06	0.06	0.03	0.08

资料来源：笔者估计。

（二）测算结果分析

在此给出了 10 个省份债务上限期望的排序情况如表 5－3 所示。

表 5－3　　　　　　　　　　样本省市债务上限期望测算

省　　　份	债务上限期望（%）
浙江	199.3
广东	196.7
山东	195.2
重庆	129.0
四川	106.7
安徽	78.1
天津	70.1
湖南	66.9
辽宁	61.7
吉林	59.1

需要说明的是，由于债务上限为随机变量，此处给出的仅为债务上限分布的期望值，与通常公布的债务率或负债率之间存在一定差异。具体而言，债务上限期望水平为100%，并不代表债务率低于100%的条件下绝对不会出现债务风险。

1. 华东地区

图 5－6 显示了浙江、安徽、山东 3 个省份的债务上限情况。3 个省份债

务上限的期望水平分别为：浙江省 199.3%、安徽省 78.1%、山东省 195.2%。可以看出，浙江、山东两省债务承担能力较强，而且与安徽相比，分布更陡峭，表明风险偏小。

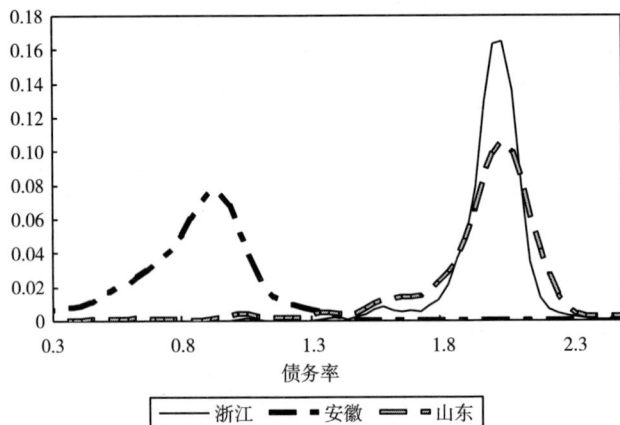

图 5-6 华东地区债务上限分布

2. 华北与东北地区

图 5-7 显示了天津、辽宁和吉林 3 个省市的债务上限情况。3 个省市的债务上限期望水平分别为：天津市 70.1%、辽宁省 61.7%、吉林省 59.1%，且辽宁与吉林两省的波动性略强于天津。

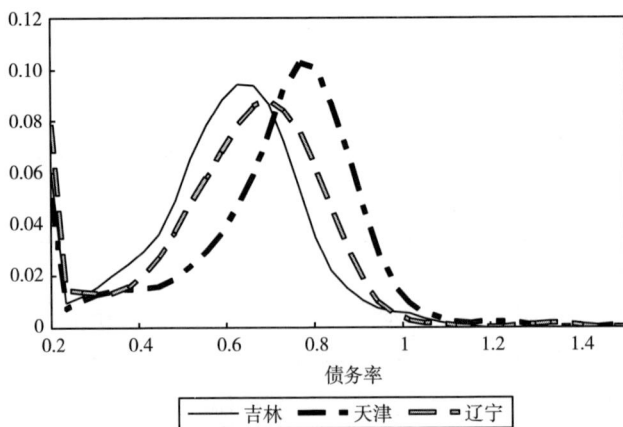

图 5-7 华北与东北地区债务上限分布

3. 西南地区

图 5-8 显示了四川、重庆两个省份的债务上限情况。两省份的债务上限期望水平分别为：四川省 106.7%、重庆市 129%。可见，重庆市债务上限平均水平高于四川省，但其风险也略高。

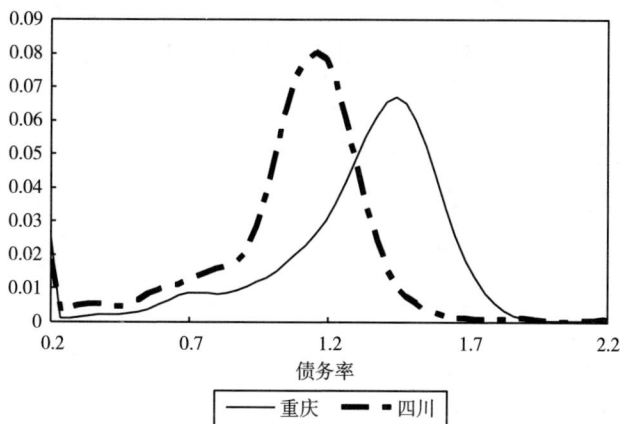

图 5-8　西南地区债务上限分布

4. 中南与东南地区

图 5-9 显示了湖南、广东两省的债务上限情况。两省份的债务上限期望水平差距较大，分别为湖南省 66.9% 和广东省 196.7%，广东省债务上限平均水平明显高于湖南省，但两省的风险情况则差别不大。

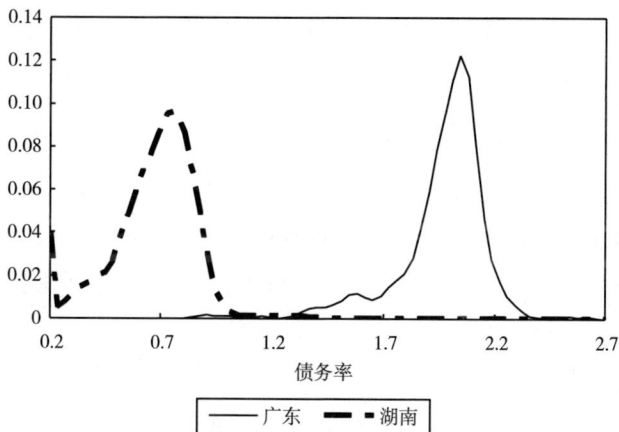

图 5-9　中南与东南地区债务上限分布

（三）债务上限分布的比较分析

1. 浙江省与山东省

浙江与山东两省同为华东地区省份，在平均税率、政府支出、经济总量结构等方面比较相近。图 5-10 显示，从债务上限的估计情况来看，尽管两个省份债务上限的期望水平比较接近，但同样债务率触及债务上限的概率并不相同。究其原因，主要有两方面，一是两省总支出中政府支出与转移支付之间的比率不同，山东省转移支付比率要高于浙江省；二是技术冲击的波动存在差异。山东省人均 GDP 的波动高于浙江省。这可能反映出山东省产业结构及经济稳定性方面与浙江省存在明显差别。

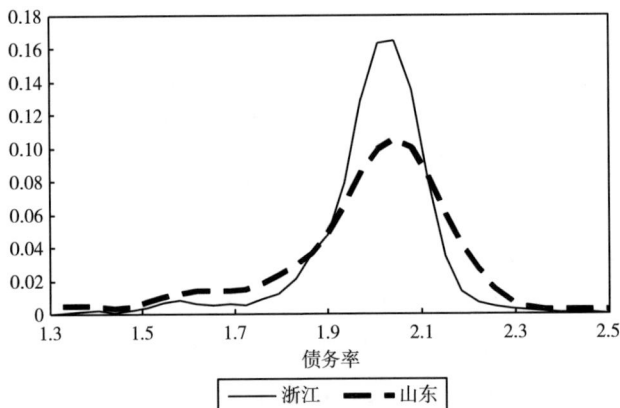

图 5-10　浙江省与山东省债务上限概率分布比较

2. 四川省与吉林省

从财政规模来看，四川与吉林两省财政在政府支出、转移支付与平均税赋方面比较接近，但债务上限分布却差别较大。图 5-11 显示，四川省债务上限的期望水平明显高于吉林省，但风险却相对较低。除经济结构方面的差别外，在宏观政策方面的差别对债务上限的影响较为明显。政治风险越低（θ_t 的取值越大），债务上限的均值越高。

3. 山东省与四川省

山东省与四川省债务上限方面的差别则主要体现了政府规模方面的影响效果。两省的差别除技术水平方面区别外，主要差异在于政府整体规模差别较

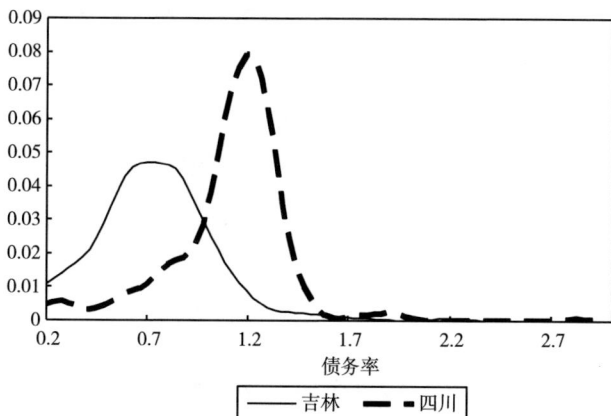

图 5 – 11 吉林省与四川省债务上限概率分布比较

大，无论是均税率还是政府直接支出均差距较大，如图 5 – 12 所示。

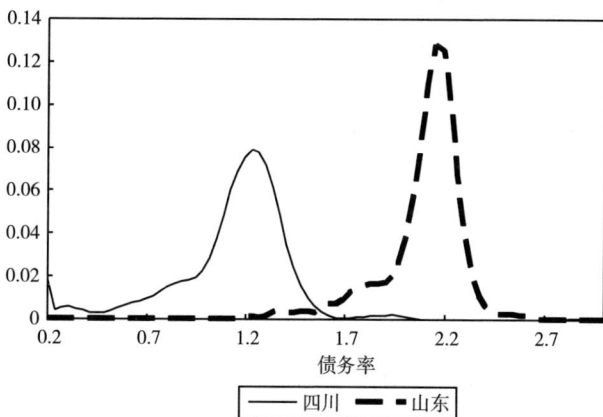

图 5 – 12 山东省与四川省债务上限概率分布比较

第三节 政府债务水平变化的经济效应

正如前面提及，博恩（1998；2008）和利珀（1994；2011）等研究发现，在理性预期下，即便政府实际债务水平并未触及债务上限，整个经济系统的动态特性仍然会因为债务上限的存在而发生改变。且随着政府债务水平升高，债务率触及债务上限的可能性也将随之上升，对未来财政政策和通胀走势的预期也会发生改变。实际债务水平越高、越接近债务上限，政策调整的预期也将越强，宏观经济也越不稳定①，如图5－13所示。

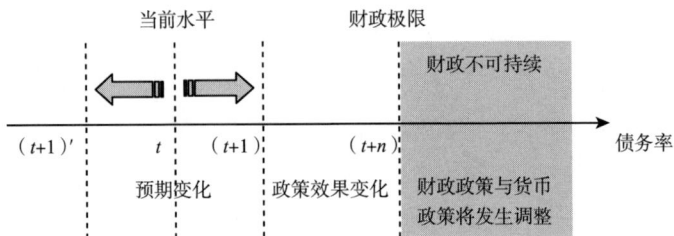

图5－13 政府债务水平变化与政府债务上限的关系

同时，诸如财政乘数等反映经济系统动态性质的特征也将出现不同程度的改变。在理性预期条件下，即便政府实际债务水平并未达到或超过债务上限，整个经济系统的动态性质仍然会因为债务上限的存在而发生改变。因此，政府债务可持续性表面上是判断财政是否平衡、政府能否举债或偿债，但其本质内核是政府债务产生的经济效应。本节我们将沿着戴维、利珀和沃克（2011）等研究思路，在基本模型基础上进行扩展，以进一步分析债务水平变化对经济运行的影响。

一、基本模型

在戴维等（2010）建立模型的基础上，我们将基本模型扩展为一个包含价格黏性、扭曲税收及财政、货币政策规则，以及区制转移的三部门动态模型。

（一）居民部门

代表性居民通过选择消费 C_t，劳动供给 N_t，货币持有 M_t，购买债券 B_t 以及资本供给 K_t 来最大化其一生的效用水平。为了反映个体对不同消费的偏好，居民的目标函数为：

---

① 地方政府债务规模不断膨胀，产生的后果不仅仅是地方财政困难问题，而是地方财政资金链断裂并通过银行信贷传导对中国金融体系和宏观经济产生威胁（中华人民共和国财政部，2011）。

$$\max E_t \sum_{i=0}^{\infty} \beta^i \left[\frac{C_{t+i}^{1-\sigma}}{1-\sigma} - \chi \frac{N_{t+i}^{1+\eta}}{1+\eta} + \nu \frac{(M_{t+i}/P_{t+i})^{1-\kappa}}{1-\kappa} \right] \qquad (5-36)$$

约束条件为:

$$C_t + K_t + \frac{B_t}{P_t} + \frac{M_t}{P_t} = (1-\tau_t)\left(\frac{W_t}{P_t}N_t + R_t^k K_{t-1} \right) + (1-\delta)K_{t-1}$$

$$+ \frac{R_{t-1}B_{t-1}}{P_t} + \frac{M_{t-1}}{P_t} + \lambda_t z_t + \frac{D_t}{P_t} \qquad (5-37)$$

其中,$0 < \beta < 1$,$\sigma > 0$,$\eta > 0$,$\kappa > 0$,$\chi > 0$ 及 $\nu > 0$;M_t/P_t 为实际现金持有,K_{t-1} 是 t 时刻使用的资本,B_t 是名义债券持有,τ_t 为扭曲性税率,R_t^k 为实际资本回报,R_{t-1} 为债券名义收益率,D_t 为中间产品部门得到的垄断利润。$\lambda_t z_t$ 表示政府违约出现的损失。可以得到居民部门最优一阶条件为:

$$\chi \frac{N_t^\eta}{C_t^{-\sigma}} = (1-\tau_t)\frac{W_t}{P_t} \qquad (5-38)$$

$$1 = \beta E_t \left[(1+R_t)\frac{P_t}{P_{t+1}}\left(\frac{C_t}{C_{t+1}} \right)^\sigma \right] \qquad (5-39)$$

货币需求为:

$$\frac{M_t}{P_t} = \left[\nu C_t^\sigma \left(\frac{1+R_t}{R_t} \right) \right]^{\frac{1}{k}} \qquad (5-40)$$

（二）企业部门

假设中间产品市场是垄断竞争市场,而最终产品市场为完全垄断市场。企业的目标是,在生产能力约束下,追求整体成本最小,即

$$\min_{n_t, k_{t-1}} w_t n_t(j) + R_t^k k_{t-1}(j) \qquad (5-41)$$

通过优化,可以得到企业部门一阶条件为:

$$w_t = \Psi_t(j)(1-\alpha)\frac{y_t(j)}{n_t(j)} \qquad (5-42)$$

$$R_t^k = \Psi_t(j)\alpha\frac{y_t(j)}{k_{t-1}(j)} \qquad (5-43)$$

其中,$\Psi_t(j)$ 为实际边际成本。

（三）政府部门

政府通过资本与工资税收、货币发行以及短期债券为政府直接支出和转移支付提供支持。政府部门预算约束满足

$$\frac{B_t}{P_t} + \frac{M_t}{P_t} + \tau_t\left(\frac{W_t}{P_t}N_t + R_t^k K_{t-1}\right) = g_t + \frac{R_{t-1}B_{t-1}}{P_t} + \frac{M_{t-1}}{P_t} + \lambda_t z_t \quad (5-44)$$

为了反映转移支付的不稳定特征，在此我们假设转移支付 z_t 服从一个两状态的马尔科夫过程，即

$$z_t = \begin{cases} (1-\rho_z)z^* + \rho_z z_{t-1} + \varepsilon_t & S_{z,t} = 1 \\ \mu z_{t-1} + \varepsilon_t & S_{z,t} = 2 \end{cases} \quad (5-45)$$

其中，$z_t = Z_t/P_t$，$|\rho_z| < 1$，$\mu > 1$，$\mu\beta < 1$，$\varepsilon \sim N(0, \sigma_z^2)$。$\mu > 1$ 与 $\mu\beta < 1$ 的设定使得状态 2 中 z_t 并不平稳。区制变量 $S_{z,t}$ 服从马尔科夫过程，即

$$\Pi_z = \begin{bmatrix} 1-p_z & p_z \\ 0 & 1 \end{bmatrix} \quad (5-46)$$

此处，有稳定状态到非稳定状态的期望时间为 $(1-p_t)^{-1}$。随着转移支付的增加，债务规模将首先增长。其后，按照税收规则，税率将相应提高以应对债务的上升。如同我们在一般模型的思路，税率的上升将面临拉弗曲线的顶点或政治压力的限制。因此，当经济运行突破债务上限之后，税收规则将发生改变，并稳定在最大税率条件下不变，而此时的财政规则变为 $\tau_t = \tau^{max}$。在区制变化条件下，可以设定政府的税收规则满足，

$$\tau_t = \begin{cases} \tau^* + \gamma(b_{t-1} - b^*) & S_{z,t} = 1, t < T \\ \tau^{max} & S_{z,t} = 2, t \geq T \end{cases} \quad (5-47)$$

其中，b^* 为政府债务目标，而 τ^* 为税率的稳态值。$S_{z,t} = 1$ 表示实际债务规模处于债务上限水平之下，此时税收规则表现为"被动"[①]；$S_{z,t} = 2$ 则表示实际政府债务水平超过债务上限水平，此时的税收规则表现为"主动"。

---

① 财政政策的"被动"表示税率调整遵循税收规则，税率随着债务率的变化调整；"主动"则表示税率完全不受债务变化而调整，债务的稳定主要依靠价格来实现。

依据我们在基本模型中对债务上限分布的估计[①]以及戴维、利珀和沃克（2010）的设定，同样假设债务率达到债务上限的概率服从逻辑曲线，即

$$p_{L,t} = \frac{\exp(\eta_0 + \eta_1(\tau_{t-1} - \tau^*))}{1 + \exp(\eta_0 + \eta_1(\tau_{t-1} - \tau^*))} \qquad (5-48)$$

其中，$\eta_1 < 0$，触及债务上限的概率将随着税率的增加而上升，而且实际债务规模触及极限存在着不确定性。设定货币政策规则为：

$$R_t = R^* + a(\pi_t - \pi^*) \qquad (5-49)$$

其中，R^* 为目标利率。按照利珀（1991）[②] 关于主动货币政策的研究，若 $a > 1/\beta$，则表示货币政策维持"主动"，遵循泰勒规则。若 $0 < a < 1/\beta$，则表示货币政策"被动"。

二、债务水平变化的影响机制

在理性预期下，通过引入债务上限，各经济主体对财政政策和货币政策的预期将不断改变。一般情形下[③]，政府转移支付将维持平稳状态（处于 $S_{z,t} = 1$）；货币政策处于主动，并以控制通胀水平为目标；财政政策则遵循税收政策规则，即随着债务率的变化调整税率，以稳定债务规模。在 p_z 概率下，政府转移支付可能变为非平稳过程（即系统处于 $S_{z,t} = 2$）。

图 5-14 显示，若货币与财政政策维持原有方式不变，则政府债务水平将出现上升，税率也将随之提高。但这种状态不可持续，随着债务水平的提高，触及债务上限的概率也将上升。此时，政府债务水平将有 $p_{L,t}$ 的可能达到极限，而税率将达最大税率，并维持不变。如果财政政策对其支出结构进行及时调整，将债务水平重新控制在可持续路径之上，则货币政策将继续维持不变，经济运行也将重新回归稳态。若超过债务上限后，政府支出结构保持路径不变，则税率将继续维持在最大税率水平上，财政政策由被动转为主动。而随着债务

[①] 可以直接将财政极限的分布内生进行估计。

[②] 货币政策主动表示基准利率的调整将追随通胀变化而调整，反之则为货币政策被动。

[③] 利珀（2006）对政策性质做出如下具体定义：积极（主动）货币政策（active monetary policy）是指名义利率关于通货膨胀率的反应系数大于 1，否则是被动货币政策（passive monetary policy）；积极（主动）财政政策（active fiscal policy）是指税收对债务的反应力度不足以支付实际利息成本，否则为被动财政政策（passive fiscal policy）。

规模的进一步上升，货币政策也将无法实现其盯住通胀的目标，而被迫进行调整转为被动①，通货通胀也将出现持续的上升。

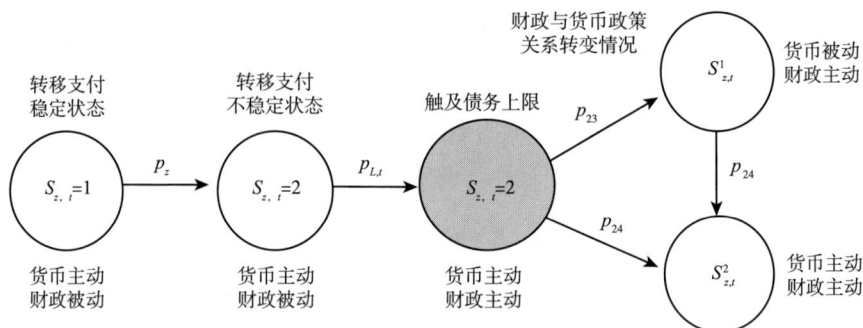

图5-14　模型动态机制

需要强调的是，在这一动态机制中，有两个关键点。一个是预期的影响，另一个是财政与货币政策的搭配关系。随着债务水平及宏观政策的关系变化，产出、通胀等宏观变量将表现出不同的特点。因此，对财政预期的引导将对经济体系的稳定和健康非常重要，若缺乏稳定的财政预期，货币政策调控也将无法达到预期目标。

三、债务水平变化的宏观效应

当经济处于高债务环境下时，政府通常会关注两个问题：一是较高的政府债务水平应如何得到消化，不同的化解方式又将产生怎样的影响；二是扩张性财政政策是否还可以被用于应对经济波动，其效果又将如何。参照基本模型校准结果，结合2012年宏观数据，我们对扩展模型新增参数也进行了校准②。依据模拟的结果，本节将分别在不同债务水平条件下，对政府支出乘数、通胀水平的决定以及财政政策调整的效果等问题开展讨论。

---

① 主动财政政策下政府赤字具有相对任意性，导致政府债务规模扩张，但因为名义利率关于通胀率的弹性小于1，从而被动货币政策实际上减轻了政府债务的利息负担，进而保证了政府债务水平的稳定，政府债务水平的稳定最终保证了其对实体经济和物价影响仍在可控范围内。

② 政府财政结构参数选择包含了公共预算、政府性基金预算、国有资产经营预算以及养老金收支预算在内的四种财政预算。

（一）对政府支出乘数的影响

在此，分别模拟了在不同债务水平及财政政策调整速度下，政府支出对总产出及总消费的乘数效应。为反映政府支出的乘数效果，我们定义在 k 期内政府支出对产出或消费的贴现乘数为：

$$M_y^G = \frac{\sum_{i=1}^{k} \beta^{i-1} \Delta y_{t+i-1}}{\sum_{i=1}^{k} \beta^{i-1} p_{t+i+1}^G \Delta g_{t+i-1}} \qquad (5-50)$$

与此相似，可将公式（5-50）中的 Δy 替换为 Δc，可以得到政府支出对消费的贴现乘数。具体结果如表 5-4 所示。

表 5-4　　　　　　　　　政府支出对消费的贴现乘数

高债务状态			
	$\gamma = 0.2$	$\gamma = 0.3$	$\gamma = 0.5$
影响	1.30	1.28	1.23
1 年	1.19	1.16	1.11
2 年	1.06	1.02	0.96
5 年	0.80	0.75	0.68
低债务状态			
	$\gamma = 0.2$	$\gamma = 0.3$	$\gamma = 0.5$
影响	1.33	1.33	1.32
1 年	1.22	1.21	1.19
2 年	1.08	1.05	1.00
5 年	0.77	0.70	0.61

资料来源：笔者测算。

政府支出对总消费的乘数效应则比较明显。从结果来看，无论是高债务环境还是低债务条件，对总消费的乘数基本都大于 1，且均为正值。但在低债务环境下，政府支出对总消费的乘数效应仍然高于高债务率下的水平。

对产出乘数的结果显示，政府支出的乘数在高债务水平与低债务水平下均为正数，小于1，且差异不大，但在高债务环境下的产出乘数要低于低债务水平下的乘数。同时不难发现，在高债务条件下，财政逆周期调整幅度越大，对总产出的乘数作用将越小，如表5－5所示。

表5－5 政府支出对产出的贴现乘数

高债务状态		
$\gamma = 0.2$	$\gamma = 0.3$	$\gamma = 0.5$
影响	0.36	0.35	0.32
1年	0.34	0.33	0.29
2年	0.33	0.31	0.28
5年	0.33	0.30	0.24

低债务状态		
$\gamma = 0.2$	$\gamma = 0.3$	$\gamma = 0.5$
影响	0.41	0.41	0.41
1年	0.39	0.39	0.40
2年	0.39	0.39	0.39
5年	0.39	0.39	0.35

资料来源：笔者测算。

（二）对通胀水平的影响

模型影响机制表明，随着债务水平以及财政政策、货币政策关系的改变，通货膨胀水平的形成机制也将发生变化。从图5－15可以看出，若货币政策维持主动，则通货膨胀水平也将稳定不变，但随着转移支付的增加，债务率将不断升高。相反，若货币政策转为被动，而转移支付维持原有稳态，则通货膨胀与债务率都将上升。

利用扩展模型，我们选择不同的财政调整速度 $\gamma = 0.1$ 和 $\gamma = 0.15$ 分别进行模拟，可以得到债务率与通货膨胀之间的关系。结果表明，随着债务水平的提高，通货膨胀水平也将升高。但这种关系将受到财政政策调整系数 γ 取值的影响。随着 γ 值的增加，"通胀—负债率"曲线将向下折弯，使通货膨胀与负

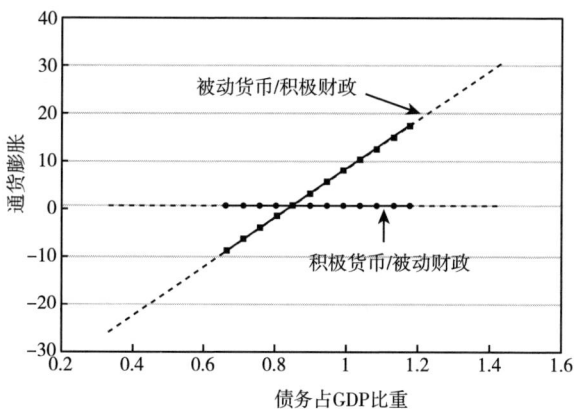

图5－15　负债率变化与通货膨胀水平的关系

债率的关系显示出先降后增的变化特点，如图5－16所示。

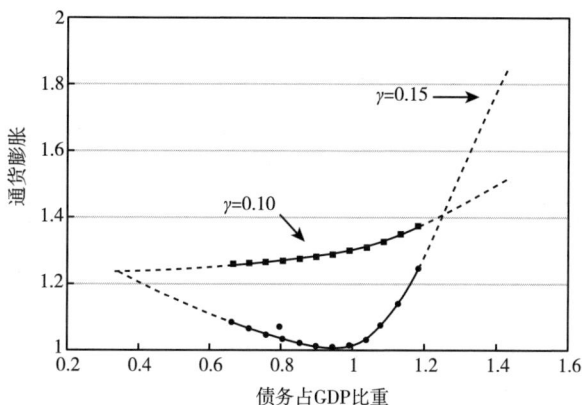

图5－16　通货膨胀与负债率变化的关系

利用中国1996～2012年的债务率与CPI数据，我们估计了中国"通胀—负债率"曲线。可以看出，中国"通胀—负债率"曲线形态就表现出先降后升的特点。从曲线的走势可以推测，中国的财政调整系数可能较高，如图5－17所示。

（三）对产出和福利的影响

我们同样在高、低两种债务水平下，选择不同的财政政策调整速度进行模拟，系统的动态变化情况如图5－18所示。

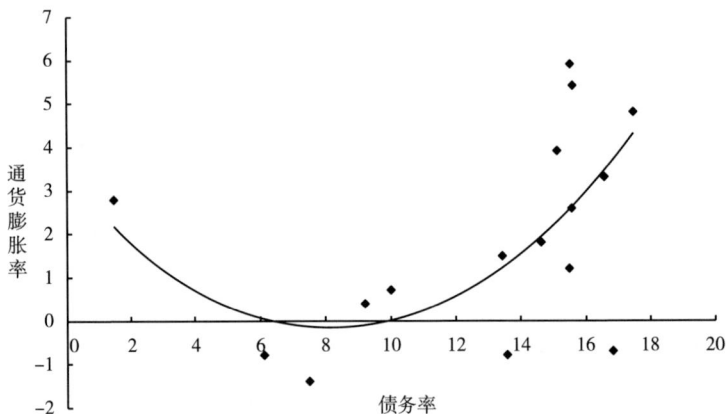

图 5 - 17 通货膨胀变化与债务率

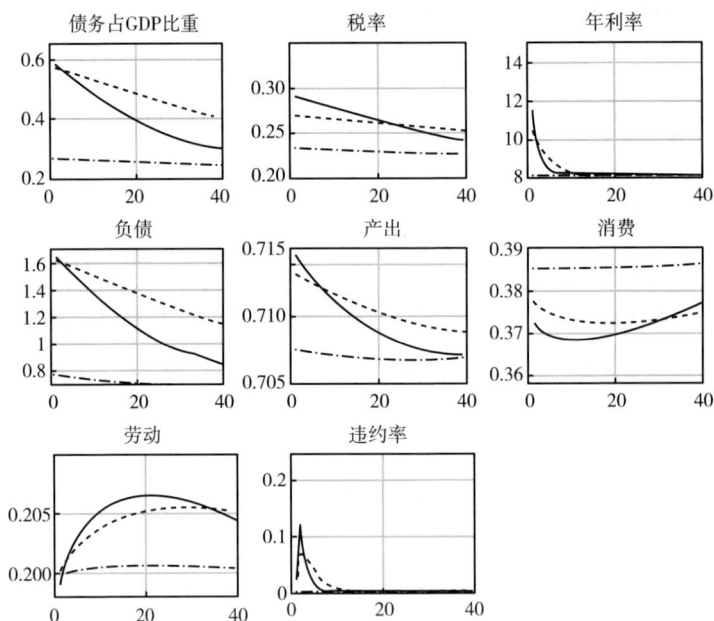

图 5 - 18 债务消化速度的影响

根据对中国政府负债率的测算，高债务状态选择为 55.8%，低债务环境则设定为 27.9%。高债务条件下的财政政策调整系数分别选择了 $\gamma = 0.3$（黑色实线）和 $\gamma = 0.2$（蓝色虚线），低债务水平下的财政调整速度设定为 $\gamma = 0.2$（红色虚线）。图 5 - 18 显示，高负债率也对应着高税率，而且财政规则

调整程度 γ 越大，负债率的下降速度也越快。产出方面，我们发现，与低债务条件相比，在高债务环境下，产出的水平更高。但是由于劳动力供给变化的不确定，以及居民消费总量的下降，高债务环境中全社会整体福利水平将会更低。

（四）对债务消化速度的影响

为了分析债务水平差异对债务消化速度的影响，我们分别对比了高低债务环境下，财政调节系数分别为 $\gamma = 0.2$ 与 $\gamma = 0.3$ 两种情况。在高债务水平，$\gamma = 0.3$ 的情景下，20 个季度后债务水平将由 58% 下降至 40%。但若 $\gamma = 0.2$，则要经过 40 个季度，负债率才能逐步将至 40% 的水平。

同样对比 $\gamma = 0.3$ 与 $\gamma = 0.5$ 的情况，估计结果也显示，财政调整速度越快，债务调整的速度越快，但同时将带来违约风险的快速上升。因此，尽管快速的调整速度会扩大财政政策空间，但违约风险却会出现大幅度上升，如图 5 - 19 所示。

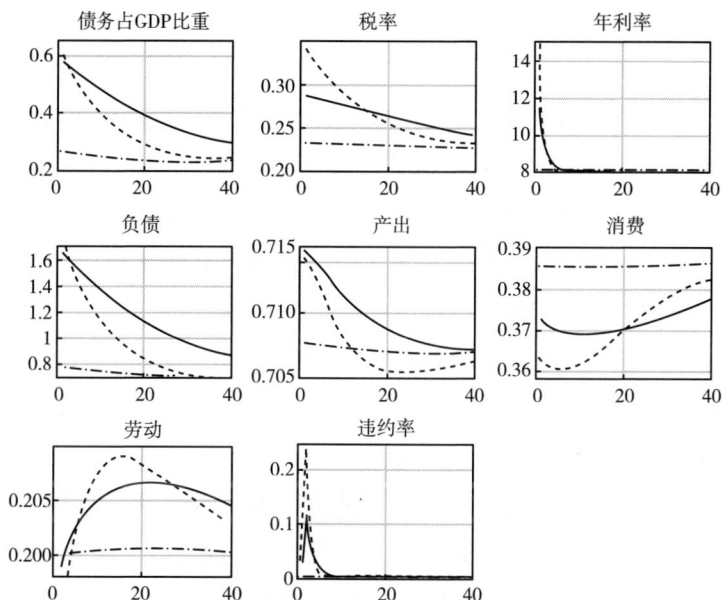

图 5 - 19　财政调整速度的动态

第四节 基本结论

一、地方政府债务总体可控且尚存一定财政空间

为了保障政府债务可持续性，理想的债务水平是多少呢？这是个难以回答的问题，制定目标时必须考虑关于可持续债务的具体国情，包括财政政策、人口变化趋势以及长期利率和产出率。一个被广泛采用的方法是设置政府债务与GDP比值的临界值，特别是《马斯特里赫特条约》规定的两个衡量政府债务是否处于安全区的临界值指标，已被国际上社会普遍接受和认可，一是政府债务余额与GDP比值不超过60%，二是政府财政赤字与GDP比值不超过3%。如果按照《马斯特里赫特条约》标准，来衡量中国地方政府债务，整体上中国地方政府债务仍处于可控安全区间内。

据中华人民共和国审计署审计报告显示，截至2012年底，中国地方政府债务总计10.7万亿元，约占GDP的27%，远低于《马斯特里赫特条约》规定的政府债务临界值。即使将整个公共部门负债和政策性金融机构的金融债都包括在内，则中国政府债务余额与GDP比值也仅为50%左右，远低于欧美日等经济体同类指标。从政府财政赤字与GDP比值看，尽管近年来中国一直实施积极财政政策，但地方政府财政赤字与GDP比值仍未突破3%。如果从地方政府债务资金投向看，中国地方政府债务已形成大量优质资产，比如用于基础设施建设、灾后重建以及环境保护等投资，在促进经济增长和改善民生方面都发挥着重要作用。同时，也带来了可预期的现金流，从而使得地方政府具有足够的债务承受力，不会陷入资不抵债的泥潭。

除了《马斯特里赫特条约》规定政府债务衡量指标外，还有一些其他指标也直接或间接反映一个地方政府债务可持续与否的状况。从地方政府偿债能力看，GDP增速是一个保障偿债能力的关键性指标，一个拥有较高GDP增速的政府自然具备较强的偿债能力。尽管现阶段中国经济增速已降至7%左右，但从世界范围看，仍属于较高GDP增速，况且这种GDP降速乃是中国政府主动调结构、促改革、惠民生、控风险之举，这些都是保证经济长期可

持续发展的客观基础。同时，最近中央政府又采取一系列债务置换措施，以此降低政府偿债成本，为政府防范债务风险和提高债务可持续性都提供了制度基础。

从实证测算角度看，在一定的假设条件下，利用包含政府债务上限的动态随机一般均衡模型的马尔科夫区制转移技术，对主要省份债务上限进行了模拟和估计，得到了地方各级政府面临债务极限的分布。实证结果显示，从地方情况看，各样本省份债务上限分布的期望水平均处于 0.6 ~ 1.9 的区间范围之内。而且，大部分地区的债务水平距债务上限的平均值都还尚存一定空间。但是，不同省份间债务上限的分布存在较大差异，这种差别主要取决于当地经济环境、财政收支结构、宏观政策决策等因素。这表明各省份对政府债务的承受能力并不相同，不应以单一标准进行简单评价。因此，应建立与债务承受能力、风险水平及债务管理能力相匹配的地方债务发行机制，构建中央与地方、各地方之间相互协调、动态约束、机制统一的债务管理模式。

二、地方政府债务局部偿债压力和不确定风险较大

目前，中国地方政府债务总体上安全可控，但不容忽视的是，某些区域、某些项目可能已出现资金链紧张风险，地方政府债务可持续性面临一定威胁。第一，地方政府面临着债务集中到期清偿压力。据中华人民共和国审计署审计报告显示，2013 年 6 月底，在地方政府负有偿还责任的债务中，有 61.87% 的债务需要在 2015 年底前偿还完毕。第二，地方政府债务存在期限错配问题。根据 2013 年底中华人民共和国审计署公布的政府债务数据计算负债期限，不含西藏自治区、台湾地区以及香港、澳门特别行政区的 30 个省级政府平均还款期限约为 3.5 年，而债务投资回收期限长达 10 多年。第三，近期地方政府债务保持着较高增速。从地方整体债务看，2011 ~ 2013 年，地方政府债务规模保持着 20% 左右增速，膨胀速度较快。据国家审计署审计报告显示，截至 2013 年 6 月底，与 2010 年相比，地方政府负有偿还责任的债务年均增长 19.97%，其中省级、市级、县级债务年均增长分别为 14.41%、17.36% 和 26.59%。

此外，地方政府或有负债值得关注。近几年，在政府预算软约束、地方投

资冲动以及事权财权不对等多种因素叠加影响下，地方政府通过融资平台进行地方投资融资的同时，也积累了大量或有债务。在经济下行阶段，地方政府财政状况恶化导致或有债务转为表内债务的风险上升。据中华人民共和国审计署审计报告显示，地方政府或有债务增速远高于债务整体增速。其中，负有偿还责任和担保责任的债务年化增速分别为21%和5%，而可能承担救助责任的或有债务年化增速却高达47%。财政资金在政府负有担保责任和可能承担一定救助责任的债务偿还比率方面已分别达19.13%和14.64%。

除了或有债务外，隐性债务是另一个导致地方政府债务偿还不确定的重要因素。据中华人民共和国审计署审计报告显示，地方政府的隐性债务在很大程度上与部分地方机构违规融资、违规使用政府性债务资金相联系，其中通过BT、向非金融机构和个人借款等方式直接形成债务2457.95亿元，违规提供担保形成债务3359.15亿元，违规借用融资平台举债形成债务423.54亿元。

三、地方政府的债务治理需要加强财政整顿与金融支持协调

对含区制转移的 DSGE 模型的动态分析表明，政府债务水平的升高将改变人们对未来宏观政策的预期，影响经济系统动态性质，并导致宏观经济运行不稳定。对政策制定者而言，随着债务水平的上升，前瞻性的评估政府债务上限的水平，有效的锚定财政预期，对于维护经济稳定运行，保证货币政策、宏观审慎政策的调控效果至关重要。

在不同的债务环境下，经济系统的动态特性将会出现明显差异，不仅总产出、总消费、通胀水平等宏观经济变量的走势将表现不同，各种政策工具的调控效果等也将出现明显变化。尤其是在接近债务上限的条件下，宏观经济运行的稳定性将更加脆弱。财政政策与货币政策的协调配合对于宏观经济的稳定非常重要。财政政策的主动将削弱货币政策调控物价的能力，货币政策的主动将会抑制财政过度。尤其是在不同债务水平下，不同的政策组合对宏观经济运行及全社会福利都产生较大的影响。未来，在财政政策压力不断增强的背景下，财政主导的动力依然较强。

从历史来看，1994年分税制后，中央上收财权，下方事权同时，地方财政自主能力弱化，为促进地方经济增长，地方政府转向成立融资平台、借助国

有企业直接参与经济活动，甚至加大对地方金融资源的干预。如此这样，如果在经济下行压力之下，不排除地方政府债务问题恶化诱发局部金融风险的可能。因此，建立清晰的政策规则，增强财政整顿与金融支持的协同性，将有利于强化地方政府债务治理。

第六章

地方政府债务可持续的影响因素
与政策调整[①]

政府债务风险是否可控直接关系到债务可持续与否，固然与债务水平密切相关，但债务水平与债务风险并不完全等价。债务危机的历史警戒我们，影响政府债务风险变化的因素较多，不仅包括政府债务自身规模大小，还包括债务结构、金融安排、人口结构、财政政策的不审慎和经济基础的薄弱以及外部冲击等多种因素。此外，一旦发现政府债务越来越触及债务上限，财政空间不足或已无，政府应如何采取政策调整，扭转债务对宏观经济负面影响，使其重返可持续增长路径的意义可能远远胜于仅对政府债务的可持续性做出简单评价。基于上述考虑，在 DSGE 框架下继续讨论政府债务影响因素，以及从理论上做出有关政府债务可持续的政策调整机制分析就显得非常有必要了。

---

① 非常感谢原加拿大央行．现美国堪萨斯城联邦储备银行的 HuiXin Bi 高级经济学家分享有关本章实证研究程序代码。

第一节　DSGE 框架下中国政府债务上限的
数值模拟与情景分析

美国"财政悬崖"证实了提高政府债务上限是重塑财政可持续开端。从这个意义上说，政府规模、政治影响以及外部冲击等影响政府债务上限概率分布的因素同样也决定政府债务空间调整余地，以及政府债务可持续与否。对此，我们以中央政府为准①，在 DSGE 框架下分析政府债务上限的影响因素。共性和个性是一切事物固有的本性，政府债务也不例外。因此，这些影响因素必然也是地方政府债务可持续与否的重要影响因素。

一、基准情景

目前，中国财政预算包含四种：公共财政预算、政府性基金预算、国有资本经营预算以及社会保障收支预算。为准确反映国家财政收支的全貌，在参数校准和估计过程中对四种预算进行了合并计算。政府广义税收收入 T_t 为公共收入、政府性基金收入、国有资本经营收入以及社会保障收入总和；政府转移支付 z_t 则包括了公共财政预算中的社保就业、医疗卫生及保障房和援助支出，国有资本经营预算中的社保和转移性支出，社保预算支出三类项目总和；政府直接支出 G_t 则等于总收入与转移支付的差额。

通过估计和校准，可以设定基准情景。表 6 – 1 显示，中国平均税率 τ_t 为 36%，政府支出占 GDP 的比率（g/y）为 26%，转移支付的比率（z/y）为 9%，政治压力系数 θ_t 校准为 0.85。对中国技术和政府支出（A_t）冲击的标准差 σ^A 和持续期系数 ρ^A 则分别为 0.04 和 0.60。政府支出的逆周期调整系数 ρ^z 分别选择了 – 0.8、– 1.8 及 – 2.8 种水平，表示随着技术进步每下降 10%，政府转移支付将提高 8%、18% 和 28% 以应对经济周期波动。

---

① 不失一般性，也可以理解这是对不同级次政府债务可持续都有影响的共性因素分析，后续会针对地方政府债务可持续影响的个性因素分析。

表 6 – 1   中央政府基本参数校准值

参数	τ	g/y	z/y	ρ^z	θ_t	ρ^A	σ^A
参数值	36%	26%	9%	– 0. 82	0. 85	0. 60	0. 04

运用马尔可夫链蒙特卡罗（Markov Chain Monte Carlo，MCMC）方法①，模拟中央债务上限的分布如图 6 – 1 和图 6 – 2，其中实线为基准情景下的债务上限分布。结果显示，不同逆周期调整系数对应的债务上限期望水平分别为 0. 8708、0. 9264 和 0. 9278。若 ρ^z 等于 – 0. 8，则 2012 年中央财政能够承担的最大债务率的期望值为 87%。同时，随着逆周期调整程度的增强，债务上限的波动性也将逐步增加。

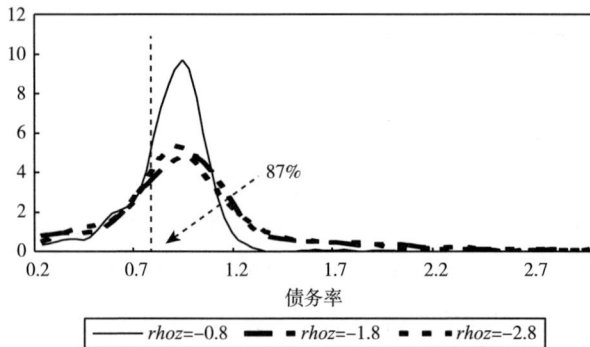

图 6 – 1   中央债务上限的密度函数

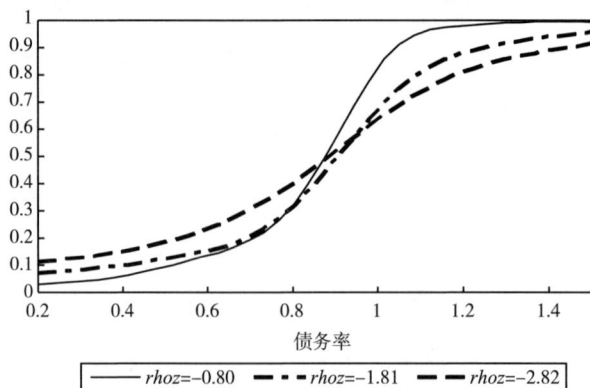

图 6 – 2   中央债务上限的分布函数

---

① 模拟过程中，我们选择向后模拟 200 期，抽样 1000000 次。

二、情景分析

基准情景下，本书对比了政府转移支付的逆周期参数对债务上限的影响，除此之外，政府支出结构、政府政治意愿、技术进步等多种因素也都将不同程度的影响着债务上限的变化。

（一）政府规模

基准情景下，我们设定政府支出占 GDP 的比率（g/y）为 39.21%。在其他参数不变的条件下，我们分别选择 35.29% 及 43.13% 两种政府支出比重[①]对中国中央债务上限进行模拟，如图 6-3 所示。

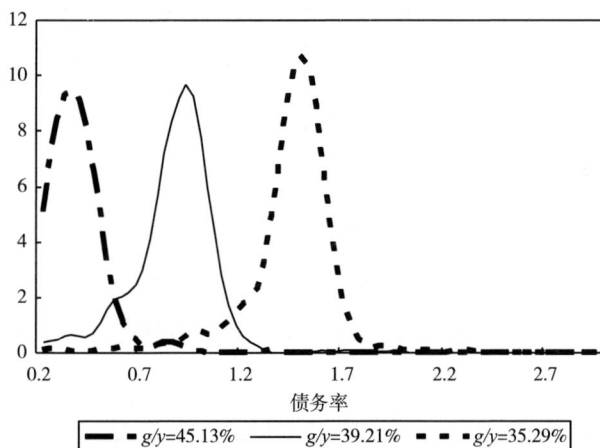

图 6-3　政府支出变化对债务上限分布的影响

可以看出，政府支出占比变化对债务上限分布的均值水平影响较大。在高、低两种政府支出条件下，债务上限期望水平分别为 36.50% 和 144.83%。且政府支出占比 g/y 越高，债务上限的期望值越低，波动性也将越强。同样，转移支付占比 z/y 的变化对债务上限的分布的均值与方差也具有显著影响。此处，我们分别模拟了政府转移支付占比在基准情景下分别上升或下降 20%，达 7.46% 和 11.18% 的情景。模拟结果显示，较高的转移支付力度，对应着较

---

① 在当前的政府支出水平上升或下降 10%。

低的债务上限的平均水平，而波动性也较高。具体对应债务上限的期望水平分别为 122% 和 52%，如图 6 - 4 所示。

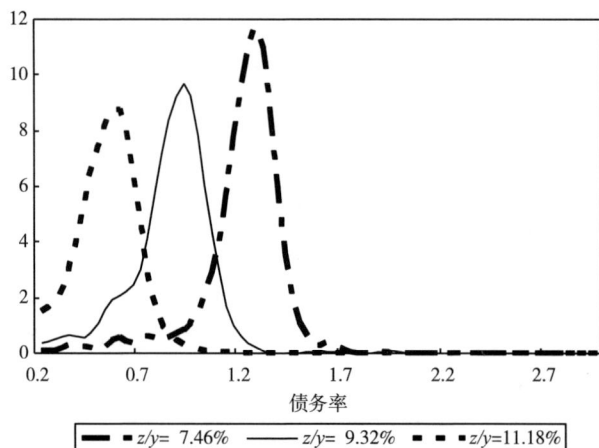

图 6 - 4　政府转移支付变化对债务上限分布的影响

（二）政治影响

图 6 - 5 显示了政治调整参数 θ_t 变化的影响。在其他参数不变的条件下，分别选择 0.96、0.83 及 0.59 对债务上限进行模拟。结果显示，债务上限分布的均值将发生变化。且越低的政治风险（θ_t 的取值越大），债务上限的均值越高，反之则越低。

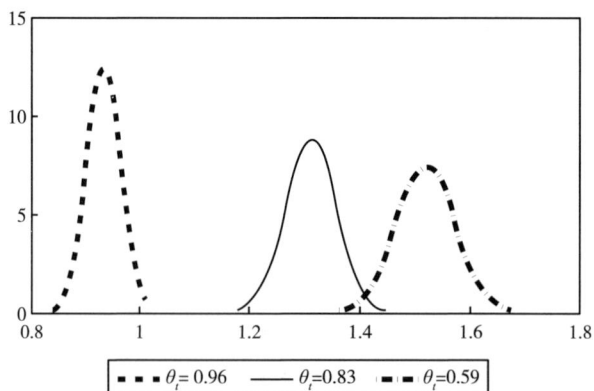

图 6 - 5　政策调整风险对债务上限分布的影响

（三）技术冲击的影响

技术冲击的持续时间 ρ^A 和波动性 σ^A 对债务上限分布产生的影响比较相似。对于持续时间 ρ^A，我们选择 0.3、0.6、0.9，分别进行模拟；而波动性则分别以 0.02、0.04 以及 0.06 为情景。结果表明，技术冲击持续性与波动性的变化对债务上限分布的期望影响不大，仅对波动性有效果。具体表现为冲击的持续性越长，债务上限的波动性越大；冲击的强度越大，极限分布的波动性越强，如图 6-6 和图 6-7 所示。

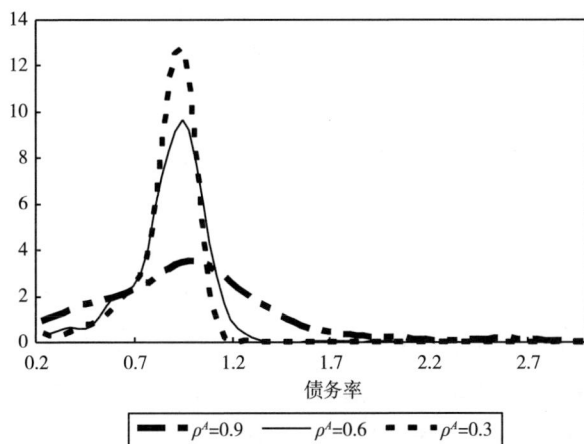

图 6-6　技术冲击持续时间对债务上限分布的影响

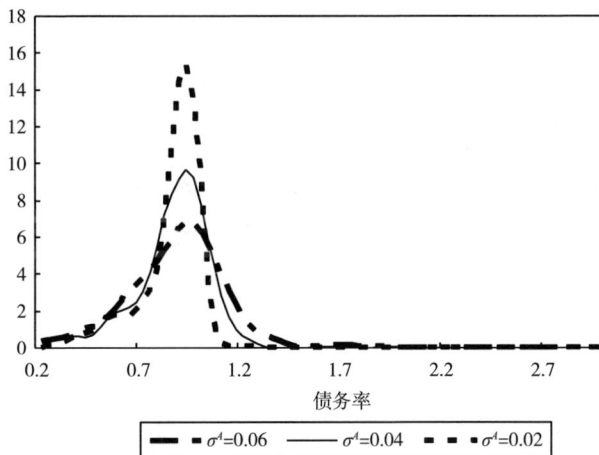

图 6-7　技术冲击大小程度对债务上限分布的影响

第二节　影响中国地方政府债务可持续的结构性因素

从国际上看，政府债务是否可持续不仅取决于政府债务水平高低，也与债务结构因素密切相关。例如，在日本，政府债务余额相当于 GDP 的两倍还多，但日本经济整体仍表现出相对平稳；而在西班牙，政府债务余额仅相当于 GDP 的 60%，政府就已陷入债务危机泥潭。显然，结构性影响因素也是决定政府债务可持续与否的重要影响因素。本节将重点总结中国地方政府债务结构的一些突出特点，以期为后续债务治理提供更多参考价值。

一、偿债资金结构——过度依赖土地出让收入

从地方财政收入看，土地出让金已成为地方政府的"第二财政"，成为名副其实的土地财政[①]，地方政府债务偿还自然离不开土地收入。据中华人民共和国审计署审计报告显示，2010 年底，在地方负有偿还责任的债务中，有 12 个省级政府、307 个市级政府以及 1131 个县级政府都承诺以土地出让收入作为偿债来源，这样仅土地出让金收入就占地方偿债收入的近 26%。至 2012 年底，在地方负有偿还责任的债务中，有 11 个省级政府、316 个市级政府以及 1396 个县级政府都承诺以土地出让收入作为偿债来源，土地出让金收入已占地方偿债收入的 37.23%，甚至部分地方政府债务偿还对土地出让收入依赖程度更高，如浙江省政府土地出入占偿债收入的 66.27%，如表 6 - 2 所示。2014 年，土地出让收入占地方政府偿债收入的比例已上升至 40%。

政府能否继续获取融资的能力是决定政府债务可持续性的关键性因素，但这种能力是建立在债权人对债务人具有偿债能力的基础上之上，正因如此，一旦地方政府因土地财政收入不确定或波动而造成偿债能力弱化，那么势必会影响政府债务可持续性。

---

① 在中国，所有土地所有权归政府所有，通过租赁土地使用权 40 年或 70 年，地方政府发现土地所有权是地方财政的重要来源。因此，地方政府会将这些土地使用权通过一次性租赁方式，从而获得土地收入。

表 6 – 2　　　　　　2013 年底地方政府承诺以土地出让收入偿还债务的情况

地区	承诺以土地收入偿还的债务余额 （亿元）	占偿还责任债务比重（%）
北京	3601.27	55.35
天津	1401.85	64.56
河北	795.52	22.13
山西	268.94	20.67
辽宁	1983.20	38.91
吉林	586.16	22.99
黑龙江	652.88	36.10
上海	2222.65	44.06
江苏	2961.87	37.48
浙江	2739.44	66.27
安徽	901.99	36.21
福建	1065.09	57.13
江西	1022.06	46.72
山东	1437.34	37.84
湖北	1762.17	42.99
湖南	942.42	30.87
广东	1670.95	26.99
广西	739.40	38.09
海南	519.54	56.74
重庆	1659.81	50.89
四川	2125.65	40.00
陕西	631.86	26.73
甘肃	206.54	22.40

资料来源：《全国政府性债务审计结果》（2013 年 12 月 30 日公告）。

第一，土地出让收入与地方政府债务偿还存在期限错配问题。土地资源具有稀缺性，土地出让金实际上是地方政府一次性将该土地未来几十年的收益提前一次性收走，而政府债务则具有长期性和连续性特征。因此，地方政府不得不选择借新还旧或者贷款展期。这种势头已在 2010 年有所体现，据中华人民共和国审计署审计报告显示，2010 年底，借新还旧率超过 20% 的市级政府和县级政府分别有 22 个和 20 个，政府逾期债务率超过 10% 的市级政府和县级政府分别有 4 个和 23 个。至 2012 年底，2 个省级、31 个地市级、29 个区县级、148 个乡镇级借新还旧率超过 20%，占比分别为 6.67%、9.51%、1.04%、0.37%。

第二，土地财政收入不确定性也影响地方政府偿债能力的稳定性。一方面，与税收和 GDP 关系相比，资产收入尤其是土地收益对 GDP 弹性系数较大，亲周期性明显。一旦经济出现下滑趋势，就会影响今后地方政府的偿债能力，未来不确定性削弱了政府信用等级，不利于地方政府债务的可持续。另一方面，土地出让金收入还取决于房地产市场的景气程度，波动性较高。若遭遇紧缩性房地产调控时，过分依赖土地财政的地方必然会出现流动性紧张，加大地方政府债务风险敞口。

第三，土地出让收入已不足以完全支付债务偿还。从长远来看，土地要素是不可再生资源，故土地财政根本无法支撑无节制的政府投资所积累的政府债务。2010 年土地出让金收入占地方财政预算的 2/3，但中华人民共和国审计署审计报告显示，2013 年土地出让金收入并不足以支付地方政府债务本金及到期利息。这是因为，在未来几年内，需要偿还的债务要超过土地出让收入，且其间相差约 1.25 倍甚至更高，如表 6 - 3 所示。

表 6 - 3　　　　　　　　中国地方预算收入和土地出让金

年份	地方预算		土地出让金		土地出让金占地方预算比（%）
	规模（亿元）	增长（%）	规模（亿元）	增长（%）	
2002	8515	9.12	2417	86.50	28.39
2003	9850	15.68	5421	124.29	55.04
2004	11893.4	20.75	5894	8.73	49.56
2005	15100.8	26.97	5505	-6.60	36.46
2006	18303.6	21.21	7676	39.44	41.94
2007	23565.0	28.75	11948	55.65	50.70
2008	28644.9	21.56	10375	86.83	36.22
2009	32580.7	13.74	15910	53.35	48.83
2010	40609.8	246424.64	29110	82.97	71.68
2011	—	—	31500	8.21	
2012	—	—	27011	-14.25	

资料来源：亚洲开发银行，《中国地方财政管理：挑战与机遇》，第 22 页。

二、债务期限结构——债务期限错配问题突出

从债务到期期限看,地方政府债务以中短期为主。据中华人民共和国审计署审计报告显示,在地方政府债务中,约63%为银行借款,22%为地方政府和企业债券,15%为担保债务。显然,地方政府债务融资主要来自银行贷款、发行债券(包括地方政府债券和融资平台债券)、信托和BT融资。而据相关研究[1],银行贷款、地方政府债券、包括企业债券和中期票据的融资平台债券、BT融资以及信托融资的平均期限分别为5年、3~5年、6~7年、3年以及1~3年。根据不同类型的地方政府性债务占地方债总额比重加权平均后,可以推算出中国地方政府债务期限多在5年以下,总体偏短。如果短期债务在政府债务结构中占比过高,不仅缩短了政府对偿付到期债务的操作空间,增加短期偿债压力,而且还降低政府债务资金利用效率[2],如表6-4所示。

表6-4 地方政府性债务余额的未来偿债统计

偿债年度	负有偿还责任债务规模(亿元)	负有偿还责任债务比重(%)
2013年7~12月	24949.06	22.92
2014年	23826.39	21.89
2015年	18577.91	17.06
2016年	12608.53	11.58
2017年	8477.55	7.79
2018年及以后	20419.73	18.76
合计	108859.17	100

资料来源:《全国政府性债务审计结果》(2013年12月30日公告)。

从债务资金投向看,地方政府债务资金投资的项目回报周期较长。据中华人民共和国审计署审计报告显示,2013年底中国地方政府债务资金主要投向市政、交通运输设施、生态、环境保护等领域,地方政府通过举债投资基础设

---

[1] 俞乔、范为:《中国地方政府债务问题研究》,清华大学公共管理学院工作论文,2013年。

[2] 如果未来各年度政府债务到期规模落差过大,一些年份偿债数量过高,另一些年份偿债数量过低,不利于政府债务偿还平稳过渡。偿债规模过高年份,可能出现债务集中兑付危机,引发债务违约风险;而偿债规模较低年份,又可能出现政府偿债资金闲置。

施在方向上固然并无不妥①，但据中国上市公司的有关行业投资回收期限统计，市政、交通运输设施、生态以及环境保护等各类行业投资平均回收期限为20年左右，这意味着当政府债务到期时，其所投资项目仍没有进入回报期，甚至还未竣工，政府面临一定流动性风险，将不得不通过借新债还旧债进行债务展期。2012年底，已有5个省会城市政府负有偿还责任债务的借新还旧率超过20%，最高可达38.01%。2013年6月底至2014年3月底，已有9个省政府本级举借了579.31亿元新债来偿还到期债务。因此，如果地方政府债务到期期限与债务资金投向存在严重期限错配，很容易引发流动性风险。目前，如何将短期资金不断展转为长期资金，已成为避免地方政府债务风险进入实质爆发期的关键，如表6-5所示。

表6-5　　　　　　**2012年基础设施上市公司固定资产投资状况**

行业	投资规模（亿元）	平均总资产回报率（%）	年收益额（亿元）	投资回收期（年）
电力、水力、燃气及水生产和供应链	16672.7	5.3	883.7	19
交通运输、仓储和邮政业	3144.9	4.7	147.8	21
水利、环境和公共设施管理业	29621.6	3.8	1125.6	26

资料来源：《全国政府性债务审计结果》（2013年12月30日公告）。

三、发债主体结构——债务主体行政级别下沉

从发债主体级别看，发债地方的行政级别表现出下沉趋势。据中华人民共和国审计署审计报告显示，2012年底，在地方政府债务中，省级、地市级和县级政府作为发债主体的债务占比分别为30%、43%和27%，相应地债务平均增速分别为14.41%、17.36%和26.59%。在政府负有偿还责任的债务率高

---

① 基础设施使用寿命一般在50年以上，投资回报周期一般在20年以上。一次性投资可以为后代提供50年以上使用价值，因此地方政府负债建设后，由当代人和后代人逐年偿还债务，有利于代际公平。

于100%方面，全国有3个省本级、99个市级、195个县级、3465个乡镇政府，总体上地方政府债务的发债主体表现出行政级别下沉特征。

在省政府发债主体构成方面，市县两级政府债务分别占四级债务总量的47.27%和35.76%，成为中国地方政府债务需要关注的焦点。广东省、北京市、辽宁省、上海市及江苏省的市级政府债务规模较高，而四川省、江苏省、浙江省、贵州省及广东省的县级政府债务规模较高。在政府债务的借新还旧率方面，2012年全国有31个市级、29个县级、148个乡镇的借新还旧率超过20%，如图6-8和表6-6所示。

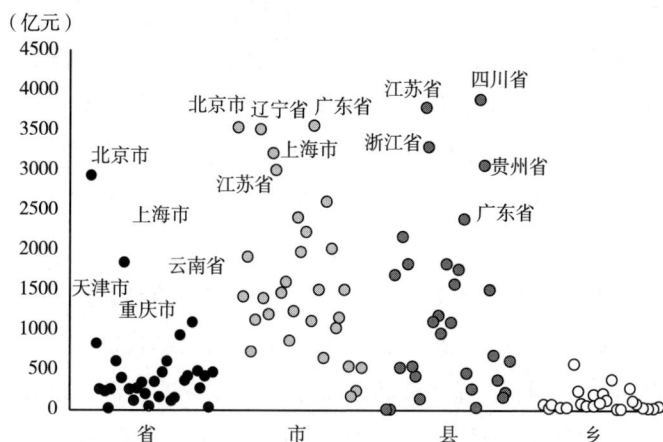

图6-8　不同行政级别地方政府债务状况

表6-6　　　　　　　　　借新还旧率超过20%的市级政府统计

省份	市级政府	省份	市级政府
重庆	3	广东	2
云南	3	贵州	2
北京	2	吉林	1
河北	2	黑龙江	1
辽宁	2	上海	1
福建	2	湖南	1
江西	2	广西	1
山东	2	陕西	1
湖北	2	新疆	1

资料来源：地方审计机关。

四、债务认购结构——缺乏广泛的市场投资者

从国际实践看，绝大部分政府债务都是滚动发行的，"借新还旧"通常不针对特定对象，机构和个人都可以根据自身情况选择认购或者出售债券，增加自身投资资产或者提高流动性，各取所需。但是，从中国地方政府债务认购主体看，以银行借款、BT和城投债为主的金融机构认购为主，很大程度限制了政府债务在市场上的流通转让。中国地方政府债的主要持有者为国有商业银行和地方城市商业银行，投资者单一，特殊结算成员（财政部、人民银行和政策性银行等）虽然拥有较大份额的国债和企业债，但是直接投资购买地方政府债券的比例非常少，地方债还没有形成投资者广泛参与的统一市场。一旦债务到期时，政府只能向原有债权人继续借款来偿还旧债，致使银行金融机构操作空间不足，风险集中，这种认购模式不论对银行还是地方政府都是不可持续的，更无法发挥地方债的民意监督①作用。

商业银行是中国地方政府的最大债权人，地方政府债务的60%左右资金来源于商业银行贷款。除此之外，商业银行也是财政部代发地方政府债券最大买家，2014年底商业银行持有98.69%地方政府债券的份额，即使在2015年5月新增的以国债和地方债为主的3581亿元债券中，商业银行增持了其中的2106亿元，地方政府债务仍过度集中于商业银行。如果地方政府债务过于集中银行金融机构，不仅直接增加财政风险向金融风险传染的概率，而且也降低了私人投资者从银行获取金融资源的概率。此外，也不利于解决地方政府债务的期限错配问题。银行资金主要来源个人或机构短期存款，而政府债务投向多是长期项目，只有引入更多养老基金、长期投资者才更有利于地方政府债券市场风险错配问题的解决，如表6－7所示。

表6－7　　　　　　　2014年末商业银行持有地方政府债比重　　　　单位:%

券种	特殊结算成员	商业银行	信用社	证券公司	保险机构	基金	境外机构
国债	19.98	64.55	8.14	0.31	3.31	1.03	2.40

---

① 在美国等发达经济体，地方政府债券的主要认购者就是当地居民，这也激发居民对政府举借债务的资金使用和安排进行监督热情。

续表

券种	特殊结算成员	商业银行	信用社	证券公司	保险机构	基金	境外机构
地方政府债	0.85	98.69	0.19	0.02	0.06	0.15	0.05
企业债	36.04	22.68	3.90	3.50	10.55	22.54	0.24
政策性银行债券	0.17	78.37	2.85	0.08	0.22	6.17	0.24

资料来源：中国债券信息网。

第三节　影响中国地方政府债务可持续的体制性因素

历史经验表明，一国政府债务的可持续与否还与这个国家的权力体制高度相关。透过现象看本质，如果政府债务背后存在不合理的内在制度性因素，那么即使有关政府外在指标一时表现健康，也无法从根本上解决政府债务可持续问题。

一、中央地方财力与事权的失衡

1994 年分税制改革奠定了政府间财政关系的现代制度框架，根本性地改变了税收体制（楼继伟，2012），扭转了财政收入占 GDP 比重持续下降的局面。但改革集中于财政收入（税收）层面，并未就财政支出进行分权界定，对中央和地方的支出责任仅作了原则性界定①，且很多含糊和重复（Martinez et al.，2006）。由于中央和地方财力与事权的非对称性和不平衡，中央政府事权变化不大，但是收入大大增加。地方政府在承担大量的公共事务支出的同时，地方税收又缺乏主体税种、税收渠道狭窄，必然导致地方财力缺口越来越大，如表 6 - 8 所示。

---

① 1994 年分税制改革中央和地方政府支出责任的界定为：中央预算负责国防、国际事务、政府运行、经济结构调整、区域发展协调、宏观经济调控等领域，具体为国防、军队警察、国际事务和援助、中央政府运行管理、中央财政投资、央企科技创新和新产品研发、农业、文化、教育、医疗、价格补贴等。地方预算负责地方政府运行、地方社会经济发展等领域，具体项目则与中央政府对应。

表 6-8   2011 年中国财政纵向缺口

政府层级	行政区数量 （个）	平均人口数量 （人）	财政收入 占比（%）	直接支出 占比（%）	财政缺口 （%）
中央	1	1350000000	49.4	15.1	34.3
省	23	52000000			
直辖市	4	22000000	11.3	28.9	-7.6
自治区	5	21000000			
特别行政区	2	4000000			
地级市	382	4000000	22.1	29.7	-7.6
县	2853	470000	17.2	36.3	-19.1
乡	40466	33000			

资料来源：中华人民共和国国家统计局网站。

  图 6-9 显示，1994 年后，地方财政支出与收入占比远超过 1，部分年份地方财政支出都已是财政收入的 1.5 倍还多，相反中央财政支出与收入占比还不足 1，近几年中央财政支出还不及财政收入的 50%。图 6-10 显示，2011 年地方政府支出总体上超过了中央政府，占总支出的近 85%，而省级地方政府财政总收入约占国家财政总收入的 51%。2014 年中央财政收入与地方财政收入比例为 45.95%：54.05%，同期中央事权与地方事权比例①却是 14.88%：85.12%。

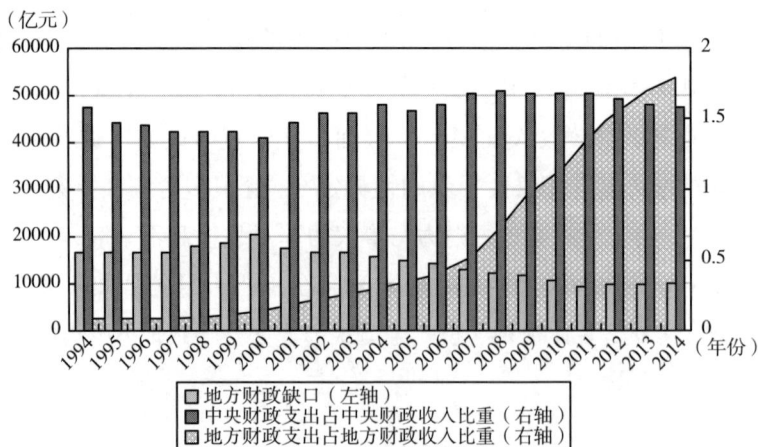

图 6-9 中央、地方财政支出收入占比与地方财政缺口

---

  ① 事权以财政支出为替代变量，资料来源 wind 数据库。

为了收支平衡，地方政府不得不另辟财源以弥补收支缺口，土地财政和债务性融资自然就成为地方财政的普遍模式。

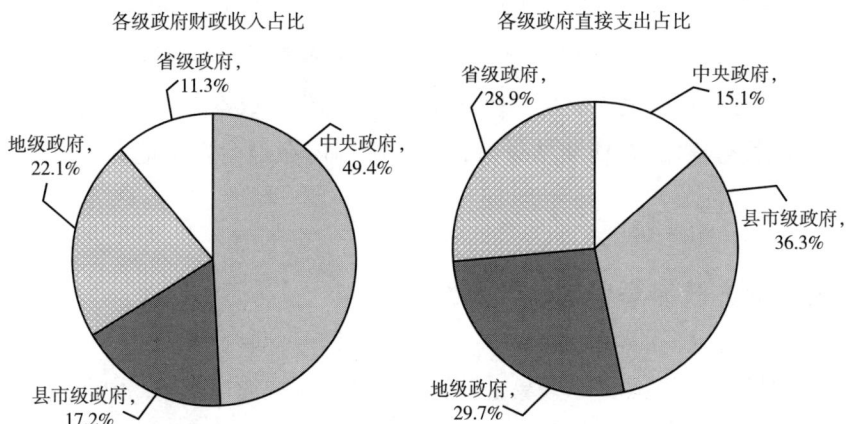

图6-10　2011年中国各级政府直接支出和财政收入占比

二、地方政府具有强烈举债冲动

中央占优的分税制确保中央对经济的控制力，能够利用转移支付和税收返还量对不符合中央意愿行事的地方进行奖惩。分税制下的财政激励，加之推行城镇化，又将进一步强化地方政府的支出责任，倒逼地方政府不得不通过各种渠道大规模举债，满足城镇化发展的融资需求，推动地方经济快速发展。长此以往，被动举债的压力逐渐转变为主动举债动力，如图6-11所示。

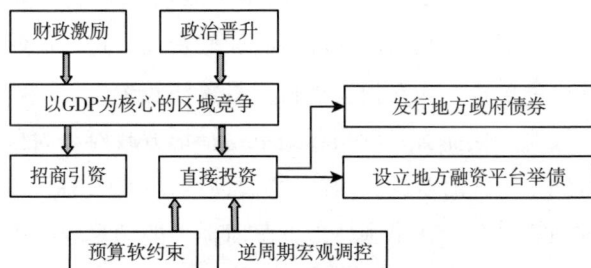

图6-11　中国地方政府举债动机

另外，在中国现有体制下，政绩是干部考核选拔制度的主要依据，而经济增长又是体现政绩的重要标准①。在"政绩考核"压力下，投资可对 GDP 有直接的拉动作用，让地方官员"政绩上更突出"。于是，为了赢得晋升机会，地方政府领导干部想方设法扩大招商引资，鼓励负债经营。同时，不顾地方财政承受能力，盲目举债建设形象工程，忽视发展质量，导致债务规模不断增加，债务管理长期失范。况且，地方政府举债的潜在成本与收益不对称，本届政府债务偿还大多是在任期结束后，这种机制内在地激发了地方政府的举债冲动。

三、地方政府举债的软预算约束

与国外研究更多侧重从表象上理解政府债务可持续性不同，中国地方政府债务表现出的一些问题背后更多属于行政行为。尤值一提的是，在预算软约束条件下，地方政府具有参与竞争领域投资的强大动力，很多投资又受到商业银行的追捧，势必造成地方政府过度举债的倾向。预算软约束最初是科尔奈（Kornai，1979）用来描述计划经济时代国有企业的一种状况，即国有企业预期在陷入财务危机时，政府会进行救助，所以其预算没有刚性约束。后来，中国学者将其概念不断拓展，用来表示一些经济体预期自己的赤字将会被"支持机构"所弥补。如果中央政府对地方政府做出事前可置信承诺，表明即使地方政府陷入财政危机也不会援助，那么预算软约束问题自然不会存在。但问题的关键是，中央政府做出硬预算约束的承诺与其自身负有社会救助责任的义务存在矛盾与冲突，一旦地方政府破产就将导致地方公立学校关闭、社会保障无法兑付等一系列社会问题，反过来将给中央政府带来更多的政治成本。因此，在一些社会问题上，中央政府实际负有兜底责任，这也促使地方政府有足够激励进行过度债务融资，而对投资项目质量关注较少。

就中国地方政府举债而言，软预算约束是指地方政府认为自身陷入预期债务困境时将会得到中央政府救助，因此地方政府财政收入对其预算没有刚性约束，形成所谓软预算约束。在中国，地方政府债务的预算软约束至少表现在三个层面。

---

① 周黎安（2004）和郭庆旺等（2006）实证研究都证明了地方官员升迁与当期经济有着密切的联系。

第一，中央政府对地方政府的预算软约束。首先，中国不是联邦制国家，从理论上说，地方政府不存在破产问题。这是因为，如果地方政府发生债务违约，中央政府将负有承担无限连带责任而替地方清偿债务。其次，地方政府债务问题是否能够妥善解决直接关系着国有大型金融机构金融资产的质量和不良贷款率高低。这些系统重要性金融机构往往具有"大而不能倒"特征，即使中央政府可以对地方政府债务问题置之不理，也不能不考虑守住系统性金融风险底线。最后，面对国际金融危机和经济下行压力，中央政府出台的积极政策往往也需要地方政府配套一定财政资金，从这个角度看，中央政府对地方政府举债扩张投资行为也是默许，根本谈不上硬约束。

第二，地方政府对地方融资平台的预算软约束。为突破原《中华人民共和国预算法》限制，弥补地方收支缺口，地方政府纷纷成立融资平台公司，并为其在资本市场债务融资提供隐性担保。同时，融资平台公司缺乏经营决策自主权和完善的公司法人治理结构，具有地方政府的"影子"和类主权主体特征[①]，即便发生债务违约情况，为防控系统性金融危机，预期地方政府也会为其债务兜底。

第三，系统重要性金融机构对地方政府的预算软约束。目前，中国地方政府债务的债权人以境内机构为主，境外负债基本没有。从地方债持有主体结构看，地方融资平台贷款方为国有商业银行，地方政府的信托融资为银行理财，地方融资平台的企业债同样被国内金融机构持有，包括保险、基金和证券公司。无论在何时，这些系统重要性金融机构都认为政府信用或以其担保的融资都是最好的金融资产，即使地方政府为地方融资平台公司债务做担保不受法律保护[②]，系统重要性金融机构也会降低对其担保债务的风控管理，进行过多的信用投放。这是因为系统重要性金融机构普遍存在刚性兑付预期，即一旦发生地方政府违约时，上级政府救助是理所当然的事情。

---

① 国际实践表明，就市场主体而言，违约是一个金融市场的正常现象，但对主权主体或类主权主体，违约并不是最优选择。这是因为主权主体违约一般会引发金融危机，如拉美金融危机多是主权债务危机引发的。

② 《中华人民共和国担保法》规定，除国家规定的需要地方政府担保的国际贷款外，地方政府不能为企业和个人提供担保。

第四节　促进政府债务可持续的政策调整：财政整顿、财务救助与结构性改革

古人云，下山总比上山易。但是政府债务治理似乎不遵从万有引力定律，实践已证明减少政府债务，即"去杠杆化"，较增加债务要艰难得多。正因如此，如果这些政府债务可持续的影响因素叠加发生后，一国政府债务陷入困境后，往往需要推行财政整顿和经济结构性调整，改善财政状况，推动经济增长，同时必须有足够的财务救助，帮助政府解决短期流动性问题，以此维护金融稳定，防止债务利息水平大幅波动，进而使政府重新走上可持续复苏之路。

一、政府债务的基本模型

根据杜森贝里（Duesenberry，1958）模型，设置一个政府债务模型分析框架，以此评估不同债务政策调整带来的经济效应。由于较高政府债务将降低潜在经济增长，故设定经济增长方程为：

$$\frac{\dot{Y}}{Y} = a - b\frac{D}{Y} \tag{6-1}$$

图 6-12 中向右下方倾斜直线 RR 描述了式（6-1）对应方程，支持莱因哈特和罗格夫（Reinhart and Rogoff，2011）研究结论，较高政府债务意味着未来沉重的税负预期，有损潜在经济增长。同时，也刻画了政府债务压力对银行的外溢效应，如果大量政府债务出现在银行资产负债表上，将间接权衡政府债务对私人融资成本、社会信心以及经济增长的影响。我们用参数 a 捕捉结构性改革对经济增长的影响，为保持模型简洁性，这里剔除通货膨胀影响，因此实际和名义变量是等价的。在图 6-12 中，横轴表示政府债务负担率，纵轴表示政府债务和经济的增长率。直线 RR 表示经济增长与政府债务的关系，曲线 BC 表示政府预算约束线。如果政府债务占 GDP 比重位于点 B 右侧，政府债务

偏离可持续路径，经济增长加速下降；如果政府债务占 GDP 比重位于点 B 左侧，政府债务负担率向点 G 收敛。

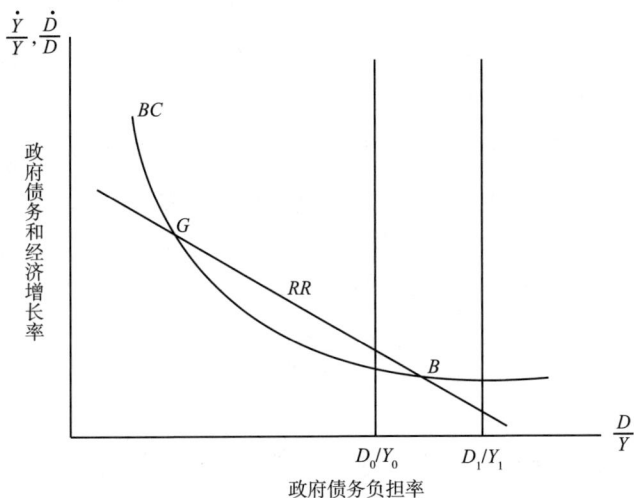

图 6 – 12　政府债务动态性

拓展增长方程（6 – 1），用利率 r 来表示财务状况的变化，用基本财政赤字占 GDP 的比重 P 表示财政立场。

$$\frac{\dot{Y}}{Y} = a - b\frac{D}{Y} - \alpha r + \beta p \qquad (6-2)$$

式（6 – 2）对应的增长方程表示，一个较高利率不利于经济增长，而一个较高财政赤字却刺激经济增长，分别用半弹性系数 α 和 β 表示。这仅是利率和财政政策关于经济增长的一阶效应，而政府预算约束的二阶效应是本模型的第二个方程，它反映着基本财政赤字占 GDP 的比重 P 与利率 r、政府债务 D 之间的关系，有

$$\dot{D} = rD + pY \qquad (6-3)$$

式（6 – 3）两边同时除以政府债务 D，得到，

$$\frac{\dot{D}}{D} = r + p\frac{1}{D/Y} \qquad (6-4)$$

式（6 – 4）描述的是图 6 – 11 中债务增长和债务负担率之间的双曲线关

系。随着政府债务负担率增加，实际债务增长逐渐接近真实利率。如果债务负担率位于点 G 和点 B 之间（如 D_0/Y_0），产出增长将超过债务增长，债务负担率将下降直至点 G（点 G 是一个稳态），我们称这是一种"好"的债务动态。但是，如果债务负担率位于点 B 的右侧（如 D_1/Y_1），债务增长将超过产出增长，这样越过点 B 的债务不断上升，而产出不断下降，债务负担率处于发散路径，这是一个"坏"的债务动态。图 6-12 没有反映出如果债务负担率发散，实际利率必定上升，将进一步增加债务发散程度。为了捕捉这种效应，我们需要引入一个利率方程，也是模型的第三个方程。需要说明的是，假定利率是债务负担率实际变化和外在因素 h 的函数，有，

$$r = h + c\left(\frac{\dot{D}}{D} - \frac{\dot{Y}}{Y}\right) \qquad (6-5)$$

如果政府无法按时继续还本付息，就需要进行债务展期，这也释放出一个信号，就是政府面临流动性风险，政府债务违约率上升了，政府债务的债权人就会在金融市场上对政府债券索取一个更高的风险溢价水平，来对冲政府违约的风险，否则就不愿意继续持有政府债券。从这个角度看，式（6-5）将债务负担率的实际变化作为衡量债务可持续的一种方法，预期债务负担率的加速增加债务违约率，债务增长的越快，风险溢价也越高。参数 h 表示长期平均利率水平，在债务压力情况下，除了反映通过财务救助抵消市场情绪和传染效应，其也捕捉市场情绪波动影响和传染效应（这些都与债务动态无关）。正如我们所预期的，这些因素在一些国家债务危机中扮演着重要角色。

总体而言，政府债务模型指出三个潜在反馈机制：一是债务负担率和经济增长之间；二是债务负担率和利率之间；三是经济增长率和利率之间。特别是，较高政府债务负担率抑制经济增长，反过来经济增长放缓也促进政府债务负担率上升。较高利率会抑制经济增长，进而推高政府债务负担率和利率再上升。如果债务负担率位于点 B 右侧，这些反馈将是发散型；反之，则是收敛型，从这种意义上说，点 B 可以被看作政府债务上限。

与点 G 和点 B 相应的解析解就是政府债务表达式，但在推导之前，还需考虑一个重要技术。尽管政府债务与经济增长之间的负相关已被不同方法表述（Cecchetti et al.，2012；Elmeskov and Sutherland，2012；Reinhart and Rogoff，

2010），但也有证据表明债务负担率与经济增长负相关仅在一定债务门槛后才会显现①。因此，直线 *RR* 可能是曲线，如图 6 – 13 所示。莱因哈特和罗格夫实证研究发现，债务门槛接近 GDP 的 90%②，实际上，这些都不会改变模型基本特征，除了式（6 – 2）的参数 *b* 取值外。

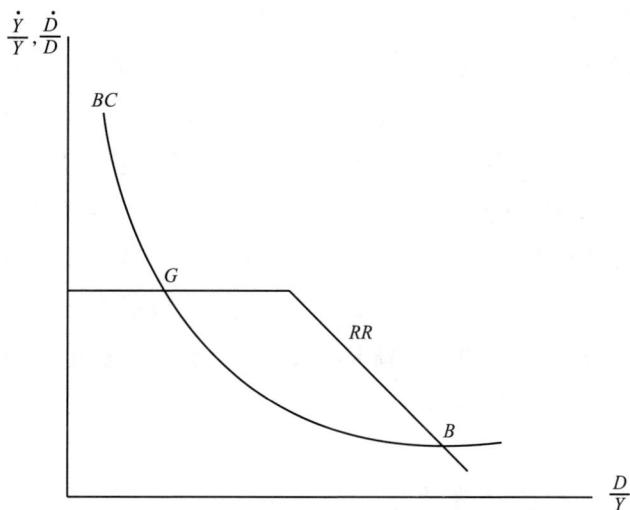

图 6 – 13　政府债务门槛

为分析简便但不失一般性，稳态债务负担率（政府债务和产出具有相同的增长率）可由曲线 *BC* 和 *RR* 表达式，即式（6 – 2）和式（6 – 4）以及利率方程式（6 – 5）联立推导得出。

$$-b\left(\frac{D}{Y}\right)^2 + \left[a + \beta p - (1+\alpha)h\right]\frac{D}{Y} - p = 0 \qquad (6-6)$$

式（6 – 6）有两个解，即

---

① 一些学者指出莱因哈特和罗格夫的研究中对数据处理有误，萨默斯（Summers，2015）认为尽管可能并不存在一个危险的债务临界值，而且美、英经验都说明，当利率接近零时，实施财政政策可能不利于经济增长，但如果反过来认为应该放任公共债务继续增长，将是大错特错。

② 请参考切凯蒂等（Cecchetti et al. ，2011）及凯凯里塔和罗瑟（Checherita and Rother，2010）。一些研究也发现两个债务门槛的存在，当债务在最低债务门槛内促进经济增长，越过最大债务门槛后抑制经济增长，比如库马尔和乌（Kumar and Woo，2010）、埃尔梅斯科夫和萨瑟兰（Elmeskov and Sutherland，2012）分别认为债务门槛是债务占 GDP 的 30% 和 90% 、45% 和 66% 。

$$\left(\frac{D}{Y}\right)^{G} = \frac{[a+\beta p-(1+\alpha)h]-\sqrt{[a+\beta p-(1+\alpha)h]^{2}-4bp}}{2b} \quad (6-7)$$

$$\left(\frac{D}{Y}\right)^{B} = \frac{[a+\beta p-(1+\alpha)h]+\sqrt{[a+\beta p-(1+\alpha)h]^{2}-4bp}}{2b} \quad (6-8)$$

式（6-7）和式（6-8）分别是点 G 和点 B 的解析解。需要说明的是，实际债券收益率相对债务负担率增长的半弹性参数 c 被消掉了，这是经济稳态下债务负担率恒定的简单表示。这意味着，通过债券收益率对经济增长影响的负反馈机制循环，不仅不能改变点 B 的"坏"债务动态处境，而且还强化经济衰退速度或加快经济向右背离点 B 状态。也就是说，债券收益率的外生增加（h 的增加）将降低与"坏"状态点 B 对应的债务负担率。如果根号下的项是正，式（6-7）和式（6-8）的解都是可行的。在极端情况下，根号项为零，仅存在唯一解，其左侧是"好"债务状态（债务负担率稳定），右侧是"坏"债务状态（债务负担率发散）。

二、政策调整的经济效应

借助政府债务动态调整框架，可以分析不同债务政策是如何帮助一个陷入债务泥潭的政府重新走上复苏可持续路径。其实，跳出债务陷阱的政策调整逻辑主要有：一是结构性改革（影响 a 取值）；二是财务救助降低债券收益率（影响 h 取值）；三是财政整顿政策（影响 p 取值）。这些政策调整不是替代关系，而是互补关系。作为抑制债券收益率的多种政策之一，财务救助被认为是最快捷的，例如，欧盟框架下的欧洲中央银行债券购买计划、由欧洲中央银行、欧盟委员会和国际货币基金组织组成"三驾马车"的官方贷款项目以及打破银行资产负债表和政府债务负反馈循环的资本重组。

（一）结构性调整和财务救助的经济效应

图6-14 显示，结构性调整使得曲线 RR 向右上方平移，政府债务上限由点 B 向外移动至点 B'，使初始状态下处于发散路径上的政府债务负担率 D_1/Y_1 重新走上可持续轨道，即政府债务负担率与其增长率下降，向稳态点 G' 趋近。但是，结构性改革对经济增长和政府债务产生这种良性影响是需要时间的，当

一国债务处于困境时，时间却严重缺乏，而且重新恢复市场信心也是必不可少的条件。如同产品市场自由化能够开辟新的投资机会一样，没有信心和财务救助，这些投资机会可能不会被采纳，借此机会带来的高增长更是无稽之谈。相反，如果随着财务救助到位，利率下降，提振市场信心，甚至会在结构性改革开始见效前，曲线 *RR* 就向右上方平移。

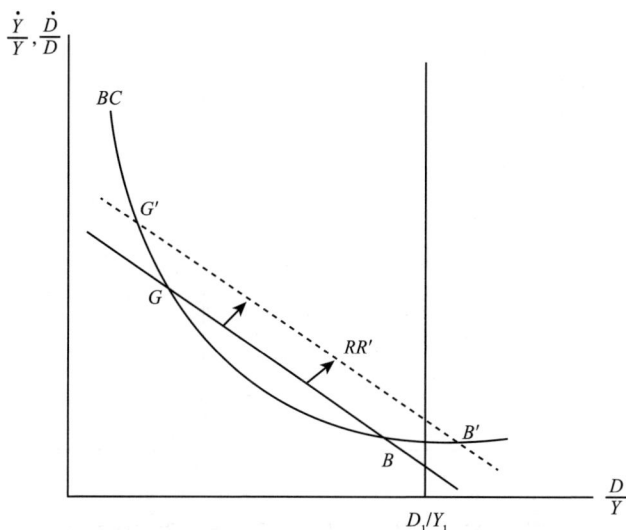

图 6 – 14　结构性调整和财务救助的产出渠道效应

财务救助也可以借助其他渠道，如政府预算约束，来帮助国家摆脱"坏"债务状态。如图 6 – 15 显示，利率下降带来曲线 *BC* 向下平移，将债务上限点 *B* 向右推至点 *B′*，促使债务负担率向稳态点 *G′* 收敛。因此，除了间接抵消政府债务利息的"滚雪球"效应，财务救助还可以通过私人借贷和投资渠道直接促进经济增长。显然，这意味着财务救助不是政府作为一种回避结构性改革或财政整顿的肆意行为。

更重要的是，财务救助涉及道德风险，如果处理不好，以财务救助的市场信心会备受打击。从式（6 – 8）相关政策乘数的计算进一步支持上述推断。式（6 – 9）和式（6 – 10）表明结构性改革和财务救助可以帮助一个国家逃离"债务陷阱"——处于政府上限 *B* 点右侧，但这些政策是相互强化的，即以结构性改革带动的"坏"债务状态点 *B* 右移，也提高了财务救助的乘数效应，反之亦然。

$$\partial \left(\frac{D}{Y}\right)^B / \partial a = \left(\frac{D}{Y}\right)^B \frac{1}{\sqrt{[a+\beta p-(1+\alpha)h]^2-4bp}} > 0 \qquad (6-9)$$

$$\partial \left(\frac{D}{Y}\right)^B / \partial h = -\left(\frac{D}{Y}\right)^B \frac{1+\alpha}{\sqrt{[a+\beta p-(1+\alpha)h]^2-4bp}} < 0 \qquad (6-10)$$

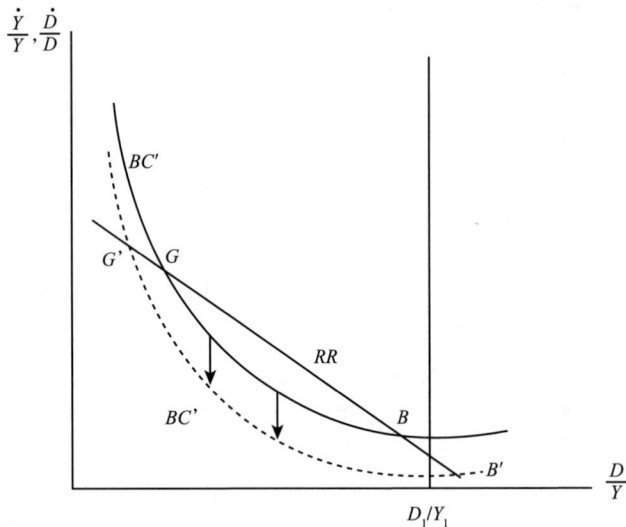

图 6 – 15　财务救助的政府预算约束渠道效应

（二）财政整顿的经济效应

与财务救助不同，财政整顿的经济效应具有不确定性。财政整顿有助于改善政府债务状况，提升财政稳健性，从而减少发生债务危机的风险。政府债务状况不佳往往是引发市场压力的一个原因，国际金融危机以来，诸多关于主权债务危机的研究都表明，当风险偏好成为影响金融市场波动的一个决定性因素时，财政基础是否稳健至关重要。近期，欧元区国家债务状况恶化而不断动荡便是明证。图 6 – 16 显示，财政整顿带来持续削减基本财政赤字 P，促使曲线 BC 向下平移，这是潜在稳定的（"坏"债务状态被向右平移）。

另外，财政整顿将抑制总需求进而对经济增长产生消极影响。财政整顿会使经济减速并推高财政赤字占 GDP 比重，当债务水平与财政乘数较高时，财政紧缩往往不能削减已有的巨额债务水平，反而通过较高的财政乘数对 GDP 产生较大消极影响。大萧条的一个重要经验便是财政政策能在熨平商业周期中

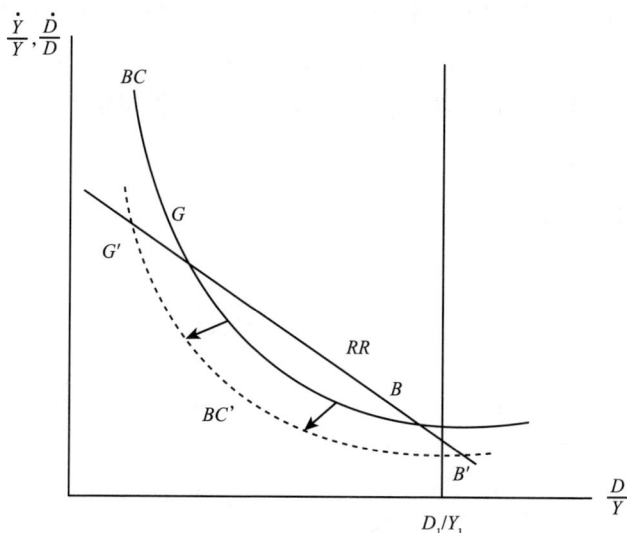

图 6 - 16　财政整顿的政府预算约束渠道效应

发挥积极作用。在推行财政整顿过程中，还需要考虑融资成本上升对债务水平的影响，以及市场对财政整顿与效果的认可度。如果市场不认可政府最初努力，往往动摇进一步推动财政整顿的决心。这是因为由财政整顿引起的经济减速可能会引起金融市场恐慌。在既定债务与赤字 GDP 占比下，经济减速较高国家，由于其国家信用风险较低，所承受的融资成本也较低，往往更易于摆脱债务负担。原则上，经济长期增长对于维护财政稳定至关重要，但实践中，市场往往更关注眼前经济表现。

　　图 6 - 17 显示，当财政整顿带来一个负向需求冲击，使曲线 *RR* 向右下平移，这是潜在不稳定的（"坏"债务状态被向左平移）。许多经济学家认为，债务水平骤升与经济增速放缓之间存在双向因果关系。更高的经济增速往往能够支撑更高的债务水平，从长期来看，也有助于一个经济体降低债务总量和占比。历史经验表明，若没有健康的经济发展，财政整顿很难顺利推进并取得成功。第二次世界大战后 35 年间，发达国家将债务负担率成功降低了 10%，其中绝大部分国家经济增速都在 2% 以上。经济增长的意义不仅在于计算债务水平时能扩大分母中的 GDP，而且会对政府改进财政状况的能力产生影响，甚至会影响一个国家的经济周期。相反，经济增速放缓将拖累、延缓，甚至使财政整顿的预期目标落空。经济减速将通过财政自动稳定器产生影响，从而减少税

收收入并增加福利支出（失业救济等），在一定程度上抵消财政整顿的初衷。也就是说，假如财政紧缩目标是财政赤字占 GDP 比重下降1%，由于受自动稳定器影响，实际赤字削减幅度将低于预期目标值。据 IMF 统计，对发达国家而言，平均仅有0.7%。

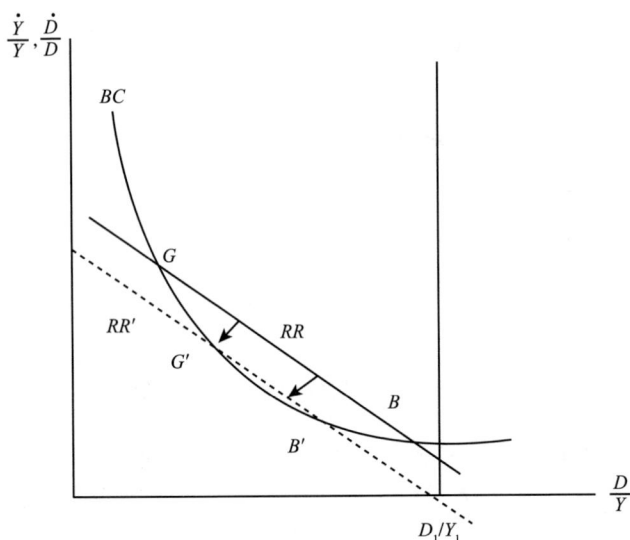

图6－17 财政整顿的产出渠道效应

从式（6－8）中可推导出相关乘数来衡量"坏"债务状态下基本财政赤字 P 变动的经济效应，即

$$\partial \left(\frac{D}{Y} \right)^{B} / \partial p = \left[\beta \left(\frac{D}{Y} \right)^{B} - 1 \right] \frac{1}{\sqrt{\left[a + \beta p - (1 + \alpha) h \right]^{2} - 4bp}} \gtrless 0 \quad (6-11)$$

式（6－11）表明基本财政赤字的增加，是降低"坏"债务状态或政府债务上限，还是反向提高的确是模糊不确定，这取决于"坏"债务状态初始水平和凯恩斯财政需求乘数 β 的大小。当二者都比较大，即 $\beta (D/Y)^{B} > 1$ 时，扩张性财政巩固（基本财政赤字 P 增加）将对债务上限产生积极影响，如使其向右移动。如果一国有足够的财政空间，可通过扩张财政巩固有效推动经济走出"坏"债务状态。许多经济学家认为这种扩张性的财政巩固是存在的，众多关于财政乘数测度往往忽视了在经济产出低于潜在 GDP 时，乘数将更大的事实。

但当二者较小时（凯恩斯财政需求系数或初始"坏"债务负担率较小，

如由于该国在金融市场遭受一个坏声誉，参数 h 值较大），$\beta (D/Y)^B < 1$，扩张性财政巩固反而放大"坏"债务陷阱。此时，更好的选择可能是紧缩性的财政整顿，即削减财政支出和增加税率来提高财政盈余，以此减少存量债务。当然，结构性改革和财务救助结合有助于增加式（6-11）的乘数效应，财政巩固才可能是恰当政策选择。

总之，不应采用"一刀切"措施，应对所有支出项目进行甄别，选择削减低效的支出项目，对不同国家而言措施将有所不同。但财政整顿必须顾及对经济增长的正反两方面影响。既要避免"隔靴搔痒"，亦要明白"过犹不及"的道理，要把握好二者的平衡，做到恰如其分。

三、基本结论

当一国政府债务陷入困境时，常用的政策工具无非是财政整顿、财务救助以及结构性改革。这三种政策工具往往是交叉使用的互补关系，而不是非此即彼的替代关系。

结构性改革有助于从根本上改善政府债务状况，但存在一定时滞。政府积极主动推动本国经济结构改革，提高劳动生产率，进而改善财政状况，从根本上扩大财政空间，提升政府债务上限。当然，促进经济增长和政府债务的良性互动，需要一定时间和稳定市场投资者信心。如果市场看淡经济复苏，一旦政府债务负担率上升超过一定幅度，就会形成政府债务水平的持续恶化。反过来，如果市场预期向好，经济结构合理，即使政府债务出现困境也许仅靠财务救助，甚至无需资金援助，仅需将政府债务利息控制在合理水平，就能使政府债务恢复至合理水平。

财务救助有助于缓解政府债务暂时压力，争取更多调整时间，但无法提高政府偿债能力。通过外部财务救助或援助，可以保证到期债务得到兑付，避免地方政府信用危机和市场恐慌心理造成政府债务收益率上升以及后续债务"滚雪球"效应带来的持续恶化状况发生。但财务救助还不足以成为政府债务治理的根本性工具，一方面其可能涉及道德风险，处理不妥会使市场信心备受打击；另一方面，仅有货币之水也是远远不够的，在分子不变的时候，放水可以稀释名义债务，为资产负债表的重塑换取时间，但对自身缺乏内生增长能力使债务重新返回可持续轨道的国家，仅仅依靠外部财务救助来解决其流动性危机，并不能有效改善其政府债务状况，无异于扬汤止沸，其债务危机的最后解决可能不得不借助于某种形式的债务重组。

财政整顿对政府债务的治理具有不确定影响，更多受限于初始政府债务状况和财政乘数效应的大小等外在因素制约。如果初始债务负担率和财政支出乘数都较大，扩张性财政巩固可以刺激经济增长，带来更多财政收入来化解存量债务；否则，扩张性财政巩固会造成债务水平上升，融资成本上升，短期金融市场不但承受较大压力，而且政府债务利息支出增加，最终陷入"债务雪球"越滚越大的恶性循环。在经济结构改革不到位前提下，长期经济增长缺乏内在动力，短期财政刺激措施只会催生通货膨胀和资产泡沫。此外，紧缩财政也是一种常用的财政整顿措施，其以牺牲短期经济增长为代价，降低福利水平来提振市场信心，争取尽快将政府从债务泥潭中拉出。对于那些具有大规模调整需求的国家来说，如果经济复苏乏力，失业率居高不下，居民生活水准持续下降，那么单靠财政支出削减可能不足以带来所需的财政整顿，也很容易陷入"紧缩陷阱"，即为获得相应基本财政盈余的努力，将使得私营部门无法达成预期的增长速度，进而让整个财政整顿计划脱轨，减赤将成为不可能完成的任务，这会进一步挫伤投资者信心，导致资产负债表式经济衰退。总体上，财政整顿力度不够会侵蚀市场信心，而过于激进财政整顿则会造成较大的产出损失。因此，维护市场信心的关键在于确保财政整顿的稳步有序推进，必须把握好财政整顿与避免经济刺激计划过快撤出之间的平衡。

综上所述，为了扭转政府债务不可持续趋势，既需要采取必要的财政整顿措施，调整财政收支结构，改善财政状况，以此获得足够财务救助，以空间换时间，稳定投资者信心，也需要其他政策（货币、金融及结构政策的配合），如积极推动国内结构性改革，改善国内经济结构，推动经济增长。欧债危机已再次证明，许多发达国家面临的实质问题是公共债务在中长期不可持续，而不是当前债务水平的高低。由于缺少可信的中期财政整顿计划，这不仅增加了这些国家短期财政整顿压力，还大大增加了未来政策的不确定性，从而直接影响当前消费和投资，进而阻碍和延缓了经济复苏。在很大程度上，正是发达国家无法保证公共债务在中长期逐步下降，才使得其不得不在短期内面对要增长还是要财政整顿的困难抉择。

| 第七章 |

保障政府债务可持续的
债务治理国际经验

从国际上看，如何削减财政赤字规模，控制政府债务风险，保障政府债务可持续性，已成为一个富有挑战的全球性问题。一些曾发生过政府债务危机的国家，在饱尝政府债务危机苦果之后，逐步探索出一套防范、控制以及化解政府债务风险，增强政府债务可持续性的治理措施。毋庸置疑，研究分析和借鉴这些国家的政府债务治理成功经验必将有助于构建中国地方政府债务可持续的债务治理框架。

第一节　美国保障地方政府债务可持续的治理措施

经历了数次地方政府债务危机后，美国逐步建立起以保障政府债务可持续为核心的地方政府债务治理体制，包括硬化地方政府财政预算和债务资金用途、建立地方政府债务披露制度与预警体系、增设专门机构并测算政府债务承受能力以及构建债务上限突破后的市场化处置机制。

一、硬化地方政府财政预算和债务资金用途

美国的州普遍实施平衡预算法则。其中，44 个州要求州长定期向立法机构提交平衡预算方案，37 个州规定立法机构直接颁布平衡预算方案。具体而言，平衡预算法则分为两类，一类是预期的平衡预算法则，要求州制定财政预算平衡，不列举财政赤字，即使财政预算出现赤字也必须在财政年度末予以消化，禁止结转到下一财政年度；另一类是追溯的平衡预算法则，规定州财政预算赤字可以通过州政府举借债务方式转到下一财政年度。目前，美国已有 7 个州允许赤字通过政府债务形式结转到下一财政年度，但多达 36 个州仍禁止赤字结转，规定任何财政缺口都必须通过减少开支、增加税收或联邦资助等反映在当前财政年度。

严格规定地方政府债务资金用途。地方政府债务资金不允许用来弥补地方政府经常性预算缺口，更不允许地方政府利用债务融资弥补财政赤字。除了短期债务外，地方政府举债用途严格按照"黄金规则"实施，主要用于基础性或公益性项目，包括农业等基础产业投资、城市道路建设等基础设施投资、学生贷款等补贴和支持相关私人活动以及履行政府部门养老金福利责任。

二、建立地方政府债务披露制度与预警体系

地方政府设立政府债务披露报告制度。由政府会计准则委员会颁布的《政府会计、审计和财务报告》明确规定了政府债务报告的基本准则，并记录和报告政府债务。州和地方政府必须遵循这些规定定期披露政府债务，以此降低债务无序违约风险，防范潜在债务危机。同时，一些行业自律组织还制定了很多指导信息披露的规范性文件，规范发行市政债券时的信息披露行为。

美国各州均设立政府债务预警指标体系。为防止政府盲目举债融资，超出自身财政承受能力，各州立法机构都设立一些预警指标，以此方便启动后续地方政府债务违约处理机制。例如，宾夕法尼亚州设立了五种情况的地方政府债务预警标准线，一旦超过地方政府债务预警线，州政府将根据《破产法》第

九章规定，有权实施债务重组，启动风险控制机制。俄亥俄州《地方财政紧急状态法》明确规定，以三类财政状况指标，来衡量州以下地方政府的债务风险，根据财政状况指标所反映的风险程度，将地方政府划入预警名单或危机名单，并给予后续相应地违约处理，如表7-1所示。

表7-1　　　　　　　　　　　　美国各州债务可持续性指标

地区	直接债务与应课税资产估定价值之比	人均直接债务	直接债务与个人收入比	政府债务与应课税资产市场价值之比	债务还本付息同一般基金与特别收入之比	预算收入与一般收入之比	过去10年所支付净负债比重	新债核准额不高于债务偿还额	估计市场能力
阿拉斯加					√				
加利福尼亚		√	√		√				√
佛罗里达		√	√		√				
路易斯安那					√				
缅因		√	√	√	√		√		
马里兰			√		√			√	
北卡罗来纳					√		√		
俄勒冈		√	√		√				
佛蒙特		√	√		√				
弗吉尼亚		√	√		√				
华盛顿			√		√				
西弗吉尼亚	√	√	√						

资料来源：亚洲开发银行（2013a）。

三、增设专门机构并测算政府债务承受能力

地方政府设立政府债务承受能力比率指标。如同私人借贷，州和地方政府都力图通过设置一系列债务指标来改善其信用评级，提高政府债务透明度，鼓励更多有意愿投资者在金融市场上积极认购政府债券[①]。目前，美国各州都以

[①]　据统计，由家庭、共同基金和货币市场基金所代表的个人投资者是州和地方政府债券的主要持有者。在全部市政债券余额中，约2/3为个人投资者所持有，其余部分则为商业银行、保险公司、封闭式基金以及国外投资者所持有。

州法令或州宪法形式对地方政府债务设立政府债务承受能力比率指标，以此提高社会评级机构对本州政府债券信用评估，如表 7 - 2 所示。

表 7 - 2　　　　　　　　　美国州政府的债务承受能力比率

债务负担比率的指标	采用该项指标的州
债务本息占总收入百分比	1. 阿拉斯加 2. 特拉华 3. 佛罗里达 4. 佐治亚 5. 夏威夷 6. 路易斯安那 7. 缅因 8. 马里兰 9. 马萨诸塞 10. 新罕布什尔 11. 纽约 12. 北卡罗来纳 13. 俄亥俄 14. 俄勒冈 15. 罗德岛 16. 南卡罗来纳 17. 田纳西 18. 德克萨斯 19. 佛蒙特 20. 弗吉尼亚 21. 华盛顿 22. 西弗吉尼亚
债务占总收入百分比	1. 康涅狄格 2. 特拉华 3. 佛罗里达 4. 密西西比 5. 宾夕法尼亚 6. 弗吉尼亚
债务占应税财产价值百分比	1. 内华达 2. 新墨西哥 3. 犹他 4. 威斯康星 5. 西弗吉尼亚 6. 怀俄明
债务占个人收入总额的百分比	1. 佐治亚 2. 马里兰 3. 明尼苏达 4. 纽约 5. 北卡罗来纳 6. 罗德岛 7. 佛蒙特 8. 西弗吉尼亚
债务本息占总支出百分比	伊利诺伊
人均债务	1. 佐治亚 2. 佛蒙特 3. 西弗吉尼亚

资料来源：Jennifer Weiner, "Assessing the Affordability of State Debt", Federal Reserve Bank of Boston, December 2013, P. 10.

成立专门机构主动测算州政府债务承受能力。为提高地方政府债务透明度，增加评级机构和社会投资者对地方政府债券的认可度，许多州成立债务承受能力委员会或其他负责监督州债务的州政府机构，采用一些方法主动测算州政府债务承受能力。主要方法涉及两种：一是债务上限法，将州债务实际负担与事先确定的债务临界值进行对比，以此衡量地方政府的债务空间。二是水准基点法，用本州债务负担与各州平均值或中位数进行比较，或与一些同等地位州比较。当然，有些州政府将债务上限和水准基点法结合使用，如佛蒙特州将全美信用评级为 AAA 州的债务负担平均数和中位值分别设为债务上限，而且每年还予以更新。

四、构建债务上限突破后的市场化处置机制

通过硬化地方政府财政预算约束，建立政府债务预警体系和债务披露制度，以及定量测算地方政府债务承受能力都无疑促进地方政府债务可持续，但尚不能排除政府受到外部不确定冲击后，发生债务违约风险的可能性。因此，相应的债务风险处置机制同样不可或缺。在美国，联邦政府并不为州及州以下地方政府所举借的债务提供担保，当出现地方政府债务问题后，解决路径基本上是一个完全依靠地方政府自主承担的纯市场化方式——就是违约和破产①。地方政府一旦出现不能按时还本付息，即被认定为违约。发生违约后，所拖欠本息主要通过三种方式得到追偿。一是通过税收等途径筹措资金对违约债券还本付息，该方式常见于一般责任债券以及与水务建设项目相关的收入债券；二是将抵押物变现用于还本付息，该方式常见于收入债券；三是由第三方担保机构进行还本付息。但是，具体的债务处置通常采用如下三种方式。

第一，协商解决。《美国破产法》第九章规定，如果政府债务的偿付危机是暂时性或技术性，地方政府可与债权人直接协商，达成延期或豁免协议，进而帮助债务人有更长时间改善财政状况。在此期间，地方政府可通过压缩支出、扩大税基、提高税率或收费比率、发行新债自我补救。

第二，上级政府介入。上级政府对地方政府债务问题的处理常用两种方式：一种是上级政府对地方财政失衡提出警告，要求地方加强财政管理；另一种是上级政府直接接管地方政府的财政管理。美国宾夕法尼亚州市政金融恢复法案或 47 号法案规定，一旦地方政府出现债务危机，州政府需要出资设立一位 47 号法案协调人，协同地方政府进行财政治理并与债权人协商。密歇根州也有类似治理方案，当市政府或学区出现财政危机时，由州政府指定的应急经理充当市政府首要负责人和立法人，并且仅有应急经理有权向法院申请破产。如果地方政府财政情况仅靠监督机制根本无法改善，还可以实施特殊市政体控制机制。纽约州政府和联邦政府在 1975 年纽约市财政危机时共同介入，制订

---

① 破产机制是出于对社会公众的保护，使其免受地方政府违约行为所带来的严重后果产生的伤害，同时避免出现因救援行动可能出现的道德风险。

了债务重整计划，并调整了公务员薪酬、养老金计划和税率。同时，州政府和联邦政府设立了市政协助公司以纽约市的名义发行债券，并设立金融控制局监控纽约市的一切金融事务。

第三，接管人制度。地方政府的债务抵赖就是指，地方政府宣布对现有债务负责并停止支付本息的行为。在这种情况下，上一级政府或法院有可能对问题地方政府实行接管，并委托第三方托管，使其财政回到正常状态。接管人包括项目接管人和衡平接管人。项目接管人通常由破产法院指定，用来保障破产后地方政府的部分项目设施的运行。例如，在杰佛逊（Jefferson）县破产案中，联邦巡回法院就指定了一位接管人负责当地污水处理事宜。衡平接管人通常也由法院指定，但对地方政府的财政管理权力不仅限于特定项目，其实际是整个地方政府财政的接管人。例如，密歇根州在采取应急经理机制之前，其韦恩（Wayne）县的巡回法院就让衡平接管人接管了埃科斯（Ecorse）市整个市政财务，如表 7 – 3 所示。

表 7 – 3　　　　　　　　　　　美国市政府破产保护申请案例

申请人	申请破产时间	破产原因	重整措施
杰佛逊县（Jefferson）	2011 年 11 月	污水处理项目建设成本失控；金融危机中浮息债收益率飙升，利息支出骤增；薪酬税被判违宪，一般基金收入骤减 40%	仅 1 亿美元债务全额偿付，其余债务减免本息，一般责任债券债权人放弃索赔权；提高辖区内排污费率、发行市政债券融资
哈里斯堡市（Harrisburg）	2011 年 10 月	焚化炉项目成本失控，债务违约；市政府为相关债务担保，上述债务规模为该市自身债务规模的 3 倍；市长提出的财政重整计划遭市议会否决	由于宾夕法尼亚州法律不允许市政当局申请破产，申请被驳回；计划出售资产、公用事业经营权，协商债务减免、调整雇佣合同
斯托克顿市（Stockton）	2012 年 6 月	房地产泡沫破裂，税收收入缩水 70%；养老金、医疗保险负担过重	重整计划尚未确认，债务人被分为 18 类，分别进行债务调整；延迟养老金发放、提高消费税率

续表

申请人	申请破产时间	破产原因	重整措施
马姆莫斯湖镇（Mammoth Lakes）	2012 年 7 月	法庭判定镇政府赔偿某房地产开发商 4300 万美元，赔偿金额为该镇年预算规模的 3 倍	赔偿金额降为 2950 万美元，分 23 年付清
底特律市（Detroit）	2013 年 7 月	种族矛盾、治安恶化、产业衰退，导致人口流失、房地产价格下跌、税收收入下降，城市陷入衰败	尚未提交债务调整计划

资料来源：Spiotto（2011），CIB Research.

为了避免地方政府债务恶化导致的系统性连锁反应，特别是吸取 20 世纪 30 年代大萧条的经验教训，美国引入了市政破产制度，这种做法既坚持联邦政府不救助原则，也是中央政府对地方不会实行破产救助的一种可置信承诺。为应对大规模的市政债务拖欠，美国国会于 1937 年通过了《市政破产法》，并在 1946 年将该法案设为永久性法规。该法规经历了若干次的修订与补充之后，形成了现在的《联邦破产法》第九章，成为美国地方政府破产制度的基石。根据《联邦破产法》第九章有关规定，地方政府有自愿向联邦法院申请破产保护的选择权。该项保护措施可在法院处理地方政府债务违约期间，确保当地必要的公共服务得以为继。根据美国法典，债权人不能要求法庭启动对地方政府违约行为的法庭程序，进而保护了公共资产。目前全美 50 个州中，有 21 个州宣布无条件采纳《联邦破产法》第九章，有 3 个州（宾夕法尼亚州、北卡罗来纳州和纽约州）附加了重要条件，有 27 个州根据个案具体情况决定是否采纳《联邦破产法》第九章。

第二节　巴西保障地方政府债务可持续的治理措施

在巴西，无论是 1998 年推出的旨在全面加强地方政府债务管理的财政稳定计划，还是 2000 年颁布的《财政责任法》及其配套法案，都重在地方财政管理框架、债务供求双向约束、金融领域改革以及国有企业改革等方面加强地方政府债务治理。

一、建立地方政府债务管理框架

巴西宪法规定，在医疗、教育、环境保护、农业、住房、社会保障等领域，联邦、州与市三级政府"共有职责"，但这种共有式事权安排导致三级政府之间责任的重叠、交叉和不清晰，也间接加大了地方政府财政负担。而且，每次债务危机都由联邦政府出面加以解决，导致地方政府相信联邦政府总会为其债务"兜底"，从而不断扩大负债规模。联邦政府的救助也使得外国和私人都愿意贷款给地方政府，外债规模的扩大倒逼联邦政府承担最后的清偿责任。因此，2000 年 5 月，巴西出台的《财政责任法》及其配套法案的核心是从立法层面将财政软约束转化为硬约束，要求中央政府禁止为州和地方政府实施财政紧急援助。

第一，制定一系列债务风险预警指标。《财政责任法》明确规定，地方借款额不得超过资本性预算规模，地方政府新增债务率不得大于18%，地方政府担保债务比重必须低于22%，以此加强对地方政府债务管理和控制。

第二，增加地方政府债务信息透明度。《财政责任法》明确规定，地方政府每年要向联邦政府汇报地方财政账户收支情况，每4个月发布地方政府债务报告，并由地方行政长官签署公布。

第三，颁布违反法令的纠正惩罚机制①。《财政责任法》明确规定，对地方政府违规举债或突破债务上限，禁止银行向其继续发放贷款。对实施过度财政刺激的相关人员追究责任甚至判刑等处罚。

二、设定债务供求双向控制指标

在地方政府债务需求方面，设立一系列债务约束指标控制地方政府随意举

---

① 在厄瓜多尔，不仅责任人会受到处罚，而且还会暂停中央的转移支付。阿根廷与墨西哥对发生债务违约的地方政府，采取的措施是暂停中央财政转移支付，停止或限制新的担保和贷款。哥伦比亚的做法是惩处责任人，停止发行新债并通过整改达到合规要求。秘鲁的做法则是暂停中央转移支付。

借新债，这主要体现在巴西参议院 1998 年公布的 78 号法案，包括举借新债限制指标和举债时间限制指标。在地方债务规模控制在上述限额内的基础上，地方政府满足一定条件并经参议院决议通过，才可举借新债。

在地方政府债务供给方面，限制各银行金融机构和企业向地方政府提供贷款，这主要体现在巴西金融管理委员会 1999 年颁布的 2653 号规定，巴西国有与地方政府所属银行不能向地方政府提供贷款，即使是地方政府供应商与合同承包方也不得向地方政府或其关联实体提供信贷，如表 7 - 4 所示。

表 7 - 4　　　　　　　　　巴西地方政府债务控制指标体系

	序号	风险约束	含义
债务需求端控制指标	1	政府主体信用	发生过违约的地方政府不得借款
	2	政府借款规模	借款规模不大于资本性预算规模
	3	新借款额规模	政府新增债务率占政府净收入比重不超过 18%
	4	新债券发行限制	州及市政府换届前 8 个月不允许任何新债券发行
	5	债券偿还比例	到期政府债券偿还率至少达债务余额的 5%
	6	短期往来借款额	政府预借短期收入不超过经常性收入的 8%
	7	政府担保额	政府债务担保余额占政府净收入比重不高于 22%
债务资金供给端控制指标	8	政府借贷规模	地方政府债务余额与银行净资产的比重不高于 45%
	9	限制供给条款	禁止向违规举债、突破债务上限的地方政府融资
	10	关联借贷控制	地方政府供应商与合同承包方不得向地方政府或其关联实体提供信贷
	11	融资渠道限制	不允许地方政府从其所拥有企业和供应商融资

三、加大金融领域改革

在控制债务总量的前提下，地方政府债务利息率也不能过高，否则会将财政风险传染金融业。在金融市场上，地方政府与企业一样，融资成本不能过高，否则就会导致金融资源盲目追逐此类产品，进而导致实体经济融资难、融资贵问题越发积重难返，以及金融部门不良贷款率攀升、资金配置效率下降和金融稳定风险不断积聚等问题。因此，为了增强金融系统抵御系统性风险的能力，巴西政府对全国商业银行进行了一系列的改革，以避免财政问题传染至金融领域。第一，将地方银行从地方政府中剥离出来，减少地方政府与地方银行之间的摩擦与干预；第二，金融系统进一步向外国资本开放，大量的地方银行被出售给了跨国银行集团，以此倒逼国内银行业竞争力自主提升；第三，严格要求银行金融机构提高贷款审查标准，提升自身贷款质量，降低金融风险水平；第四，中央银行向对金融系统稳定有重要影响的全国性银行注资，降低这些银行的不良贷款率，充实资本金以满足巴塞尔协定的相关要求。

四、加快国有企业改革

巴西的国有企业一般是在 20 世纪 60 年代经济高速增长时期建立的。当时，这些企业效益较好，为巴西政府创造了大量税收。随着经济增速的回落以及 20 世纪 80 年代拉美债务危机的打击，巴西的国有企业逐渐变成政府的负担。进入 20 世纪 90 年代，国有企业效益低下，连年亏损，不能弥补财政赤字同时，还需要政府投入大量资金维持企业运行，反而成为政府债务包袱。在此背景下，巴西政府 1998 年推出财政稳定计划，旨在实现国有企业私有化，一方面提升企业竞争力，减少企业对政府财政依赖度，进而降低政府债务水平；另一方面，以节省政府财政投入，增加政府收入的多元化，直接对冲政府债务风险。

通过国有企业改革措施，巴西财政收入增长较快、赤字和债务比率逐年降低。数据显示，1999 ~ 2002 年期间，财政收入年均增长 22.6%，相比危机前（1991 ~ 1998 年）加快了近 6 个百分点；赤字率也逐年下降，截至 2001 年，27 个州里有 6 个州没有满足赤字比率要求；地方政府净债务占 GDP 的比例由 2002 年的 19.8% 下降至 2013 年的 11.8%，如图 7 - 1 所示。

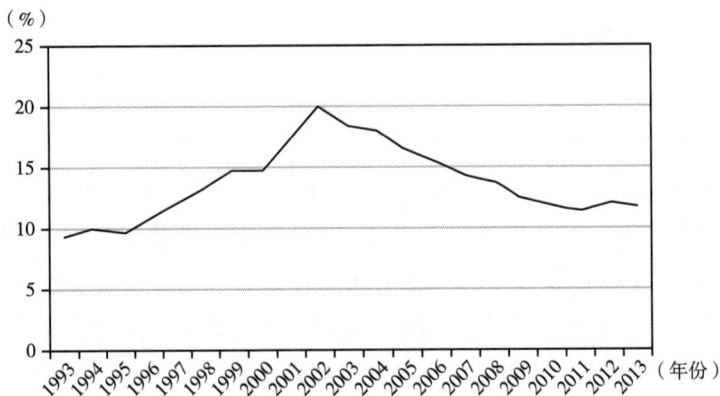

图 7 - 1　巴西各州和地方政府净债务与 GDP 之比

第三节 澳大利亚保障地方政府债务
可持续的治理措施

目前，澳大利亚地方政府债务融资已形成以国库公司间接融资为主，地方政府直接融资为辅，公私合营、市政银行和债券银行等间接融资为补充的多元化融资模式。为应对地方政府债务风险，逐步形成以联邦与州共同协商、市场化信用评级和信息披露、规则导向中期预算以及各具特色地方债务化解为内容的政府债务治理框架。

一、联邦与州共同协商的债务管理

专设借款委员会政府机构。州与联邦政府共同就各级政府总赤字目标和财政收支增减达成协议，并向借款委员会陈述下一年度融资额度和提交融资战略与平衡规划，由借款委员会进行审查、协商和综合平衡联邦政府和各州政府下一财政年度净融资需求。如需调整，地方政府将与借款委员会进行谈判协调，在预算报告达成一致基础上，允许各州拥有一定灵活性。

在地方政府债务规模控制方面，借款委员会规定各地上报借款申请，并根据事先确定的债务规模控制指标，分配相应借款额度，使得借款申请额度与分配额度之间差额不超过本级政府收入的 2% 。若突破债务规模控制，地方政府需向借款委员会作出必要解释，并将其对外公开。

二、市场化的信用评级和信息披露

引入市场化信用评级机构对地方各州政府进行信用评级。实践表明，信用等级越高，融资成本越低。为有效降低政府在金融市场上债务融资成本，澳大利亚允许标准普尔等国际知名信用评级机构为各级地方政府提供公正、公平和公开信用评级服务，这种制度设计也提供较好激励导向，如维多利亚州将保持AAA信用等级作为政府财政战略之一。

公开包括政府债务在内的地方财政状况。各州按照借款委员会规定，实行综合报告制度，严格进行季度报告和年度报告。同时，为从金融市场借款融资，各州财政部成立国库公司。例如，财政国库公司是新南威尔士州于1983年依据财政国库公司法案成立的公司，现已成为澳大利亚各州最大的同类专业机构，总资产规模已达700亿澳元，被标准普尔和穆迪评定为AAA信用等级。澳大利亚规定国库公司要定期报告财务报表和重大事项，在议会授权情况下，政府有权要求国库公司报告其他相关信息。在各个国库公司网站上，公众可以找到详细的年度运营报告、债券发行通告、融资计划等信息。

三、规则导向的中期预算框架建立

从国际上看，年度预算的顺周期①特征明显，使得政府财政行为不能熨平经济波动，反而成为政府债务负担。相反，澳大利亚建立规则导向的中期预算框架，以避免结构性失衡为主要目标，重视缓解经济周期对财政预算的干扰，真正起到经济稳定器作用。同时，将中期预算框架与绩效预算、预算透明度改革等密切结合起来，科学合理利用财政盈余资金，给政府债务调整预留足够财政空间，维护财政稳定性。例如，2008年金融危机后，澳大利亚联邦政府利用中期预算框架下的财政盈余进行大规模固定资产投资，这种财政预算反周期不仅避免政府过度举债，化解潜在债务风险，而且也在刺激经济和缓解就业压力方面起到重要作用。

四、各具特色的地方债务化解措施

各州根据地方实际情况和经济特征，采取各具特色的地方债务化解对策。昆士兰州政府在国有企业债务管理中，不仅对国有企业借款进行限额，以此严格控制国有企业及其分支机构的规模，而且还规定国有企业必须委托一家独立信用评级机构，引入市场化信用评级和报告制度，每3年至少作一次全面信用评估，以确保债务偿还能力。凯恩斯市则采取清理税收及公共事业服务费拖欠

---

① 当经济过热，财政收入增长快，倾向于藏富于民，减少税收或扩大开支；当经济过冷，财政收入增长慢，急于征收过头税和紧缩开支，反而促使经济雪上加霜。

整顿措施，如提高对拖欠债务追讨水平、出售债务人土地来偿还其拖欠税款以及向纳税人公布政府债务追讨情况，来提高政府收入水平，降低债务规模。

第四节　德国保障地方政府债务可持续的治理措施

2008 年金融危机后，欧洲主权债务危机频现，使各国普遍认识到缺乏财政纪律和过度举债是造成欧债危机的罪魁祸首，以及一个国家拥有严格且有效的财政纪律的重要性，尤其是对稳定金融市场的重要性。德国一直是欧洲遵守财政纪律的典范，自然在防控债务风险方面有其独特一套机制。

一、规范地方政府融资程序

德国地方政府债包括州政府和市政府债券市场，并没有专门的"市政债"和"城投债"概念。地方政府在税收上要接受联邦政府统一安排，经过复杂的税收分享计划实现各州税收均等化。另外，各州拥有独立的议会和立法机构，能够自主制定融资政策。因此，在预算制定上，如果支出超过收入，议会将就政府申请银行贷款或发行债券事宜进行审议。市政府没有独立的融资权限，往往由州政府代为融资。总体上，德国对政府承担债务较为谨慎，所有政府融资都要经过预算和议会审议程序，借债主体是各级州政府和市政府，所募资金都纳入预算统一管理和使用。政府作为直接借款人，减少了借款主体，从而大大节约了相关成本。从德国地方政府债券市场看，减少中间平台和复杂连带担保关系，由地方政府作为单一主体进行融资是一个较好模式，可以大大减少复杂连带关系产生的不透明度及其所累积风险，也通过集中管理削减中间成本，降低政府融资成本。

二、强化财政纪律的严肃性

通过立法规定财政平衡目标。财政部要与政府各部门在财政预算编制时进行谈判协商，所有预期的收入、支出及所需的承诺拨款都得列入政府预算中。

编制预算要详细列明各项收入和支出情况，如北威州 2014 年财政预算多达 3211 页。当完成预算草案后，经由联邦议会和参议院反复讨论修改，并根据审议意见再相应调整，最后报总理府和议会批准后成为年度预算法，产生法律效力。总体上，从预算草案的编制到审查，再到最后审议通过，前后需要 1 年时间。

采取中期与短期相结合的财政规划。预算制度由 5 年的财政中期规划和当年的财政预算构成（部分州编制 2 年滚动预算）。5 年财政中期规划是根据目前的发展水平等因素对未来 5 年财政收入所进行的预测，旨在为了使财政收支计划与国民经济发展相适应，保持政策延续性，避免短期行为。年度预算案则是具体的工作计划，一经批准即具有法律约束力。

削减结构性财政赤字。2009 年 6 月，德国联邦和各州政府制定并通过债务刹车法案，要求政府结构性赤字不能超过 GDP 的 0.35%。2011 年，债务刹车法案被写入《德意志联邦共和国基本法》，除特殊情况外，联邦政府和州政府分别从 2016 年和 2020 年，不允许再新增任何债务，财政预算基本不依靠贷款来进行平衡。

三、建立央地税收共享机制

在德国，中央政府与地方政府构建一套税收共享机制，以实现财力平衡。这一举措一方面，大大增强了几个财政较弱州的财力，保证了各州经济发展的同步性；另一方面，联邦对各州政府同时采取了财政互助、附加监督和调整条款的原则，这使得发生政府债务问题的州政府不仅可以获得一定援助，而且也必须接受严格的监管和调整条件。2010 年 10 月，新组建的联邦稳定委员会认为柏林、不莱梅、萨尔和石勒益格—荷尔斯泰因 4 个州面临债务问题。之后，委员会按照评估程序对这 4 个州分别进行了测试。2011 年 5 月，委员会正式确定 4 个州存在债务问题，应进入财政重整程序。4 个州按照法律规定制订了重组计划，而联邦政府则向它们提供了一定财政援助以帮助其达成目标。总体上，互助原则及援助与监管并施，既保证联邦和各州之间债券收益率的变化一致性，又确保合理溢价。

四、全覆盖债券的广泛应用

德国利用资产证券化方式逐步化解和减轻地方政府债务的压力。德国的全覆盖债券是一个类似资产证券化的产品，但并不等同于资产证券化，是由抵押贷款或公共贷款构成资产池，一旦发行人破产，债券持有人对资产池有优先求偿权。因此，全覆盖债券具有资产抵押和发行人的双重信用担保。在德国，全覆盖债券被广泛运用于为地方政府筹资中，抵押贷款银行通过发行全覆盖债券进行融资再向地方政府发放贷款。由于全覆盖债券的高评级特性，大大降低了融资成本。2003～2011 年，德国公共类全覆盖债券的发行量尽管有所下滑，但总体上仍为地方政府融资提供了重要支持。

全覆盖债券主要包括抵押贷款、公共部门贷款和船舶抵押贷款，已经发展成欧洲债券市场上继政府债券之后的第二大债券，故而是欧洲资本市场的重要组成部分。在德国地方政府融资中，全覆盖资产所起的作用就是，银行通过发行这一债券将部分对地方政府的贷款和持有的地方政府债证券化，获取低成本资金以继续为地方政府提供融资。2005 年底，欧洲债券市场的全覆盖债券存量余额为 1.8 万亿欧元，比 2004 年增长 8%，而德国是该市场的主导者，2005年德国全覆盖债券存量所占份额约为 55%。

第五节　基本启示

"他山之石，可以攻玉"。通过对发达和新兴经济体的政府债务治理对策剖析，我们可以得到一些基本启示。

第一，建立规范的地方政府债务融资机制。国际经验表明，无论是集权制国家，还是联邦制国家，建立一套规范的地方政府债务融资框架都是不可或缺的。允许地方政府举债并不意味着中央对地方债务减少监督和控制，相反更需要强化对地方政府债务融资的监管。只有让地方有充分的自主权和责任约束，才能调动地方治理积极性，有效增强地方财政治理能力。但考虑到地方经济发展水平、社会条件和自然生态状况等差异，地方债务治理可以有地方特色，可因地制宜而不必"一刀切"。例如，德国政府债务治理经验就表明，按照市场经济体制与分税制财政体制的客观要求，建立完善相关配套法规，在中央对地方债严格审批和监管前提下，适度赋予地方政府举债权，逐步建立规范、可控的地方债务融资机制是可行的。

第二，跨期预算管理与中长期预算规划相结合。从国外普遍的政府性债务管理实践来看，加强预算管理能促进债务决策从"软约束"走向"硬约束"。政府债务作为政府收入的必要补充，理应纳入预算管理，进而明确政府债务对政府资产负债状况与风险大小的影响，统筹配置政府财政资源，而不是简单将债务信息载入预算。例如，美国和澳大利亚的债务治理经验表明，纳入财政预算进行统一管理的政府债务，能够有效约束政府债务的无序膨胀。因此，为了有效防范、控制和化解地方政府债务风险，促进地方政府债务的可持续，就非常有必要将政府债务纳入预算管理，实现债务预算与一般收支预算有机结合，硬化预算约束，明确偿债人责任。

第三，引入市场化手段规范地方政府举债行为。在规范地方政府举债行为方面，除了通过中央与地方政府间的谈判协商或告诫劝止外，还可以借助市场规则引导和规范地方政府借款融资活动，依靠市场力量对地方政府进行债务信用评级，倒逼政府公开债务信息，披露政府财政状况。美国、巴西以及澳大利亚等国政府债务治理经验表明，对地方政府性债务的监督管理，除了给予必要的财政纪律约束外，还应积极运用市场化手段，如引入独立政府的社会第三方评级机构对地方政府信用评级，打破地方政府对金融资源的垄断支配权等，以此理顺地方政府的债务责权关系，提高债务资金使用效率，防控地方政府债务的系统风险，未尝不失为一种有效债务治理手段。

第四，制定和实施一揽子治理方案化解债务风险。从根本上说，地方政府债务问题与经济增长体制、财税制度以及金融市场结构跟不上经济金融形势的变化密切相关。相应地，地方政府债务风险化解自然也需要多管齐下，同时控制供需①。巴西债务治理经验表明，如果是由于多种因素相互交织、叠加影响

---

① 实际上，金融机构不可能在政府债务中保持超然——政府债务凭证在经济周期的任何阶段都是金融机构的优质流动性资产。尽管债务质量会发生动态变化，但相对于私人部门，其质量永远具有领先意义。即使它可能变差，但企业信用风险或许变得更差。因此，控制金融机构持有政府债的意义毫不逊色于政府发债管理。

而导致地方政府债务风险积聚，那么相应地化解债务风险和治理债务问题的措施也应包括一揽子方案，既有体制性建设，也有结构性整顿。在体制性建设方面，事先规定财政责任和制度，有利于项目执行，也有利于政府立法机关监管。许多国家都设有此类立法机关，将预算运作过程中的财政制度落到实处。还有少数国家——如巴西，有更加复杂的财政责任法律法规，在很多方面规范政府行为，惩处不合规的行为。在结构性整顿方面，进一步完善政府间财政关系，采取相应配套措施限制地方政府的借款行为和债务规模。

第八章

构建中国地方政府债务可持续的债务治理框架

通过前文分析，总体来看，中国地方政府债务风险总体可控，存在一定债务调整空间，但局部性风险和潜在风险已经凸显。国际经验表明，保障地方政府债务可持续，不仅需要一套事前的债务预警、监测和信息披露制度，而且更需要事后的债务处置和责任追究机制。正因如此，非常有必要建立科学规范的地方政府债务治理框架，以此保障地方政府债务可持续发展，防范和化解区域性、系统性经济风险。

第一节　理顺不同层级的政府间财政关系

目前，中国全面审计政府性债务已经为进一步加强和完善有关地方政府性债务治理体制提供重要依据，但要有效防范与化解地方债务风险，还不能仅停留在财政清理整顿阶段。从长期看，解决地方政府债务问题的根本还在于深化财税体制改革，而政府间财政关系是中央地方关系的框架与基础，也是推进地方政府债务治理必须处理好的重要问题。

一、理顺中央与地方的财政关系

在工业化和城镇化日益发展和地方政府事权不断扩张的背景下，中央和地方政府之间的权责划分逐步暴露出不清晰、不合理和不规范的问题。不同层级政府间财力与事权不匹配的矛盾较为突出，越是基层财政，入不敷出矛盾越突出。地方承担较多的支出责任而缺乏自主财力、透明的转移支付体制以及通过透明方式独立发债权力，这不仅制约了地方根据当地需求配置财政资源的空间，导致各种不规范的专项转移支付大量增加，而且也是地方政府纷纷搭建不规范的融资平台大量举债、大量卖地等各种扭曲融资行为背后的重要体制性原因。

从国际实践看，地方政府债务问题无不与政府间财政关系安排密切相关。因此，要从根本上防范、控制和化解中国地方政府债务风险，自然就需要按照中国共产党十八届三中全会提出的深化财政体制改革，强调权责对等的激励相容机制，进一步理顺中央与地方政府间财政关系，建立事权和支出责任相适应的制度。考虑到目前中央政府杠杆率仅为25%，一方面，中央可利用低杠杆率的优势，上收部分事权和支出责任；另一方面，扩大地方政府税源，适时开征房产税和遗产税，保持税源、事权和偿债资金来源一致性，实现税基与地方基础设施建设和公共服务改善挂钩，地方经济环境越好，入驻企业越多，税基增长空间越大，政府税收收入弹性自然增大，进而支撑更多债务提供更优质公共产品，如此走上良性循环路径，彻底解决地方政府债务问题。

二、理顺省以下地方政府的财政关系

事权划分是现代财政制度有效运转的基础，明确事权是理顺省以下地方政府间财政关系的重要前提。省以下地方政府是城镇化建设的真正主体，承担较多支出责任，但不同层级政府间的"事权下沉、支出责任上收"特征尤为突出，更多市县政府开始通过地方融资平台举借债务，相应的偿债动力不足、资金来源渠道较窄，潜在债务风险较大。究其原因，平台负债缺乏激励相容机制，实质上是平台举债、政府花钱，事权主体和融资主体分离，自然很难形成地方举债自我约束。

因此，省以下政府事权和支出责任划分仍要按照中央和地方财政关系的处理原则，依据事权外部性、信息复杂性、激励相容性科学界定。在一个省范围内，如果经济发展水平和地域差距相对较小，事权划分可更多在省辖内统筹，赋予省级政府在区域内更多财力调节力度，逐步缩小省以下地方政府财力差距，增强地方因地制宜配置财政资源的效率，健全基层政府的基本财力保障机制，杜绝政府债务行政级别下沉带来的潜在风险。

三、完善转移支付制度

转移支付制度是实现事权与财力相匹配的重要手段，但目前中国还没有建立起科学合理的政府间转移支付制度。表面上，地方政府往往无法通过中央的转移支付，来弥补财政资金缺口，相反却迫使地方政府通过各种名义举债来自找出路。实际上，这个问题的核心并不在于转移支付资金规模的大小，而在于是否实现了财力与事权的匹配，说到底，就是看转移支付的方式与结构是否合理。目前，能够发挥调节作用的、具有均等化功能的一般性转移支付规模偏小，而专项转移支付项目繁多、交叉重复，这样造成"跑部钱进""撒胡椒面"，导致过多干预地方事权、干扰市场配置资源。

因此，需要优化转移支付结构，逐步提高一般性转移支付规模和比例，增加贫困地方政府可自主支配财力，缩小地区公共物品提供能力差距，完善一般性转移支付增长机制。在保证财力与事权相匹配的同时，中央政府向地方政府宣示实行不救助原则，避免道德风险。

第二节　建立健全地方债务风险约束机制

经济常识告诉我们，"胡萝卜"与"大棒"并举，才能更好地发挥激励机制。因此，良好的地方治理与建立具备激励和惩罚的债务风险约束机制紧密相关。如果没有债务风险预警、应急处置以及责任追究等制度安排，其他无论是总额控制也好，支出质量管理也罢，都将成为"雾里看花"的数字游戏，无法勒紧地方债务风险的"缰绳"。一个好的地方债务治理体制只有健全债务风险约束机制，才能确保地方政府"举债有度、用债有效、还债有信"，达到既逐步消化地方存量债务，又合理控制新增融资规模的目的，保障地方政府债务融资可持续。

一、建立健全地方政府债务风险预警机制

逐步建立地方政府债务风险预警机制，将给政府债务戴上"紧箍咒"，有助于对债务风险实施动态监控，防患于未然，为地方政府债务风险后续处置争取更多时间。

第一，借鉴国际经验，设置一系列能够识别和揭示地方债务风险的预警指标，例如，债务率、新增债务率、偿债率、逾期债务率以及综合债务率等可量化指标，对各地区债务风险状况进行预警和提示，全面评估各地区债务风险状况并及时预警，为各级政府监控地方政府性债务运行和制定化解风险对策提供实践基础。

第二，预警主要是提醒之意，针对政府债务而言，不同的地方发展不同，其债务情况也就不同，如有的地区发展快，债务也就较多，还需要进行一定甄别。省以下地方政府要逐步取消由上级政府"分规模"发债的摊派做法，促使地方政府发债规模与负债率、债务率、偿债率等风险预警指标挂钩，通过区别对待，为地方政府降低负债水平提供正向激励。考虑到中国地方经济发展的不平衡，经济变量自身动态性，应结合地方经济发展水平、财力状况、债务风险以及国家宏观政策适时动态调整地方政府债务风险指标警戒线，保证债务预警指标的客观准确性。根据地方政府性债务警示程度的不同，相机设立和完善政府偿债准备金制度，设置合理的相关准备金提取标准，统一要求地方政府在指定银行设置专户以确保资金专款专用，减少债务风险对地方正常财政运行的冲击。为鼓励地方政府设立债务全覆盖的偿债准备金，可将偿债准备金作为一个重要考核因素，纳入地方政府债务治理框架。

第三，通过债务风险预警指标，上级财政部门按季评估地方政府债务风

险，并将政府债务风险评估结果作为下一期政府能否举借债务、举借多少债务的重要依据。可根据国际上债务预警红绿灯做法，将政府债务风险预警指标处于安全区内的，给予绿灯警示，表明该地方政府债务风险仍在可控状态；将有部分政府债务风险预警指标在警示区内，给予黄灯警示，表明该地方政府债务风险已有隐患，列入风险提示名单；将有政府债务风险预警指标在风险区内，给予红灯警示，表明该地方政府债务风险已显性化，列入风险预警名单。

第四，列入风险预警名单和风险提示名单的地区，政府必须积极主动采取措施，通过缩减财政支出规模、调整支出结构、压缩公用经费以及处置存量资产等方式，来加大偿债力度，逐步降低政府债务风险。根据列入风险预警和风险提示名单的地区数量，市县政府债务风险状况、债务风险防控努力程度等情况，对相关市县进行约谈，对连续三年被约谈的进行通报。对列入风险预警名单的市县，通报称原则上不得增加债务余额，同时要求制定化解债务风险工作方案，通过预算安排、资产处置、借新还旧等方式，尽力化解存量债务，逐步将债务规模控制在风险预警线下。而列入风险提示名单的，则需严格控制新增政府债务，合理安排预算，加大偿债力度，积极消化存量债务。

二、建立健全地方政府债务应急处置机制

从国际上看，建立地方政府债务应急处置机制相当于增设地方政府债务风险的"缓冲器"，即使出现偿债风险，也可以及时处理，控制风险蔓延，避免引发系统性的经济金融风险。因此，中国应建立中央与地方两级政府债务风险应急处置机制。

第一，规定政府债务应急处置程序。如果地方政府发生债务违约，出现债务风险隐患时要及时上报，视债务风险严重程度，由本级或上级政府按照事先规定的应急处置程序，启动相应地政府债务风险应急处置方案。地方政府债务风险处置完毕之后，发生债务风险的地方政府或应急处置小组都需要向上级政府报送书面报告，报告内容包括发生债务风险的状况、原因、造成的社会影响和采取的措施等。

第二，明确政府债务应急处置规则。根据地方政府债务风险大小和后续发展态势，进行对症处置债务。如果因债务资金运用不当，存在暂时性收支缺口

而不能按时支付到期债务，面临短期流动性债务风险的地方政府，通过变卖固定资产、申请特别救助金等方式解决资金缺口。对资不抵债且无法在资本市场上继续融资的地方政府，先由上级政府先行代偿部分债务本息，并以共享税作为还款担保，直至地方政府清偿债务之后才能重新获得共享税收入。如果地方政府破产相关法律规定出台后，也可以试行采用破产清算的方式处置债务风险。

第三，公布政府债务应急处置预案。由上级有关部门成立应急处置小组，对发生政府债务的地方作出及时准确分析，判断债务风险性质程度，相应地采取不同债务处置预案。一是对已超过债务安全底线但仍未发生债务危机的地方，由地方政府启动债务应急处置程序，并制定财政重建规划报上级政府审批，审批通过后，上级应急处置小组负责监督落实。二是对已爆发局部债务危机但不具备系统性风险的地方，由上级应急处置小组直接介入，提出一系列财政整改要求，如债务置换、压缩公用经费和处置存量资产等，规定地方政府按要求分阶段实施，保证在规定期限内达到上级政府提出的阶段性整改计划。三是对已发生严重地方债务危机且有可能引发系统性风险的地方，由中央政府宣布实行财政紧急状态管制，直接指定应急处置小组作为托管人，全权负责应急处置及债务重组等相关事宜，包括全面接管危机地区的财政收支、人事任免、行政事务以及其他所有重要事项决策权。

三、建立健全地方政府债务责任追究机制

不惩治、处罚违规"生产"债务的行为，不对不负责任者产生警醒作用，就难以建立有效制止违法违规、违纪滋生新债的良好机制，反而容易产生"道德风险"，造成地方政府融资中"新官不理旧账"现象。

第一，编制政府资产负债表，推行权责发生制的政府综合财务报告制度，向社会公开政府"家底"。建立政府债务信息披露制度，要求下级政府向上级政府、财政部门向人大以及政府向社会，定期公布政府财政状况、举债偿还等情况，引导社会舆论和新闻媒体监督地方政府债务。

第二，建立健全政府债务考评制度，强化审计监督，检查纠正存在问题，促进提高资金使用效益。把政府性债务作为一个硬指标纳入政绩考核，将政府

债务的举借、管理、使用、偿还情况和债务余额作为地方党政领导干部经济责任审计的重要内容。探索建立地方政府信用评级制度，倒逼政府珍惜自己的信誉，自觉规范举债行为，根据地方政府的诚信评级结果，制定相应的警示、处罚办法和机制。

第三，建立地方政府债务违规举借责任追究制度，明确对违规举债的执法主体和处理程序，加强债务责任追究"终身制"机制和淡化救助意识。凡有逾期政府性债务的地方政府，不得举借新的政府性债务。对不按规定举借债务、违规对外担保、截留挪用债务资金、不按计划偿还债务等行为，对相关单位和个人要公开曝光，严肃问责，形成警示效应。给国家财产造成损失的，树立法律权威，依法追究刑事责任和给予经济处罚。

第三节　加强金融财政的债务治理协同性

从属性看，地方债务问题也属于金融问题，地方债风险主要是金融风险，其他的风险多为金融风险衍生。金融系统作为社会资金融通媒介，不论政府以何种渠道筹集资金都会对金融稳定产生影响。显然，缺乏金融支持的地方政府债务治理将事倍功半。

一、建立健全财政金融沟通协调机制

表面上看，地方政府的债务风险并不直接表现为金融风险，但从财政与金融关系看，如果地方政府债务违约引发财政危机，必然导致金融机构投资者破产，欧债危机已对此做了最好诠释。正因如此，一旦债务危机蔓延到金融领域，中央银行将难以置之度外，势必扮演"最后贷款人"角色加以救助。另外，尽管紧缩财政也是化解政府债务危机的重要措施，但由此带来的经济衰退也是显而易见的。如果政府初始债务水平较高，财政支出乘数较大时，紧缩财政需要付出较高成本代价，承受一定政治舆论压力。因此，中央银行救助，既是被迫的，也是众多解决方案中最为有效的。既然如此，为防范地方政府债务风险向金融领域传染，必须增强金融的独立性，避免信贷资金财政化，切断地

方政府债务风险向外扩散通道。

第一，中国由于体制机制等障碍，金融市场应有的优化资源配置功能并没有得到充分发挥，这也是为何过去一个时期以来，一些地方政府性融资形式上市场化，但实质上债务风险却得不到有效揭示、不断膨胀的根源。因此，从制度上厘清财政与金融的边界，提升中央银行政策的独立性，凸显商业银行等金融机构市场竞争性特征，逐步切断地方政府对金融机构的行政化影响，弱化行政对金融市场的干预。

第二，地方债关乎财政影响金融，实践证明地方债发行管理需要财政政策与货币政策紧密配合，应强化财政部门和央行沟通和协调的经常性机制。例如，从地方国库收支实际情况看，一方面，地方政府苦于财力不足，财政缺口较大，不得不通过各种方式变相融资，背负负债；另一方面，地方政府闲置大量财政库存资金，造成资金浪费。对此，就可以加快健全中央银行国库现金管理体制，在满足国库现金支出需要的前提下，"唤醒"常年沉睡的闲置资金，提高结转结余资金使用效率。

第三，从维护金融稳定、防范系统性金融风险角度看，中央银行必须关注地方政府债务风险。因此，央行作为金融系统宏观审慎管理核心部门，可牵头中国银行业监督管理委员会和中国证券监督管理委员会等机构对地方债进行监测、分析，对财政和金融风险进行动态评估和预警，增强风险管控能力。

二、加强对平台贷款和"影子银行"监管

目前，在中国地方政府债务构成中，除了一部分银行贷款外，更多是通过信托、基金、金融租赁、财务公司、保险公司等进行直接或间接融资，由于金融监管不到位，这部分影子债务缺乏透明度，蕴含较大风险隐患。特别是2012年，中国银行业监督管理委员会要求各商业银行控制地方政府债务总量，导致地方政府融资转向"影子银行"体系。银行通过"影子银行"产品，绕开监管限制，通过表外信贷向地方政府直接或者间接相关的领域注入资金。"影子银行"拓宽地方政府融资平台的融资渠道同时，也较易形成集中度风险和政府融资平台违约风险。中华人民共和国审计署2011年《全国地方政府性债务审计结果》和2013年《36个地方政府本级政府性债务审计结果》都表

明，"影子银行"体系已成为融资平台公司债务融资的重要来源。因此，加强对"影子银行"监管，审视"影子银行"资产流动性水平和结构性矛盾，密切关注"影子银行"风险传导机制与商业银行关联业务的风险交叉传染机制。

尽管优质高效的金融体系可以动员更多资金投入生产性活动，但如果金融对地方举债缺乏有效扎口管理，同样也会将政府债务风险引向金融机构。这些金融机构往往是系统重要性金融机构，其自身债务自然具有"牵一发而动全身"特点。中国地方融资平台有政府隐性担保，属于类主权债务。一旦出现融资平台违约，不仅可能导致政府融资成本剧增，甚至会导致政府陷入无法正常在金融市场融资的困境，势必使得银行坏账率飙升，而目前中国银行的杠杆率普遍在 20 倍左右，如果银行坏账上升至 5%，整个金融系统就会发生系统性金融危机。因此，加强金融机构对平台贷款的监管，规范平台贷的发放与回收，积极推进银团贷款，降低贷款集中度，化解债务风险。

三、提高地方政府债券市场的流动性

目前，中国地方政府债务的突出特征就是，不存在整体偿债风险，但存在流动性风险。也就是说，政府收入流与债务还本付息之间的结构以及期限存在不匹配问题。考虑到财政整顿面临的各种约束条件，除了地方政府减持上市公司股份或出售投资形成的资产获取流动性外，推出一些配套金融措施显得更加切实有效。其中，地方政府融资平台的债务融资大多用于市政建设、交通设施等基础设施建设，形成了部分流动性较差，但具备稳定现金流的资产，十分符合资产证券化条件。倘若能逐步推进此类资产的证券化进程，有效盘活地方政府存量资产，亦可增加流动性。因此，应鼓励和积极推动商业银行对融资平台的贷款进行证券化，借助债券市场来解决巨大平台存量问题，缓解地方政府债务流动性问题。针对目前中国地方政府负债结构及资产类型，资产证券化可采取分步走策略。短期内，继续推动信贷资产证券化，化解潜在的金融风险；长期内，着眼于平台企业资产证券化，彻底化解地方债风险，同时将基础设施收益权、应收账款等收益权类资产作为基础资产入池，吸引社会资本和民间资金购买证券化产品。

除了资产证券化获取现金流缓解偿债压力外，推出一些配套宽松金融措施支持地方政府债务置换，从根本上说也是中国人民银行向政府债券市场注入流动性。一是加快将地方政府债务纳入中国人民银行公开市场操作质押标的，进一步提高地方政府债券的流动性；二是适时营造宽松金融环境，比如通过降准向商业银行释放长期可用资金，推出中长期的抵押补充贷款工具（Pledged Supplementary Lending，PSL），以提高商业银行对长期债券的需求；三是同步运用数量型工具与价格型工具，改变以往交替运用数量型工具和价格型工具的操作方式，放大货币政策取向积极效应，如降准降息拉低收益率，使叠加制约因素减缓，减轻地方政府融资压力，确保存续债务的有序退出。

四、加快地方政府发债市场机制建设

修正版《中华人民共和国预算法》要求，地方政府只能通过公开市场发行的方式筹资，这意味着地方债发行将由以银行信贷为主转为以债权为支撑。在利率决定上，与银行信贷相比，债券发行和转让价格更决定于金融市场。从金融市场上看，地方债市场定价、筛选机制既是地方政府债务约束机制的重要组成，也是有效消化存量债务、提供地方债流动性的重要场所，因此有必要加快地方政府发债市场机制建设。

第一，完善地方债市场评级制度。建立或者委托第三方机构建立独立的地方债风险评估机制，对不同地方政府财政稳健性、透明度和偿债能力做出公平、公正的判断和描述，通过公开方式传达给投资人和监管机构，充分发挥信用评级的风险揭示功能和债券定价指示作用。这样，稳健性和透明度差的地方政府所获评级自然低，从而面临改善压力，有效保障地方债券价格与不同评级和信用水平相挂钩，增强债券流通性。

第二，健全地方债发行和流通市场机制。地方债发行和二级市场交易过程中都会产生对地方政府提高透明度的压力。例如，在发行过程中地方政府要面对投资者路演、二级市场价格波动时市场要求地方政府解释原因等，这些都是投资者约束地方政府行为的具体表现。借鉴美国经验，探索建立地方债保险等政府信用外部增级机制，为地方自主发债提供保障。

第三，丰富地方债市场投资者结构。在定向发行的基础上逐步放开发行对象，金融市场上大量投资者对地方政府债券认购具有良好的"用脚投票"作用，而且机构投资者的广泛参与能为地方政府带来大量长期投资资金，发挥一定宣示效应。特别是在金融市场上影响力较大的机构投资者进入，从某种程度证明地方政府债券具有较好投资价值，进而吸引更多个人投资者跟进认购地方债券。反过来，当地居民持有其所在地发行的债券，还会引导居民和社会舆论参与地方债的监督管理。更重要的是，机构投资者解决地方政府短债长投的结构性问题，降低地方债务期限错配风险同时，也倒逼地方政府信息披露制度推进，加强投资者外部监督作用，有利于防控地方政府债务风险。

第四节　加快推进相关的配套措施与改革

地方政府债务治理是一项复杂的系统工程，涉及政治、经济、社会等各个领域，是政府治理牵一发而动全身的"牛鼻子"，也是财税改革的重点和难点。目前，中国正处于经济增长的换档期、结构调整的阵痛期以及前期刺激政策消化期，三期的"叠加效应"使财政运行环境发生重大变化。在此背景下，地方政府债务治理更需要深化相关领域的配套改革，推进现代财政制度建设与国家治理现代化。

一、做好新预算法实施配套工作

2014年8月，中国通过了素有"经济宪法"之称的《中华人民共和国预算法》修正案，拓展预算法、完善地方债管理等多处修改，相比原预算法，新预算法为地方政府债务管理套上预算监督的"紧箍咒"，加强财政纪律约束。考虑到新预算法对具体问题仅作了一些原则性规定，中央政府层面应尽快制定出台规范地方政府债务融资行为的专门法规——《地方政府债务法》及《实施细则》，对举债条件、审批流程、融资限额、偿债责任、信息披露以及审计监督与后评估等作出明确规定，便于地方政府依法举债，依法使用、偿还和接受社会舆论、公众监督，以规范地方政府举债和防范政府举债风险。由于各地政府财政状况、预算管理水平和经济环境不同，地方层面还可以制定有关预算审查监督的决定或者地方性法规。

二、研究探索土地流转制度改革

土地融资是支撑地方政府主导经济增长的重要制度安排。正因如此，地方政府通过土地出让收入偿债和土地经营收入抵押融资，一次性支取未来多年的土地收益，将土地货币化和资本化，促使土地财政与地方债务风险交织在一起，进一步增加了地方政府债风险。事实证明，地方政府利用对土地控制权，通过低价征收、高价出让机制，获取土地出让金支撑地方政府债务还本付息是不可持续的，因此必须加以改变，否则地方政府债务风险将很难防控。对此，需要继续完善土地储备制度，合理引导土地供应预期，建立土地资产管理办法，规范土地收入使用范围，将土地融资与财政规划和资本预算挂钩。用好土地这一城镇化过程中最具增值潜力的资源，形成城市基础设施建设、公共服务水平提高和土地增值收入，增加相互促进、良性循环的正向激励机制。

三、健全公共产品定价机制

由于公共产品具有较强外部性特征，政府往往成为其供给主体，但这并不意味着公共产品一定由政府组织生产。更为重要的是，公共产品投资规模大，回报周期长，地方政府是微利或亏损生产供给。从源头上，促使地方政府绕过原预算法，将土地注入投融资平台，再以土地抵押方式向银行贷款，而投资低效率和收益微利状态根本无法支撑这种投入，反过来这种"土地＋银行贷款"不仅加剧银行信贷风险，也放大地方政府性债务风险。从国际经验看，公私合作（Public–Private Partnership，PPP）模式可以有效解决公共产品供给。因此，遵循分类处置原则，健全公共产品定价机制。对完全具有商业性的公共产品供给，将其债务与经营打包推向市场；对具有一定收益性的公共产品供给，探索公共产品领域多种形式的公私合作，鼓励政府购买公共服务，推进公共品定价改革；对没有任何收益的公共产品供给，直接由地方政府负责，纳入政府预算管理。

四、加强监管部门沟通协调

完善地方政府债务风险约束不单是地方财政的自我完善，还涉及地方金融机构监管、中国人民银行与财政部门等多个监管领域。有必要统筹协调相关监管机构，使监管部门之间相互衔接、相互协调，实现监管整体优化，通过综合治理加强地方政府债务和融资平台公司的管理。监管机构要尽快建立针对地方政府及其融资平台公司的统一信息平台，实现商业银行之间信息共享互用；严格按照中央宏观调控总体思路，协调财税政策、金融政策与产业政策，对市场准入、市场退出、融资计划、高管任职资格审核、风险稽查等环节进行监管；对新项目要通过严格审查，控制融资规模，消除潜在的财政风险和金融风险。

参 考 文 献

[1] 马骏、张晓蓉、李治国：《中国国家资产负债表研究》，社会科学文献出版社 2012 年版。

[2] 彭文生：《渐行渐远的红利 寻找中国新平衡》，社会科学文献出版社 2013 年版。

[3] 亚洲开发银行：《中国地方财政管理：挑战与机遇》，亚洲开发银行对外关系局，2014 年。

[4] 亚洲开发银行：《财政事务：中华人民共和国地方政府财政》，亚洲开发银行驻中国代表处，2014 年。

[5] 国务院发展研究中心与世界银行课题组：《中国推进高效、包容、可持续的城镇化》，中国发展出版社 2014 年版。

[6] 中华人民共和国国家统计局：《中国统计年鉴 2013》，中国统计出版社 2010 年版。

[7] 樊纲、武良成：《城镇化：一系列公共政策的集合》，中国经济出版社 2009 年版。

[8] 刘尚希：《财政改革都将"改什么"?》，人民网，2013 年 11 月 18 日。

[9] 白景明：《存量债务置换的宏观效应》，载于《中国金融》2015 年第 12 期，第 46~47 页。

[10] 李扬等：《中国主权资产负债表及其风险评估（上）》，载于《经济研究》2012 年第 6 期。

[11] 李扬等：《中国主权资产负债表及其风险评估（下）》，载于《经济研究》2012 年第 7 期。

[12] 中华人民共和国审计署：《全国政府性债务审计结果》（2013 年第

32 号公告）。

［13］中华人民共和国审计署：《36 个地方政府本级政府性债务审计结果》（2013 年第 24 号公告）。

［14］中华人民共和国审计署：《全国地方政府性债务审计结果》（2011 年第 35 号公告）。

［15］中华人民共和国国务院：《关于深化预算管理制度改革的决定》，2014 年。

［16］中华人民共和国国务院：《关于加强地方政府性债务管理的意见》，2014 年。

［17］楼继伟：《认真贯彻新预算法 依法加强预算管理》，中华人民共和国财政部网站，2014 年。

［18］楼继伟：《深化财税体制改革》，人民出版社 2015 年版。

［19］潘功胜：《建立可持续的城市基础设施融资机制》，载于《中国金融》2013 年第 21 期，第 13～15 页。

［20］刘枭：《中国地方债体检报告》，载于《战略观察》2014 年第 4 期。

［21］唐文进等：《财政疲劳、储备渠道与中国政府债务上限的测算》，载于《财经研究》2014 年第 10 期，第 18～31 页。

［22］唐文进等：《广义"财政疲劳"现象研究述评》，载于《经济学动态》2015 年第 4 期，第 138～148 页。

［23］王志刚：《中国积极财政政策是否可持续》，载于《财贸经济》2012 年第 9 期，第 53～61 页。

［24］Burnside：《财政可持续性的理论与实践手册》，世界银行，2005 年。

［25］李宁：《各地政府债务规模及风险分析》，载于《债券》2014 年第 4 期，第 38～43 页。

［26］审计署审计科研所：《加强地方政府性债务风险管理的建议》，2013 年。

［27］中国人民银行南京分行课题组：《关于债务率、负债率、偿债率等指标及其"国际警戒线"的适用性研究》，载于《金融纵横》2015 年第 8 期。

［28］中国人民银行研究局：《危机爆发后地方政府债务调整的国际经验及启示》，2015 年。

［29］中国人民银行研究局：《首批政府债务置换过程中存在的问题及建

议》，2015 年。

［30］Pier Carlo Padoan, Urban Sila, Paul van den Noord, "Avoiding Debt Traps: Fiscal consolidation, Financial Backstops and Structrual Reforms", *OECD Journal Economic Studies*, 2012 (1): 151 - 177.

［31］Hideaki Matsuoka, "Fiscal Limits and Sovereign Default Risk in Japan", *Journal of The Japanese and International Economics*, 2015, 38, 13 - 30.

［32］Alvarado, C. D. , Izquierdo, A. , Panizza, U. , "Fiscal Sustainability in Emerging Market Countries with an Application to Ecuador", *Ssrn Electronic Journal*, 2004.

［33］Arellano, C. , "Default Risk and Income Fluctuations in Emerging Economies", *American Economic Review*, 2008, 98 (3), 690 - 712.

［34］Arteta, C. , Galina, H. , "Sovereign Debt Crises and Credit to The Private Sector", *Journal of International Economics*, 2008, 74, 53 - 69.

［35］Backus, D. K. , Kehoe, P. J. , Kydland, F. E. , "Dynamic of the Trade Balance and Theterms of Trade: The J-curve?" *American Economic Review*, 1994, 84 (1), 84 - 103.

［36］Barro, R. J. , "Output Effects of Government Purchases", *Journal of Political Economy*, 1981, 89 (6 (December)), 1086 - 1121.

［37］Bi, H. , "Sovereign Defaut Risk Premia, Fiscal Limits, and Fiscal Policy", *European Economic Review*, 2012, 56 (3), 389 - 410.

［38］Bi, H. , Leeper, E. M. , "*Analyzing Fiscal Sustainablity*", Mimeo, Indiana University.

［39］Blanchard, O. J. , Perotti, R. , "An Empirical Characterization of the Dynamic Effects of Changes in Government Spending and Taxes on Output", *Quarterly Journal of Economics*, 2002, 117 (4), 1329 - 1368.

［40］Bohn, H. , "The Behavior of U. S. Public Debt and Deficits", *Quarterly Journal of Economics*, 1998, 113 (3), 949 - 963.

［41］Bohn, H. , "*The Sustainability of Fiscal Policy in the United States*", In: Neck, R. , Sturm, J. -E. (Eds.), "*Sustainability of Public Debt*", MIT Press, Cambridge, MA.

［42］ Bouakez, H., Rebei, N., "Why Does Private Consumption Rise After a Government Spending Shock?" *Canadian Journal of Economics*, 2001, 40 (3), 954 – 979.

［43］ Davig, T. and E. M. Leeper "*Fluctuating Macro Policies and the Fiscal Theory*", In D. Acemoglu, K. Rogoff, and M. Woodford (Eds.), NBER Macro-economics Annual 2006, Volume 21, pp. 247 – 298. Cambridge: MIT Press.

［44］ Davig, T. and E. M. Leeper "Generalizing the Taylor Principle", *American Economic Review*, 2007, 97 (3), 607 – 635.

［45］ Davig, T. and E. M. Leeper, "*Modeling Fiscal Limits*", Manuscript, Indiana University.

［46］ Davig, T. and E. M. Leeper, "Monetary-fiscal Policy Interactions and Fiscal Stimulus", *European Economic Review*, 2011, 55 (2), 211 –227.

［47］ Davig, T., E. M. Leeper, and T. B. Walker, "Inflation and the Fiscal Limit", *European Economic Review*, 2011, 55 (1), 31 –47.

［48］ Davig, T., E. M. Leeper, and T. B. Walker, "Unfunded Liabilities and Uncertain Fiscal Financing", *Journal of Monetary Economics*, 2010, 57 (5), 600 – 619.

［49］ Erceg, C. J., Guerrieri, L., Gust, C. J., "Expansionary fiscal shocks and the trade deficit", *International Finance*, 2005, 8 (3), 363 – 397.

［50］ Gali, J., Lopez-Salido, J. D., Valles, J., "Understanding the effects of government spending on consumption", *Journal of the European Economic Association*, 2007, 5 (1), 227 –270.

［51］ Hausmann, R., "*Good Credit Ratios, Bad Credit Ratings: The Role of Debt Structure*", In: Kopits, G. (Ed.), "*Rules-Based Fiscal Policy in Emerging Market Economics: Background, Analysis, and Prospects*", Palgrave Macmillan, New York.

［52］ Karras, G., "Government Spending and Private Consumption: Some International Evidence", *Journal of Money Credit and Banking*, 1994, 26 (1), 9 – 22.

［53］ Leeper, E. M., "Equilibrium under 'Active' and 'Passive' Monetary and Fiscal Policies", *Journal of Monetary Economics*, 1991, 27, 129 – 147.

[54] Leeper, E. M. , "Inflation and the Fiscal Limit", *European Economic Review*, 2011, 55 (1), 31 –47.

[55] Leeper, E. M. , "Anchoring Fiscal Expectations", *Reserve Bank of New Zealand Bulletin*, 2009, 72 (3), 7 –32.

[56] Leeper, E. M. , "*Anchors away: How Fiscal Policy Can Undermine 'Good' Monetary Policy*", Working Paper Central Bank of Chik, 2009, 16 (3).

[57] Leeper, E. M. , M. Plante, and N. Traum, "Dynamics of Fiscal Financing in the United States", *Journal of Econometrics*, 2010, 156 (2), 304 –321.

[58] Leeper, E. M. , T. B. Walker, and S. -C. S. Yang, "*Fiscal Foresight and Information Flows.* ", NBER Working Paper No. 14630, 2009.

[59] Leeper, E. M. , T. B. Walker, and S. -C. S. Yang, "Government Investment and Fiscal Stimulus", *Journal of Monetary Economics*, 2010, 57 (8).

[60] Monacelli, T. , Perotti, R. , "Fiscal Policy, the Real Exchange Rate and Traded Goods", *The Economic Journal*, 2010, 120 (544), 437 –461.

[61] Obstfeld, M. , Rogoff, K. , "*Foundations of International Macroeconomics*", MIT Press, Cambridge, MA, 1996.

[62] Ramey, V. A. , "Identifying Government Spending Shocks: It's All in the Timing", *Quarterly Journal of Economics*, 2011, 126 (1), 1 –50.

[63] Reinhart, C. , Rogoff, K. S. , Savastano, M. A. , "Debt Intolerance", *Brookings Papers on Economic Activity*, 2003 (1), 1 –62.

[64] Reinhart, C. M. , and K. S. Rogoff, "*This Time is Different: Eight Centuries of Financial Folly*", Princeton University Press, Princeton, NJ, 2009.

[65] Sims, C. A. , "Solving Linear Rational Expectations Models", *Journal of Computational Economics*, 2001, 20 (1 –2), 1 –20.

[66] Smets, F. , Wouters, R. , "An Estimated Dynamic Stochastic General Equilibrium Model of the Euro Area", *Journal of the European Economic Association*, 2003, 1 (5), 1123 –1175.

[67] Standard & Poor's, "*Sovereign Rating and Country T&C Assessment Histories*", Vol. January 5. Standard & Poors Financial Services LLC, 2012.

[68] Stephen G Cecchetti, Madhusudan Mohanty and Fabrizio Zampolli, "*The real effects of debt*", BIS Working Papers No 352, 2011.

[69] Sturzenegger, F. , and J. Zettelmeyer, "*Debt Defaults and Lessons from a Decade of Crises*", MIT Press, Cambridge, MA, 2006.

[70] Trabandt, M. , and H. Uhlig, "*How Far Are We From the Slippery Slope? The Laffer Curve Revisited*", NBER Working Paper No. 15343, 2009.

[71] Julio Escolano, "*A Practical Guide to Public Debt Dynamics, Fiscal Sustainability, and Cyclical Adjustment of Budgetary Aggregates*", IMF technical notes and manuals, 2010.

后　　记

　　遵照2014年7月8日习近平主席会见世界银行行长金墉时提出的"创新方式，立足中国国情，抓住中国改革发展的重点和难点，扩大和深化合作"等有关指示，中国政府和世界银行达成协议，国家行政学院副院长陈立同志任总顾问，许正中教授作为总协调人和首席经济学家，基于《国际视域中大国治理现代化的财政战略主动研究》专题，对中国的财政现代化和社会能力建设进行研究。债务治理既是财政治理"四梁八柱"之一，又是金融治理的重要部分，为此专设一个子课题《地方政府债务治理工程与可持续评估》。

　　课题组在组长许正中教授带领下，本着发现重大改革机遇，形成可行性的政策建议、达成多方共识，推动措施落地的原则，对财政部、国家发改委、中国人民银行、国家机关事务管理局、中华人民共和国住房和城乡建设部等多个部委和湖南省、广东省、四川省、北京市、内蒙古自治区等十六个省（市、自治区）进行了典型案例调研，初步形成多个理论报告和多个调研报告呈报中央，提出了多项具有操作性强、可复制、可推广的政策建议，习近平总书记等多位领导对此提出了具体要求。习近平总书记要求，一些地方政府项目负债严重，由此产生的潜在风险应予高度重视。民生工程既要尽力而为，也要量力而行。各地务必要从严控制政府债务，不提不切实的目标，不搞寅吃卯粮的工程，对已形成的风险，要切实稳妥加以化解。有关部门在部署重大民生工程时，要加强统筹，从严把关，把工作搞得更扎实一些，避免出现大的资金缺口。李克强同志要求，切实采取措施，加快推动化解地方债务风险，督促地方在推进民生工程等建设时，必须依据财力可能，决不能过度举债，既要尽力而为，也要量力而行。张高丽同志要求，把化解地方政府债务风险作为重要工作，摆上重要议事日程，坚持问题导向，高度重视，深入分析，采取有效措施积极稳妥应对。

《地方政府债务治理工程与可持续评估》子课题重在破解中国现代化国家信用体系构建问题。古罗马历史学家塔西佗提出著名的政治学定律——"塔西佗陷阱"，即当公权力失去公信力时，无论说真话还是假话，做好事还是坏事，社会都会给予负面评价。当前，我们亟须正视"塔西佗陷阱"现象给国家治理所带来的冲击与挑战，全面重塑政府公信力。众所周知，信用是一把双刃剑，既可以使国家获益，亦可以约束国家行为，通过让渡一部分的"任性"来维护国家信用秩序，获取一定的经济社会效益。政府债务无疑就是国家让渡一部分的"任性"来维护国家信用秩序的一种手段，有利于聚集国家资本财富，加快经济建设步伐，但是也引发诸如2009年希腊债务危机等国家治理危机问题，可见国家信用并不能无限地扩大，而要有一个约束机制。

《地方政府债务治理工程与可持续评估》子课题重在优化和提升中国国家治理体系和治理能力。党的十八届三中全会《决定》明确部署，"形成参与国际宏观经济政策协调的机制，推动国际经济治理结构完善"。国际组织作为国际游戏规则制定、宏观政策协调、全球制度博弈的主力军和主战场，是国际经济治理的重要主体。加强对中国和包括世界银行、国际货币基金组织等在内的国际组织关系的研究，不仅有利于参与和引领国际游戏规则制定和国际议程设置，争夺国际游戏规则话语权，还将优化和提升中国国家治理体系和治理能力，加快中国战略现代化进程。

世界银行和中国政府共同认为，像中国这样拥有如此大体量国家的现代化转型尚未有成功先例。但一些诸如韩国等体量较小的国家已经实现了成功转型。中国如何突破西班牙幻影、中等收入陷阱、塔西佗陷阱、高收入陷阱等一系列发展陷阱，需要中国和国际社会的共同关注。党的十八届三中全会《决定》中明确指出，推进国家治理体系和治理能力现代化是全面深化改革的总目标。政府治理作为国家治理的核心和中轴，夯实政府治理基石，提高政府治理能力，不仅是加快中国现代化进程的关键一招，更是中国从经济大国走向世界一流强国的战略选择。

《地方政府债务治理工程与可持续评估》子课题重在以债务治理为重要抓手提高财政治理能力。财政是国家治理的基础和重要支柱，财税体制在治国安邦中始终发挥着基础性、制度性、保障性作用。财政是国家治理的基础和重要支柱。世界银行和中国政府共同认为，未来中国的财政应定位为大国财政，不仅要为本国提供公共产品，还要为世界提供国际新秩序等全球性公共产品。"一带一路"倡议已经为中国提供全球性公共产品创造了难得的机遇。率先对这一问题开展研究，不仅有利于中国在世界范围内投棋布子，充分融合国际国内市场、利用国际国内资源，而且也有利于为推动建立公正的国际秩序和治理结构做出贡献，为中华民族伟大复兴的中国梦和"两个一百年"战略目标的顺利实现保驾护航。

随着云物大智时代的到来特别区块链、3D 打印的智能制造等高新技术超高速发展，经济主体内在需求的变化，加之财政理论不断发展与完善，导致政府债务治理工程诞生。政府债务治理是财政治理的基础，事关发展全局和经济金融稳定。债务可持续与经济社会发展、资源配置效率、历史文化背景以及政治民主化进程等目标和依赖条件高度相关，内在目标是多元的，外部约束是综合的，并非简单债务偿还与清算，而是一项复杂的治理工程。构建政府债务治理工程有利于挖掘地方政府债务的复杂性特征以及耗散结构特点，借助科学技术构建基于平台理论的数量化模型，创造性地解决地方政府债务治理问题。

在世界银行课题资助下，本书旨在通过地方政府债务治理研究，破解国际治理体系"破碎化"及全球制度供给不足等问题，加强重塑国际治理体系。在著作撰写过程中，许正中教授给予本书债务理论与思想支撑，指导完成本书的研究框架。许正中教授应邀参加了世界银行 2015 年 4 月 20～22 日在菲律宾首都马尼拉召开的政府采购国际研讨会和发展伙伴会议、世界银行和韩国开发研究院 2015 年 11 月 8～12 日共同举办的政策论坛等国际会议论坛。基于许正中教授牵头与世界银行共同实施的"国际视域中大国治理现代化的财政战略主动研究"项目已取得一定前瞻性前期研究成果，国家行政学院与世界银行 2017 年 4 月 6 日在国家行政学院联合举办了"世界银行集团资本预算与可持续发展国际研讨会"，邀请世界银行驻北京代表处全球治理行动的赵敏高级经济学家——本课题总设计师、世界银行东亚与太平洋地区中国、蒙古和韩国局局长伯特·霍夫曼、世界银行东亚和太平洋地区全球治理部门中公共服务与绩效小组执业经理罗伯特·塔利埃西奥、世界银行中国局首席经济学家约翰·利特瓦克、马尼拉世界银行的高级经济学家凯赛等专家，就"资本预算与可持续发展"专题展开讨论。借助世界银行平台，我们及时就研究中所遇到的问题和困惑与国际知名专家进行思想火花碰撞，旨在找出能够切实破解中国地方政府债务治理难点的有效途径；参与数次国内相关领域的会议，拜访多名国内知名专家学者，就中国地方政府债务治理现状、存在问题及发展前景等进行深入的探讨，受益良多。

光阴似箭、时光流逝，回首过去，思绪万千，饮水思源，有太多的人值得感恩、太多的事值得记忆。在本书撰写过程中，特别感谢世界银行各位专家学者给予的支撑，不仅使我们接触到了国际上知名专家学者，而且获取了国际上一流的理论与实务快讯，大力开拓写作思维；特别感谢财政部财政科学研究院白景明研究员等院内外专家、教授在百忙之中抽出宝贵时间对本书进行悉心点评和指导；特别感谢中国人民银行研究局局长徐忠、首席经济学家马骏、中国人民银行金融研究所所长孙国峰以及其他局所领导和同事们的大力支持和帮助；特别感谢国家行政学院领导的理论指导以及国家行政学院科研部、研究室和决策咨询部、经济学教研部等部门的领导和同仁的智力支持；特别感谢中华人民共和国工业和信息化部中国电子信息产业发展研究院卢山院长、王鹏副院长、秦海林所长以及其他领导和同事们的大力支持和帮助。

这里，借用诸葛亮《诫子书》里一句"非淡泊无以明志，非宁静无以致远"名言，鞭策我们今后的工作和生活吧！

李建强于无为斋

2017 年 9 月